できるビジネスマンのための経営知識

夏八木 康之
Yasuyuki Natsuyagi

文芸社

本書に記載の事項については、可能な限りの調べを行っていますが、十分な内容に至らないことがあるかもしれませんことをご了承ください。

はじめに

「企業経営とはどのようなものですか？」という素朴な質問をされたら、皆さんはどう答えますか？

なんとなくはわかっているけれど、「○○で△△が企業経営である」ときっぱりとは言い切れませんよね。会社に勤めていて、日頃様々な仕事をしていても、会社（つまり企業）全体のことを考える機会なんてないわけですから当然です。

また、そういったことをいわゆる「ビジネス書」で勉強しようと思って本屋に駆け込んでも、難しい専門用語や聞きなれない言葉が並んだ内容の本がほとんどで、最初の数ページをめくっただけで嫌になってしまった……なーんて経験はありませんか？

本書はそういった方々の悩みにお応えするため、入社して3年ほど経過した若手から10年前後となる中堅社員の方々を対象に書きました。これからの企業を背負って立つ〝でき

るビジネス・パーソン（できビジ）〟になるために必要な経営的知識を、理解しやすいように表現しましたので、エッセイに触れるような感覚で読み進めていただけると思います。

もちろん、少しは専門用語も出てきますよ。平易な日常的用語だけで企業経営の説明はつけられませんし、第一これからステップアップしていく皆さんにとって、それでは物足りなくなるはずですから、身につけるところはしっかり押さえていきましょう。

とはいっても、とにかくわかりやすい表現になるように工夫しましたのでご安心ください。世間に出回っている経営の本は、実践をしていない専門家が書き下ろしたものがほとんどなので、おそらく書き手の先生方は、読み手がわからないことが何なのかがつかみ切れていないのではないかと思います。しかし私の場合は、つい最近まで現役バリバリでコテコテに仕事に携わっていましたので、かなり現実的に表現することが可能です。

ですから、ＭＢＡや中小企業診断士などの国家資格を目指している方々は、厳密な表現とは異なることがあるということに留意してください。

私もかつて中小企業診断士の資格を取得しましたが、その時の勉強で一番苦労したことは、専門書には「前提条件が抜けていたり、主語が省かれている」ため、非常に理解しにくいということでした。そういった自分の経験も含め、本書は「要するになんなのか」というわかりやすい表現に努めました。したがって、専門的な知識とは微妙にニュアンスが異なる場合もありますが、現役のビジネスパーソンは学者を目指すわけではないので、この本で学ぶ知識で十分です。

「実践なき理論は空虚である。理論なき実践は無謀である」と20世紀の著名な経営学者であるピーター・ドラッカーも唱えています。

本書は、基本的な経営知識をベースに、実践の局面ではどう考えていくのかという観点の話も盛り込みましたので〝経営センス〟を磨きながら具体策を学ぶことができます。

また、「君ぃ！　最近、売上げが不振だけど、どう分析してるの」なーんてイヤらしい上司からのネチネチとした質問攻めにも、とにかく答えられるスキル（能力）を身につけられるように工夫しました。この〝魔法の杖〟を手に入れられるだけでも、本書は必見です。

それでは、今まで釈然としなかった「会社」に関する様々な知識を一緒に勉強していくことにしましょう。

この本を読み終える頃には、「おっ、あいつなんだか最近できる感じだなぁ」とあなたの周辺から評判が立つようになること間違いなしです。

お断り：本書は「食品業界」を中心に書いています。「人に良い」と書いて「食」といわれるように、食は人間が生きていくための根幹となる産業です。業界外のことも例え話として記載していますが、基本的には、私自身が長年にわたって携わってきた食品業界を中心に展開していますことを冒頭にお断り申し上げます。もちろん、企業経営の基本はどの業界でも同じですので、業界が異なる方もご期待ください。

できるビジネスマンのための経営知識◎もくじ

第三章　マーケティングの基礎と消費者研究――95

第四章　マーケティング戦略

第五章　マーチャンダイジング戦略――289

第一章　企業経営とは何か？

企業経営って何？

企業経営とは、「株主が資金（元手）を出資し、経営者を選定する。そして経営者は、従業員（人材）を雇い、情報（ハード&ソフト）を駆使して、商品・サービスを開発し、消費者（顧客）に提供することで得られる利益を最適に確保し、企業の存続を維持する活動のこと」と表現できます。

なんのことやらさっぱりわからんという方も、なんとなくわかるけど実感ないなぁという方もいらっしゃるでしょう。それでは、わかりやすく説明していきましょう。

まず「企業」ですが、これはもちろん、皆さんが勤めている「会社」のことです。朝起きて眠い目をこすりながら満員電車で通勤し、嫌な上司が待っている（かわいいＯＬやイケメン君が待っている人もいるでしょうが）会社です。

厳密にいうと「会社」にはいくつか種類があるのですが、ほとんどは「株式会社」ですので、ここでは「企業＝会社＝株式会社」ということで話を進めます。

世界で最初に設立された株式会社は、イギリス（続いてオランダ）の東インド会社です。皆さんも世界史の授業で習った記憶があるでしょう。ヨーロッパとアジアの交易を行うために一七世紀に作られましたが、日本では関ヶ原の合戦が終わり、徳川幕府が開かれる頃のことです。

当時、船を何隻も仕立てて西洋から黄金の国ジパングがある東洋へ行くことは、大変な資金が必要で、ものすごく危険を伴う大事業だったことは容易に想像がつきますよね。そこで、お金はあるけれど危険な目にあいたくない人たちがお金を出し、危険な目にあうのは覚悟でお金が欲しい人たちに報酬を払うことで交易をさせる。そして、その事業がうまくいって成功したら利益を配分することにしたわけです。こういう仕組みで組織化したのが株式会社の原点です。

日本で初の株式会社は、坂本龍馬が中心となって作った「亀山社中（のちの海援隊）」といわれています。亀山社中は、株主である薩摩藩の名義で購入した武器や弾薬を、当時、朝敵とされて武器調達がままならなかった長州藩に売り渡し、薩長同盟の実現に一役買いました。

広い世の中には、お金はあるけれど自分で危険な目にあったり働いたりするのは苦手な人たちがいる一方、自分で商品を作ったり新しいサービスを考えたりするのが得意でバイタリティに溢れてはいるけれど、お金はない人たちもいて様々です。そこで、お金のある人たちが「株主」となってお金（＝資金）を出資して、お金はないけれど（あってもいいのですが）経営には才能のある人を選定して企業の経営を委ねるわけです。

もちろんお金を出す方は、経営がうまくいって利益が出た場合、「配当金」という名目でお金が戻ってきます。また、話が少し複雑になりますが、その企業が株式市場に上場していれば「株価」そのものが上がって、株式を売買することで儲かるということにもなります。

前者のことをインカムゲイン、後者のことをキャピタルゲインといいますが、株式投資についてはのちほど第六章内の「株式投資からみる企業価値」で詳しく説明しますので、とりあえずここでは置いておきましょう。

話を戻します。

ということで、では「株主から経営を委ねられた経営者」とは誰でしょう?

答えは簡単。要するに、皆さんの会社にいる「社長」のことです。

社長は、皆さんのような従業員を雇い入れて、新しい商品やサービスを開発したり販売したりして、最終的に消費者に提供することで「利益」を生み出していきます。この利益から皆さんに給料を払ったり、新しい設備を導入したりして、また新しい商品・サービスを開発するというサイクルになるわけです。

このように、企業は永久的に継続していくことが不可欠になり、この考え方を**「ゴーイング・コンサーン」**といいます。小難しい専門用語ですが、経営を学ぶうえでは非常に重要なキーワードですのでしっかり覚えておきましょう。

たとえば、ムチャクチャに儲かって、昨年末は特別ボーナスが出たので、海外旅行をしたり、前から欲しかった高級ブランド品を買ったりして喜んでいた皆さんの会社が、今日出勤したら倒産していた……なんていうことでは困りますよね。皆さんの会社に商品を卸していた取引先も、売掛金《うりかけきん》(要するにツケでの販売)を回収できなくて連鎖倒産なんてことにもなります。つまり、やはり企業は継続性「ゴーイング・コンサーン」という概念で考えないと駄目なわけです。

では、企業が安定的に継続していくためには、何が必要となるのでしょうか？

先ほど話が出た「利益」という言葉が最初に思い浮かびますね。まあ、お金がなければ何もできませんから、投資した資金以上の収入を得て、そこから利益（利潤と表現する場合もありますが、同じ意味と考えてください）を得ることになります。

利益は、経済学的には「最大限」ですが、経営学的には「最適な」という表現になっています。まあ、悪戯に儲け過ぎると世間からの反発もありますからね。

またその一方で、経営者は株主などの出資者に対して利益目標などをコミットメント（約束）していますので、実際の企業経営では合理的な経営が優先されることになります。

特に、食品業界における流通業などは、バブル期のファイナンス失敗や品質管理からの不祥事により、資金力がある商社の支配下に陥っていますので、「いつまでにいくらの利益」といった超合理的な経営に拍車がかかっています。かつての**「損して得取れ」的な商売**は通用しなくなったのが現状です。

私のようなロマンチック（？）なA型魚座の人間にとっては、ロマンなき経営は寂しい限りですが、やはり厳しい現実では「金の切れ目が縁《えん》の切れ目」ということになってしまいます。

経営理念は創業者の〝熱い想い〟

「それでは会議に先立ちまして、経営理念のご唱和をお願いします」

で、なんとなくカードをみながら総務担当者のあとをおうむ返しに読んでいく……そんな光景がどこの会社でもありがちですが、皆さんは自分の会社の経営理念を空でいえますか？　ほとんどの方が完璧にはいえないのではないでしょうか。

まあ、経営理念は憲法のようなもので、その企業の姿勢そのものでもあるのですが、どうしても抽象的になりますので、実感が湧きにくいというのが本音だと思います。

経営理念には、①企業が果たすべき社会的使命である「ミッション」と、②企業の将来像を示す「ビジョン」について語られている必要があると考えられています。「使命」とは、その企業が生まれた時、どんなことで社会に貢献しようとしたか、あるいは何をしたかったのかということです。

簡単にいうと、

①ミッション＝「何をする企業なのか」「やらなければならないことは何か」

②ビジョン＝「その企業はどこへ行こうとするのか」を決める必要があるということです。

何やらまた小難しい話になってきましたが、ここで実例を挙げましょう。

今や当たり前になっているペットボトルの緑茶は、二十数年前には影も形もありませんでした。しかし伊藤園が約10年の研究の結果、「ティー&ナチュラルブロー製法（缶にお茶を入れたあと、缶を閉める直前に窒素を噴きかけて酸素を取り除き、お茶の鮮度を保つ）」により、緑茶にとって大敵である酸化による品質劣化の問題を解決し、１９８４年に世界初の「缶入り煎茶」を発明（１９８５年発売）しました。その後、１９８９年に缶入りの「お～いお茶」を経て、１９９０年に今や誰もが飲んでいるペットボトル入り緑茶飲料が発売されたのです。

なぜ伊藤園は10年もの年月をかけて缶入りの緑茶を開発したのか……そこには伊藤園創業者である本庄兄弟の熱い情熱が込められています。彼らは、炭酸飲料の登場や食事の洋風化が進んで、急須で淹れてお茶を飲む需要が特に若い世代を中心に減ってきたことに懸念を抱き、若者が屋外でも気軽に緑茶を飲んでくれるようにと、缶入り緑茶の開発に着手しました。それが実を結び、日本に緑茶文化を復活させる結果となったと聞きました。

また、日清食品の創業者である安藤百福氏は、戦後の混乱期にヤミ市の屋台でラーメンを食べるために行列を作っている民衆をみて、誰もが手軽にラーメンを食べられるようにしたいと考え、世界初の即席麺「チキンラーメン」を開発したそうです。

経営理念なんていうと概念的で難しい印象を受けますが、以上の例のように、つまりは創業者の事業への「想い」と解釈すればわかりやすいでしょう。

けれどあなたが社長なら、

「企業の使命はなんですか?」

「ビジョンを示してください」

なんていう質問にもしっかり答えていかなければなりません。あなたが数年後に所属長になった時は、自分の部をこうしていきたいという所信表明をして、立派な経営者になるための練習をしておきましょう。あなたが今の会社に入った理由、つまり志望動機を思い出すとわかりやすいと思いますよ。

ちなみに私が1981年に雪印乳業(現、雪印メグミルク)へ入社した時の志望動機は、「自給自足率が低下する我が国において、食の文化を創造することです(きっぱり!)」なぁ~んてウソです(笑)。当時23歳の私にはとてもいえることではありません。

仕事の話でも、アイスクリームの話題なら女性とも盛り上がれるだろうし、在籍していた大学の卒業生も大勢いました。そして、何よりも一部上場で安定しているから（まさか20年後に大事件が起きるとは、この時は夢にも思いませんでした）、ってな感じで受けました。

健やかな土地に健やかな民が育つという「健土健民」の考え方、そして、人を愛し、神を愛し、土を愛す「三愛精神」から、日本酪農事業の振興を使命と考えておられた〝日本酪農の父〟と呼ばれる雪印の設立者、黒沢酉蔵先生には大変申し訳なく思っています……。

そんな自分のことを棚に上げていいますが、要するに、企業も起業した当初は使命感に溢れているものの、それが成長とともに薄れていってしまうわけです。それを初心に返って思い起こさせるのが、企業の経営理念である「使命」ということです。

そして、経営の環境が変化していくとともに、従業員が同じ方向をみてベクトルが同じになることで力を結集させるために必要な、将来のあるべき姿を示したものが「ビジョン」です。

もしも企業にビジョンがなかったら、船がどこへ行くのかを決めないで出航してしまって、大きな海原で漂流を続けるようなものです。経営者は、自分の企業がどこへ行こうとしているのかを従業員へ明確に示す必要があります。

いつの日にかあなたが社長になって、マスコミの記者から「あなたの企業の使命はなんですか?」という質問を受けた時に、間違っても「ゼニ儲け」なんていってはいけませんよ。やはり経営には、特に日本の社会では、それなりの〝品性〟が求められるのです。このことはぜひ肝に銘じておいてください。

企業の目標は〝利益〟を追求すること

「企業の目標」には様々な解釈が存在しますが、我々は学者ではないので論議することが目的ではありません。〝できるビジネス・パーソン(以下〝できビジ〟と表現)〟は、「企業の目標=適正な利潤の実現」と捉えましょう。

企業の最終的な目標・目的は、利益を出して税金を支払って社会貢献することです。

利潤は利益と同意語ですが、「企業の目標は」というような大きな概念に関する時は、この利潤という言葉が馴染む感じがします。

まあ、言葉の使い方はどちらでもいいのですが、ここで重要なことは、

「利益＝収入－コスト」

という数式で表される考え方です。つまり、利益を確保するためにはコスト（投資額）以上に収入を増やさなければならないということです。

このように、物事の真実は「数式」に表すとわかりやすくなります。この数式はこれからも頻繁に登場しますが、超重要な **〝できビジ公式〟** になると認識しておいてください。

もちろん、自社の利益だけを追求し社会悪を生み出すような商品を市場に出して儲けるのは論外です。この種の論議はどうしても感情的になりがちですが、シンプルに考えるとわかりやすいでしょう。

たとえばここに原価１００円の商品があるとして、これを心理的なバイアスなどをかけて１０００円で売ってムチャクチャ稼いだとしても、いずれそのトリックはバレてしまい、社会から排除されます。逆に80円で売ったら、お客様は喜ぶでしょうが、売れば売るほど赤字になって経営が成り立たなくなります。

まあ、これは当たり前の話なのですが、現在、超人気のドラッカーなどは「企業の目的は利益ではなく、お客様に貢献すること」という表現になるので、その解釈を巡って本質から離れて誤った解釈がなされるということがしばしば起きます。論議がエキサイトして熱くなり過ぎると人間関係まで悪くなりますので、もし考え方を求められたら、〝できビジ〟はこの基本的な公式を思い出して、冷静に意見を述べましょう。

さて、このように資本主義の基本原理は極めて単純で明快であり、買ったものを売って利益を得るという構図になっています。

「商売は損して得取れ」という言葉もありますが、この意味は、目先の利益のことは後回しにしてでも、まずはお客様に喜んでいただく商品を提供して、あそこなら大丈夫という信頼を得ることで支持をいただき、儲けさせてもらえるようになるということです。

つまり、コストをかけて商品を生産したり仕入れたりして、それを販売することで収入を得て、結果的に利益がどれだけ残るか、ということであり、数式的には、

「－《マイナス》コスト（投資・費用）＋収入（売上げ）＝利益（儲け）」

こんな感じですかね。

ドラッカーが主張している構図もこれで説明できると思います。

まあ、これが理想であり、このような考え方で仕事をしていればホント楽しいことです。

ではここで、著名な方の言葉を紹介しておきましょう。

「なぜこれほど、利益やお金にこだわるのか……。答えは明白です。ほとんどの経営課題

は、お金で解決できるからです」（『社長のためのお金のはなし』吉田雅紀著・すばる舎）

なんだか無味乾燥な感じはしますが、現在の流通業界のほとんどが資本力のある商社系といわれる組織に制圧されていて、利益ありき（注：当事者は否定すると思います。あくまでも私個人の感想です）の経営スタンスで成功しています。

また、青木雄二氏の漫画『ナニワ金融道』（講談社）に登場する金貸し（金融業）がお金を貸し付ける時、１００万円なら利息分、つまり彼らの儲け分（利益）にあたる10万円を先に確定させて、90万円だけ渡します。これを数式的に表現すると、

「利益（儲けの10万円）＝収入（彼らの売上げにあたる１００万円）－コスト（相手に実際に渡した90万円）」

となります。こういう構造なのです。わかりやすいですよね。

ところで、企業は儲けさえ出していればいいのか、という問題があります。

答えは「ＮＯ」です。

そこで「ＣＳＲ（＝Corporate Social Responsibility）」というテーマが生まれてくるのです。それを次項でお話ししましょう。

ＣＳＲ――企業はどうあるべきか

ＣＳＲとは、「企業は本来の経済活動（営利追求）だけでなく、社会・環境活動にも責任を持ち、積極的に行動すべきである」という考え方です。

欧米では、社会貢献活動から、コンプライアンス（法令遵守）、リスクマネジメント、内部統制まで幅広くＣＳＲを捉えています。

なんだか面倒くさそうな話ですが〝できビジ〟としては、基本的なことは押さえておきましょう。

コンプライアンスは、度重なる企業の不祥事に対して「法律はしっかり守りましょう」ということです。企業の経営目的は適正な利潤にありますが、儲けを優先して法律に抵触する行為があっては、経営活動に支障をきたし、その時点でジ・エンドです。そうです、「ゴーイング・コンサーン」ができませんよね。

京セラの創業者である稲盛和夫氏は、「社会に存在する大義名分のない会社は、社会から消える」と断言しています。（『取締役になれる人　部課長で終わる人２』国友隆一著・

経済界）

前項でも述べたように、会社というのは単なる営利組織であってはなりません。そういう意味からすると、コストの低い海外に生産拠点を移し、日本に輸入して販売している企業なんていうのは「？」マークが付いてもおかしくないですよね。なぜなら、こうした行為は結果的に、日本国内の雇用機会をどんどん減らしているし、ＧＤＰ（Gross Domestic Product＝国内総生産）も減少させていることになるからです。ＧＮＰがいくら増えたって、個別の企業は潤っても国民が裕福になった感じはしないわけですよ。先進国はＧＮＰ（Gross National Product＝国民総生産）≒ＧＤＰですが、日本はＧＮＰ＞ＧＤＰとなります。あくまでも国内生産にこだわるのが、本当の企業の社会的責任といえると思いますが、いかがでしょうか？

※ＧＤＰ：民需（二人以上の消費支出、機械受注）＋政府支出（公共事業請負金額）＋貿易収支

まあ、私見はこれくらいにしておきます。

要するに「顧客」に受け入れられなければ商売は成り立たないので、企業はこのことを第一優先として考えます。かといって、顧客に受け入れられても経営として成り立たなけ

れば企業は存続できません。企業が存続し続ける源泉は間違いなく「利益」ですので、これを適正に獲得することは当然のことながら「企業の目標」になるわけです。

なんとなく面倒くさそうな話が続きましたが〝できビジ〟はスマートに本音と建前を使い分けるバランス感覚を身につけましょう。

内部統制、コーポレート・ガバナンス（企業統治）に関しても、企業の度重なる不祥事を鑑みて、日本の経営者は従業員重視の経営を行いがちで、企業に出資している「株主」を二の次にしていることに対する批判が背景にあります。企業統治の実権がアメリカでは株主にあるという考え方が主流であるのに対して、日本では経営者やメインバンクにあるのです。

これは「企業は誰のものか？」というテーマにも関わりますが、お金を実際に出資している株主の方を向いた経営をすべきである、という意味合いがコーポレートガバナンスの根底にはあるようです。

企業は誰のもの？

ということで、次は「企業は誰のものか？」について考えてみましょう。

最初に断っておきますが、この手の論議も経営哲学的な考え方が求められ概念的な話になりますので、〝できビジ〟としては大枠を理解しておけば十分だと思います。

ではまず「誰のもの？」ということで、どんな方々が候補になるかを知っておきましょう。

それは**「ステークホルダー」**と呼ばれる人たちで、株主、消費者（顧客）、取引先（販売先や仕入先）、金融機関、地域社会、政府や自治体、それに皆さんのような従業員です。要するに、その企業に関わっている利害関係者ということですね。

心情的には「企業は従業員のもの」といいたいところですが、私は違うと考えています。日本語というのは難しいものですが、決して、企業にとって従業員が大切でないといっているわけではありませんよ（のちほど出てきますが、経営資源という観点からは、従業員つまり人材は、企業にとってものすごく貴重な財産です）。

では「企業は誰のものか?」について、身近な話で説明していきましょう。

「あなたは毎日夜遅くまで仕事、仕事っていうけど、私や子供と会社と、どっちが大事なの!?」

夫が妻に責められているという、どこの家庭でもよくある(?)光景ですね。

昨今の草食系男子だと、「そんなの家族に決まってるよ」なんていうのかもしれませんが、私のようなひと昔前の男子は、

「何をいってるんだ。家族が大事なのは当たり前だが、会社がなければおまえたちを生活させていくための稼ぎができないだろう。であれば、会社の仕事を優先するのは当然だ」

となるわけですよ。

「ハァ? このおっさん、いつの時代の人?」という非難は覚悟のうえですが、でも、もう一度冷静に考えてみてください。実際の話、会社での稼ぎがあって初めて安心して家族が暮らせるわけであり、そして、その会社が存続するために必要な資金を出資しているのは「株主」です。

では、他のステークホルダーはどうでしょうか?

商品をお買い上げいただくお客様(消費者、顧客)は、企業にとって大事な存在ですが、

だからといって企業の所有権まではありません。取引先や金融機関も、企業活動においてはなくてはならない存在ですが、これも同様です。

というわけで「企業は誰のものか？」の答えは、キッパリと、

「企業は株主（出資者）のものです」

ということになります。

別に金持ちが偉いといっているわけではありません。株式会社の仕組みがそうなっているのです。納得していただけましたでしょうか？

おそらく半分の方々が納得して、半分の方々は「違うと思うなぁ」という感じだと推測します。でもそれでいいと思います。本書はできるビジネスマンを創出することが目的ですので、空回りするような議論をするつもりはありません。ただし、自分の考えを、客観的な根拠をもって展開できるようにはしておいてください。

しかしこんな話を、数年前に物議を醸したホリエモンや村上ファンドの時に話したら、感情的に「冗談じゃねえよ！」となったと思います。「企業は誰のものですか？」という極めて冷静な経営の論点でさえ、テレビのワイドショー的にはその場の雰囲気で論じられてしまうことがあります。本書の〝できビジ〟の皆さんは、感情的で短絡的な考え方は避

けてくださいね。客観的に物事の筋をきっちりと捉えるようにしましょう。

ちなみに、日本の商法では「株式会社は、その会社に出資している株主のものである」と定めています。もちろん、法律は人間が決めたものですから絶対的な真実ではありません。したがって〝できビジ〟は、あくまでも知識として、この話を頭に留めておいてください。

三大経営資源「ヒト・モノ・カネ」

資金（**カネ**）という元手があり、人材（**ヒト**）が集まって、新しい商品・サービス（**モノ**）を開発することで、企業は安定的に利益を確保できる仕組みが確立していきます。

この「ヒト・モノ・カネ」が、いわゆる**「三大経営資源」**と呼ばれる要素です。

それなら聞いたことがあるよ、という人がたくさんいると思います。平易な用語ですが、ものすごく重要で奥の深いキーワードなので、意味合いをしっかりと確認しておきましょう。

この三大経営資源に加えて、情報（ハード&ソフト）やノウハウなども、経営資源として取り扱う場合がありますが、まずはシンプルに三大経営資源を中心に考えれば十分です。

さて、企業の経営とは、この経営資源を使って行う一連の活動とも表現することができます。ヒトの領域を扱うのが「人事戦略」で、カネの領域を扱うのが「財務戦略」、そして「マーケティング戦略」「マーチャンダイジング戦略」がモノ・サービスの領域ということになるのです（マーケティング戦略については第四章、マーチャンダイジング戦略についてては第五章、財務戦略については第六章で詳しく説明します）。

では、最初に「モノ」の話から進めましょう。

これは企業が生産なり仕入れを行って販売する「商品」のことです。

ここでお断りしておきますと、マーケティングの本を読むと、必ず「モノ・サービス」というふうに、「モノ」と「サービス」が一対になって表現されています。なぜ素直に商品を「モノ」と表現しないかというと、市場に出回っている商品は有形なモノだけでなく、無形なサービスもあるわけで、サービスを販売することでビジネスが成立している以上は、マーケティングの領域として扱わざるを得ないからです。なお、サービスについても面白い概念があり、第四章の「商品開発戦略①基礎知識編」の中の「「サービス」という商品の特性」にわかりやすくまとめてありますので参考にしてください。

では、次の「ヒト」はどうでしょうか。

これは「人材」ということになります。

「企業は人なり」で、極めて重要な経営資源です。ただし、留意しなければならないのが、優秀な逸材をいくら集めても組織全体として力を発揮できなければ意味がないということです。単なる打順では駄目で、打線（組織）になっていることが大事なのです。

実際の野球でも、一番バッター、二番バッター、クリーンアップとでは、自ずと役割が違います。かつて四番バッターばかり集めた球団がさっぱり勝てなかったのと同じで、全体として捉えた場合に力がなければ試合（経営）には勝てません。

血液型で少し雑談めいた話をしますと、「B型が発想して、O型が混ぜっ返した（発展させた）ものを、A型がまとめるとうまくいく」というのが私の持論です（登場しないAB型の皆さん、すみません）。要するに、何事においてもバランスが大切なのです。

そして、最後に「カネ」ですが、経営を行った結果の評価は、利益、つまりお金によって判断されます。また、商品を開発・販売するためにも、従業員を雇い入れるためにも、お金は必要です。世の中、先立つものがないと話になりません。

さて、以上述べたように、「ヒト・モノ・カネ」という三大経営資源はすべて重要なキーワードです。ここでは簡単に説明しましたが、これから頻繁に登場するキーワードなので、自分なりにイメージしておいてください。

企業を生かすも殺すも意思決定にあり

企業が経営を行う際には様々な「意思決定」、つまり物事を決めていかなければならない場面がたくさん出てきます。

著名な経営学者であるハーバート・アレクサンダー・サイモンも、「経営とは**意思決定**である」といっているように、意思決定は企業を運営するうえで中核的なテーマといえます。

意思決定は、43ページの図1のように、組織の階層別によって「業務的」「経営管理的」「戦略的」と質や種類が異なります。

ところが、この「戦略的」意思決定は極めて高いスキルを要求されるために、当該者であるはずの経営者がこれを放棄してしまうことが多々あります。これを専門的には「計画のグレシャムの法則」といいます。

わかりやすい例をアニメの『宇宙戦艦ヤマト』で説明しましょう。

普段は何もしていないようにみえる沖田艦長が、敵との戦いで窮地《きゅうち》に立った時に打開策を指示する瞬間がありますよね。これがまさに「意思決定」です。

味方の犠牲を伴う対処法を、艦長に代わって意思決定しなければならなくなった古代進の顔が苦悩に歪むシーンは印象的でした。通常の時は、誰がみても古代進の方が仕事できるし、「頑張ってやってるなぁ」という感じもするのですが、いざとなると艦長の方が高度な仕事をしていることがわかるわけです。

このテーマを流通業界で考えてみます。

メーカーと小売業とを比較すると、顧客に近い「売場」を持っている小売業の方が、機動力はあるし意思決定は断然早いと思います。これは小売業の経営者が、メーカーと比べて優秀ということではなく、意思決定の種類によることが大きいからです。メーカーは、新商品開発のための設備投資に対する意思決定を迫られることもあるわけですから。

どういうことか説明しましょう。

企業経営は究極的に表現すると、利益公式つまり「利益＝収入－コスト」となります。そして、利益を上げるためには、適性なコスト（経費）をかけなければなりません。そして、コス

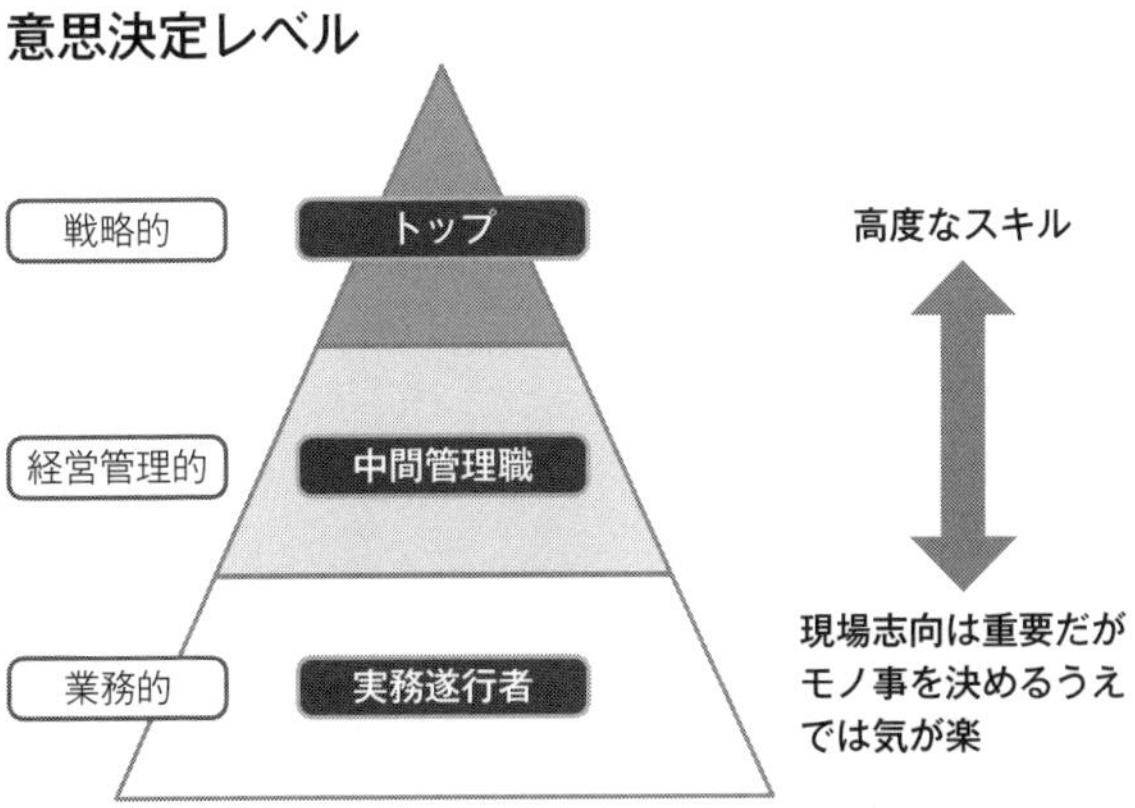

図1　階層別に求められる意志決定スキル

トには「変動費」と「固定費」の二種類があります。皆さんも聞いたことがあると思いますが、この二つは経営上まったくの別物と考えるべきコストです。

変動費は売上高に比例して増える費用で、固定費は売上高の増減に関係なく企業が負担しなくてはならない費用です。具体例でいうと、変動費はメーカーの材料費や小売業の売上原価、固定費は工場の土地代や設備投資費などです。

そして、変動費が上がっている時は、概ね売上高、つまり収入も上がっていきます。利益＝収入（上がる）－コスト（上げる）で利益もそこそこには出ています。

では、固定費はどうでしょうか？　固定費は売上高に直接的には連動しません。ムチャクチャ恐ろしいですね……ということがわかりますか？

もしあなたが経営者で、部下から、

「社長、今若者にものすごく人気のある商品があるんですが、これって3億円の設備投資をして売り出せば絶対に儲かります。この時期を逃したら、他の競合が気づいて同じような商品を発売してしまいますので、やるなら〝今〟です。決断してください」

なんていわれたら、どうします？

「いやぁ、もう少し様子をみてから決めよう」

なんて構えていて、競合相手が先に設備投資を意思決定して成功したら、

「うちの社長は先見性がないし、第一、決断力がないんだよなぁ。こんな会社だから駄目なんだよ」

という評判が立ってしまいますよね。

しかし、この商品がマーケットに受け入れられるか否かは事前にはわかりません。市場に新規参入して何らかの要因で売れなかった時、収入は増えずに3億円という費用だけが残ります。駄目だと気づいても撤退はできないのです。お金だけかけて収入なし……固定費は莫大な金額になります。

ですから、固定費は「fixed（動かない、固定した）cost」つまり、決して元に戻すこと

ができないコストと呼ばれています。

ちょっとわかりにくいなぁ、という人は、ここでは「ふーん、そうなんだ」程度に読み飛ばしておいてください。この辺りのことは、第六章「財務戦略――財務から企業活動をみつめる」でわかりやすく説明します。

ところで、現実的な職場シーンで話を展開すると、実際の企業活動で散見されるのが、結果的に**「時間」が意思決定**していることが多々あるということです。

「もう時間がないので、これでお願いします」

こんなセリフに心当たりがあるでしょう？　すると意思決定する側も、

「まあ、私はいいとは思わないが、時間がないなら仕方ない。決して私がいいといったわけではないので、取り敢えずやればいい」

と、妙な納得の仕方をしてしまうわけです。

問題は、悪戯に意思決定を遅らせていると、どんなに優れた企画でも結果的にまったく利益を生み出さないということが起きるという事実です。

極端な例で説明しましょう。

なかなか意思決定できず、やっとのことで完璧なクリスマス企画が完成したとします。

しかしこの企画を12月25日の深夜24時に店頭に展開しても、当たり前の話ですが売上げは、「ゼロ」ですよね。どんなに素晴らしいクリスマス商品やプロモーション企画でも、クリスマスが終わったところで実現しても、誰も見向きもしません。企業にとって一銭の利益にもならず、赤字だけが残るどころか、従業員のモチベーションも目一杯下がります。

こうして観察すると、皆さんに馴染みの少ない「意思決定」という経営のキーワードって、ものすごく大切だと感じますよね。そう感じていただければ〝できビジ〟に向かって経営センスが磨かれていきます。

ナポレオンも、戦争で勝つために必要なこととして**「速断」**を挙げており、**「遅疑《ちぎ》」**を最悪なものとみていたそうです。

「幸運の女神様には前髪しかない」という言葉もあります。

皆さんが経営者となった時に、質の高い意思決定を迅速にできるよう、本書で様々なスキルを身につけてください。

〈コーヒータイム〉意思決定――よいプロセスの先によい結果が生まれる

完璧な意思決定や指示というのは、なかなかできない高度なスキルのようです。その分、現場では結果論やおかしな話が結構あります。

たとえば、ある野球監督が、打席に入ろうとする選手に、こんな指示を出したとします。

「今日の相手ピッチャーのストレートは150キロを超えるほどスピードに乗ってるぞ。カーブは鋭く曲がるし、シュートはエゲツなく内角をえぐるから、気をつけろ！」

そして、この指示を受けた打者が何を打とうか考えながら打席に入ろうとした時、監督はまた選手を呼び止めていいます。

「オイ、追い込まれると鋭いフォークがあるぞ、気をつけろ！」

結局この打者は、何もできずに見逃し三振となりましたが、監督は、

「私は完璧な指示をした」

と主張しました。

このような、コントにもならない典型的なケースが、現実の企業でも展開されているのですよ。

賢明な〝できビジ〟諸君はおわかりと思いますが、この監督がいっているような相手ピッチャーなら、どうあがいても打てる確率は相当低いわけですから、腹をくって意思決定し、

「初球から思い切ってひっぱたけ!」

などと指示した方が、ある意味では適切といえるのです。

私が趣味としている競馬でも、レース前に「アレがくる、コレもくるかも……」と悩んでいては勝負になりません。今ある情報を駆使して買い目の意思決定を行わなければなりません。

ゴールを過ぎてからなら、誰でもなんとでもいえます。人間は、プロセスしかコントロールすることができないのです。「結果は神のみぞ知る」ということです。

より正しいであろうプロセスの延長線上に、よい結果が生まれてくるのです。やれることに可能な限り最善を尽くすことが重要なことだと思います。

ちなみに、私の座右の銘は、**「人事を尽くして天命を待つ」**です。

第二章　経営戦略——戦い方を知る

戦略は大局的、戦術は具体的

第一章で「企業経営とは何か」ということをざっくりと知っていただいたところで、次は「経営戦略」についてお話ししていきましょう。

まず本題に入る前に、この「戦略」という言葉について説明します。

戦略という言葉は、非常に便利で頻繁に使われますので、皆さんも何度か口にしたことがあるでしょう。これはもともとは軍事用語で、「長期的・全体的展望に立った闘争の準備・計画・運用の方法」（大辞林　三省堂より）ということになります。

軍事用語から派生したビジネス用語には、他にも「ロジスティクス」なんていうのがありますね。これは日本語にすると「兵站《へいたん》」で、何やら意味不明な感じがしますが、戦闘に従事する前方業務に対して、必要な物資をタイミングよく補給する後方支援のことです。

さて、この「戦略」と比較されるのが「戦術」という言葉で、戦術は「個々の具体的な戦闘における戦闘力の使用法。普通、長期・広範の展望をもつ戦略の下に属する」というように定義されています。要するに**「戦略」**で大局的なことを決めて、実践になった時に**「戦術」**で具体的な手段や方法を考える、というイメージで捉えておけば十分です。

重要なことは、こうしたコジャレた話にありがちな、なんとなく煙に巻かれる感じの概念的な内容に留めるのでなく、極めて実践的なこととして捉えていくことです。

数々の名作を世に送り込んだ司馬遼太郎の小説『坂の上の雲』(文藝春秋)の物語の後半、日露戦争を描いた部分にこんな表現があります。

「ちなみに、すぐれた戦略戦術というものはいわば算術程度のもので、素人が十分に理解できるような簡明さをもっている。逆にいえば玄人だけに理解できるような哲学じみた晦《かい》渋《じゅう》な戦略戦術はまれにしか存在しないし、まれに存在しえても、それは敗北側のそれでしかない」

この辺りのことが理解できると、あなたの仕事も飛躍的に厚みが増してくると思います。

経営＝戦争、だから戦略が必要

では、企業にはなぜ経営戦略が必要なのでしょうか。

企業が存続し続けるためには「経営資源」を使って「競合相手」と戦い、勝ち続けることが不可欠です。この経営資源を考える時の肝となるのは、「経営資源は無限にはない」ということ。つまり限りがあるということです。

「経営資源は有限である」

これは〝できビジ公式〟として認識しておいてください。この超基本的なことを理解していないビジネスマンって、結構多いんですよ。

もし、あり余るお金があって、ものすごく優秀な人材ばかりで、組織力もある、さらにかつて開発したベストセラー商品だらけの企業があるとしたら、もう経営戦略なんていりませんよね。どんな経営者（社長）が経営してもうまくいくに決まっています。

世界で初めて本のタイトルに「戦略（strategy）」という言葉を入れたことで有名なアルフレッド・チャンドラーも、企業の長期的目標のために必要な行動指針の採用および**資**

源の再配分を「戦略」と定義しています。

そして、もう一つの大きな要素が、市場には**「競合相手」**が存在しているということです。戦争には必ず敵国が存在します。「戦争している相手」がいるということです。競合相手がいない市場、つまり敵国がいない戦争なんてありえませんし、もしあるとしたら戦略を考える必要性はないわけです（競合相手が存在しない「ブルーオーシャン戦略」については、次項で触れます）。

ということで、自分たちの都合だけで考えていては駄目です。相手側の経営力や出方によって、こちら側の対応の仕方も変えていかなければいけないということです。

また、企業を取り巻く経営環境は目まぐるしく変化しています。世の中が常に変化していることに気づかないでいると、有名な「茹でガエル」状態になる危険性があります。いきなりの熱湯なら蛙も気づきますが、ぬるま湯で気持ちいいなぁと鍋の中で泳いでいる蛙は、やがて熱湯になってもその変化に気づかず、茹で上がってしまうということです。

昨今の厳しい経営環境下では、

①経営資源は有限である

②市場には競合相手が存在している

③企業を取り巻く経営環境は常に変化している

ということから、企業にとって経営戦略の構築は極めて重要な課題となっています。

競合相手のいないブルーオーシャン戦略

前項でちょこっと出てきた言葉、「ブルーオーシャン戦略」の説明をしておきましょう。「経営学では、競争の激しい既存市場を『レッドオーシャン（赤い海）』、競争のない新たな市場を『ブルーオーシャン（青い海）』と呼んで区別します」（『ファーストクラスに乗る人のシンプルな習慣』美月あきこ著・祥伝社）

この異なる世界はどのようなメカニズムで生まれるのでしょうか。

そのキーワードは**「参入障壁」**にあると考えます。要するに、その領域に参入するための障壁が高ければ高いほど、競合相手は入り込めないので、ブルーオーシャン市場になるということです。

逆にいえば、誰にでもできる事業は参入障壁が低く、簡単に壁を越えられてしまいますから、競合相手がひしめいて競争が激化し、大体において「価格競争」となるレッドオーシャン市場になります。

現在のような情報化時代に、ブルーオーシャン市場は、少なくとも食品業界では事実上は皆無に等しいと思います。まったく存在しないわけではないのですが、「ベンチマーキング」なーんてコジャレた手法で、どんどんパクられてしまいます。

競合相手が簡単には真似のできない、参入障壁の高い事業を開発する、つまり「ブルーオーシャン戦略」を維持していくことは、容易ではありません。

〝できビジ〟の理解として重要なことは、ブルーオーシャン戦略なんていうとムチャクチャ格好いいので、言葉だけでそれなりに聞こえてしまいますが、背景にある事実をしっかりと捉えるようにするということです。

さて、流通業界でこのブルーオーシャン戦略を実践しているのは「駅ナカ事業」です。新幹線などの長距離列車に乗る前に買う駅弁、異常に値段が高いとは思いませんか？またNEW DAYSのように駅ナカかあるいは駅に隣接したコンビニの品揃えや接客などのサービス水準は、他のコンビニを圧倒していると思いますか？

一説によると、某駅の駅ナカ店は1日に1000万円販売するそうです。1週間ではなく、1日ですよ！　標準的なコンビニの売上高は1日50万円ですから、その20倍、つまりコンビニ20店舗分に匹敵するわけです。もう完全にお化け状態ですよ。

ただ、駅ナカの場合はブルーオーシャン戦略を実践しているというより、旧国鉄（国営）からの流れで、超圧倒的な立地の優位性を背景に成り立っているのだと思います。「小売業は立地産業」とは、よくいったものですね。

企業の行く末を決める〝事業戦略〟

一・事業領域《ドメイン》は相撲の土俵

企業にとっては「自分の会社は何をする会社なのか」という事業領域《ドメイン》を決めることが必要となります。そして、このドメインをどのように定義するかによって、企業の行く末は劇的に変わるのです。

しかしまあ、この種の話に馴染みのない人は、いきなり「ドメイン」なんて言葉が登場するだけで完全に引きますよね。でも、慣れてくれれば抵抗感なく聞けますので、しばらくは辛抱してください。

では、わかりやすい事例で説明しましょう。

ドメインについての有名な話が、1960年にハーバード大学名誉教授のセオドア・レビットが、アメリカの鉄道会社が衰退した時に指摘したものです。それは、

「鉄道会社は自社の事業を〝鉄道事業〟ではなく、〝輸送事業〟と考えるべきであった」

というものでした。つまり「鉄道」はあくまでも「輸送する」という顧客ニーズの手段にしか過ぎないことに気づかなかったために、飛行機や自動車といった他の便利な輸送手段が発展してきた時に、鉄道会社は市場から排除されることになってしまったということです。

これとは逆に、日本では阪急東宝グループの創始者である小林一三《いちぞう》氏が、

「我々は鉄道会社ではなく、沿線地域を発展させ〝人々の生活を豊かにする〟会社である」

と提唱したため、土地の開発や映画館、宝塚歌劇団といった娯楽施設、百貨店などの商業施設、さらにはプロ野球の運営といったことまで手掛けることで発展していきました。

ちなみに、小林一三氏の孫にあたるのが、世界の超一流テニスプレーヤーへと登り詰めた錦織圭選手も育てた、熱血指導で有名な松岡修三氏です。

こうした話を聞くと、経営戦略もなんとなく身近な感じがしてきますよね。

このように、ドメインの捉え方の違いで結果は大きく異なります。どの領域で経営・企業活動をしていくのか、自分たちが戦うフィールドをしっかりと検討していくことが極めて重要な経営課題となるわけです。

ドメインは、相撲でいうなら闘う「土俵」だとイメージするとわかりやすいでしょう。

二．ＰＰＭ分析――事業・商品を四つに分類し戦略を考える

さて、自社のドメインを決定したあとは、複数の事業を抱える企業では**「経営資源の配分をどうするか」**というテーマが検討されます。

〝できビジ公式〟にある通り「経営資源は有限」ですから、最適なバランス配分を分析し、それぞれの事業に経営資源を投入していくことが必要となります。

この分析方法で特に有名なフレームワークが、アメリカの経営コンサルティング会社であるボストン・コンサルティング・グループ（ＢＣＧ）が開発した**「ＰＰＭ分析（プロダクト・ポートフォリオ・マネジメント）」**です。

ＰＰＭ分析では、59ページの図2のように、タテ軸に市場成長率、ヨコ軸に市場占有率

（いわゆるシェア）というファクターを切り口にして、当該企業が有する事業や商品（群）を四つの象限にプロットし、それぞれがどこに位置づけされるかということから、事業あるいは商品戦略を組み立てるというものです。

それでは四つの戦略を順番に説明していきましょう。

①花形商品

市場成長率が高くシェアも高い事業（商品）で、収入（売上高）が多いことは間違いないのですが、市場が成長しているために競合他社も市場参入が多く、設備投資などの資金（コスト）がかかり、必ずしも利益が多いとはいえません。市場の成長が鈍化してきても高いシェアを維持することが課題となります。

②金のなる木

市場の成長が鈍化しても高いシェアを維持しているので、新たな資金投入がいらないため、利益の稼ぎ頭となります。しかし、もちろんこのままでは将来的には収入（売上高）も減少してきますので、将来の金のなる木になる事業（現在の問題児や花形商品）への投

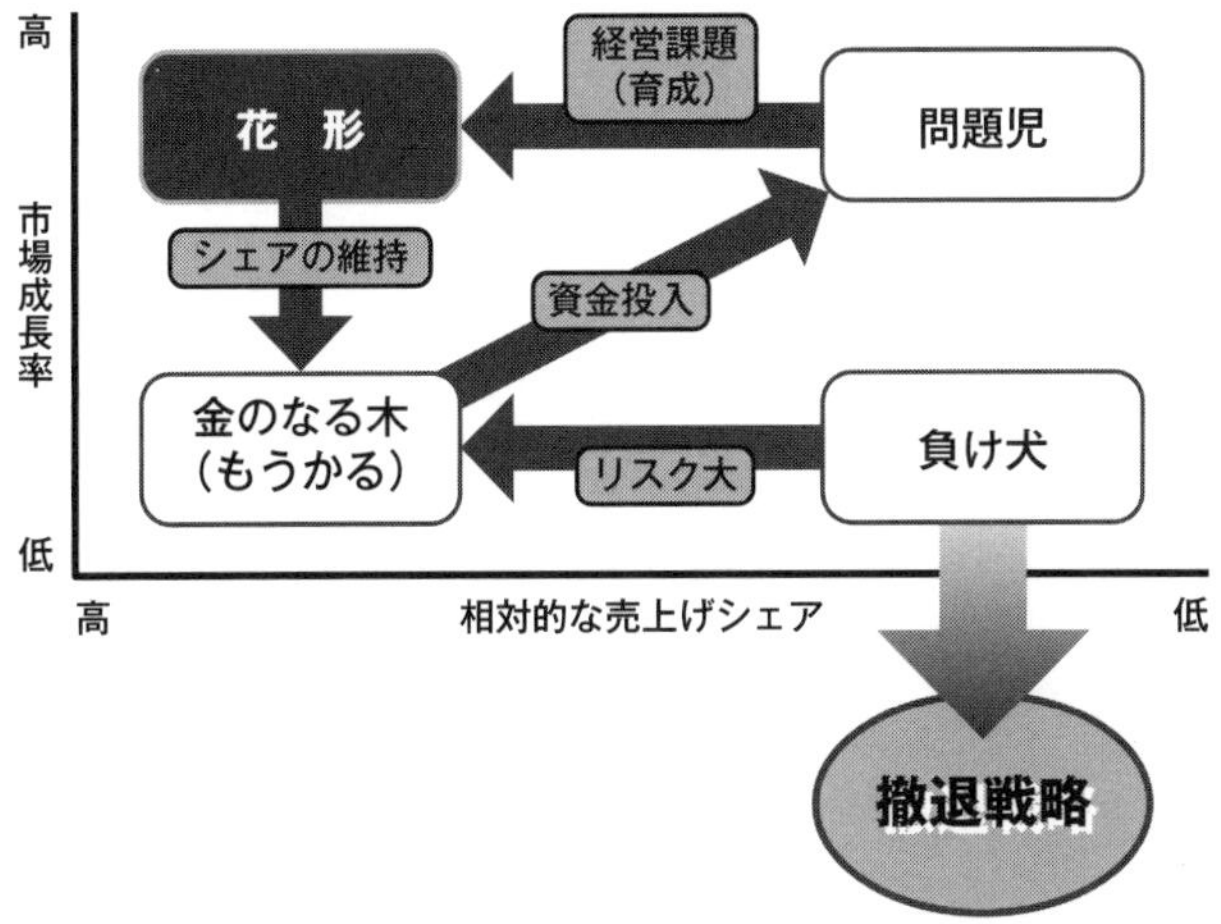

図2　PPM分析（プロダクト・ポートフォリオ・マネジメント）における事業（商品）戦略

資が必要となります。

③問題児

市場が成長しているのにシェアが低いという、企業にとっては文字通り問題児です。このまま放っておくと、やがて負け犬となって市場から撤退せざるを得なくなります。したがって、金のなる木で得た資金を投入し、事業の改善あるいはM&Aや事業提携など外部の経営資源との融合なども視野に入れて、花形商品へ移行させていかなければなりません。

※M&A：Merger & Acquisitionの略。企業の「合弁」と「買収」のこと。

④負け犬

市場の成長性もなくシェアも低い状態で、事業としての魅力はありません。もはや速やかに市場からの撤退をはかるべきです。とはいっても、現実的にはそう簡単にはいきません。「そもそもその事業を始めたのは誰の責任か」だとか、事業を始めた人の力が今でも社内で強い影響力を持っている場合、誰が猫の首に鈴を付けに行くのかなどの生々しい問題があって、潔い幕引きができないのです。「撤退戦略」が一番難しいことは、『三国志』などにも頻繁に登場しますよね。余談になりますが、『三国志』は横山光輝氏の漫画でもいいので全巻読破することをお薦《すす》めします。戦略・戦術に関して超勉強になりますよ。

話を戻して、では「撤退戦略」をどのように考えたらいいのでしょうか？

昔、私が失恋してムチャクチャ落ち込んでいた時、ある人からのこんなひと言に救われました。

「だったら、好きな人つくればいいんだよ」

当時、これほど新鮮な言葉はなく、すべてが吹っ切れた気分になったものです。

要するに、撤退する事業に下手な未練を残さずに、新規事業に全力を注入することが撤退戦略の肝なのです。経営戦略的には、「別れても好きな人」ではなくて「別れたら次の人」が正解ということです。

以上のように、このＰＰＭ分析により導かれる各事業（商品）の位置づけを考えて、資金だけでなく、貴重な経営資源を最適に配分していくことになります。

〝できビジ〟は、この資金と事業の推移フロー図をイメージして、個々の事業を全社的なレベルで捉えてくださいね。くれぐれも、自分が担当している事業や商品だからといって、負け犬状態にあるものを、

「確かに苦しい局面を迎えてはいますが、持ち前のド根性で頑張りますので、とにかく続けましょう」

などと発言しないように。元気がいいのは評価できますが、冷静に構えましょう。

加えて**「ポートフォリオ」**というキーワードも、覚えておいて損はないですよ。

ポートフォリオはもともとは金融の言葉で、株式や外債などへ投資を行う際に、複数の対象先に対して全体のバランスを考えて資金を配分することを意味していて、「ポートフォリオをどう組むか」というような使い方をします。

平たくいえば「組み合わせ」のことで、競馬で馬券を購入する時も、どの馬にいくら投

入するかで勝負は決まります。

「投資先をどう組み合わせれば、リスクを回避しつつ、最も効果的な結果をもたらすのか」ということです。

なお、馬券購入に関する理論と実践は拙著『競馬は〝投資〟週末のおいしいサイドビジネス』（文芸社刊）にて詳述しています。競馬を投資と考え、正面から取り組んでみたい方にお薦めですので、興味のある方はご一読ください。

資産運用においては、「預金」「株式・債権」「不動産」をそれぞれ3分の1ずつ持つことがリスクとリターンの最適なバランスである、なんて話を聞いたことがありませんか？キーワードの意味合いを十分に理解することで、経営センスのある〝できビジ〟にまた一歩近づくことになります。

優れものツール「SWOT分析」

一．自社や他社の「強み」「弱み」「機会」「脅威」

経営戦略を構築する際、有効なフレームワークとして**「SWOT分析」**があります。読み方は「スウォット分析」です。

これは1960年代にスタンフォード大学で、「企業の長期計画がなぜ失敗したのか」を分析する研究プロジェクトを行っていたアルバート・ハンフリーにより構築されました。

「S」はStrengthで、企業が持つ**「強み」**。

「W」はWeaknessで、企業が持つ**「弱み」**。

「O」はOpportunityで、企業を取り巻く経営環境における**「機会」**。

「T」はThreatで、企業を取り巻く経営環境における**「脅威」**を表しています。

それぞれ単語の英語読みなんてどうでもいいですよ。脅威を表すThreatなんて舌を噛んでしまいますから（笑）。大事なことは、この手法は、様々な事業戦略を立案する際に非常に便利なツールであるということです。マーケティング調査などで知り得た市場の情報、集約すれば「顧客」と「競合相手」の情報を、このSWOTに振り分けて分析すると、マーケティング戦略につなげていくことができるという優れものです。よく理解して自由に使えるようにしましょう。

では、もう少し詳しく説明をしていきましょう。

SWOT分析は大きく二つに分けられます。一つは自社の分析です。企業内の経営資源、つまりあなたの会社の代表的な商品やサービス（モノ）、勤めている従業員（ヒト）、資金力（カネ）といった内部（社内）の三大経営資源を分析するので、これは「**内部環境**分析」。

もう一つは、自社にとっての憎きライバル企業（競合相手）や、いつも無理難題を吹っかけてくる取引先の企業、あるいは大事なお客様（顧客）、それに加えて、企業にとっては時として変わる法律や条例など、日々の企業活動にとっては大きな影響を与える企業を取り巻く外部の経営環境の分析で、これは「**外部環境**分析」。

さらに外部環境は、前述の国や地方自治体が絡む要素を「マクロ環境」、身近な競合相手や顧客は「ミクロ環境」という具合に分けます。

企業経営では、法律の改正や規制緩和などの外部環境に変化があれば、現在行っている事業において当然のことながら有利・不利が生じてきます。

野球でいうならば、ボールの質が飛ぶものから飛ばないものになれば、投手王国のチームが攻撃型のチームより有利になりますよね。あるいはフィギュアスケートでジャンプの採点基準が上がれば、三回転が飛べる選手が有利になることは間違いありません。そして、有利になったチームや選手は、その部分をより強化してライバルとの差を広げることを考えますし、不利な状況を余儀なくされた側は路線、つまり戦略を見直す必要性に迫られます。

市場の競合環境の変化も激しいですよ。かつての人気グッズ「テレホンカード」なんて、携帯電話の登場で今ではどこにもみかけなくなりましたものね。

とまあ、このようにしてSWOT分析をし、「内部環境分析」で自社へと目を向けると、意外（?）に自社の「強み」を従業員たちが知らないことがあります。自分の会社の悪いところ、つまり「弱み」はすぐに出てきますが、「強み」となるところには気づかないことが多いようです。

騙されたと思って、自分の会社の「強み」についてみんなで話し合ってみてください。

「やってみてよかった」って気持ちになりますよ。と同時に、知り得た「強み」を周知徹底することで、組織力が最大限に発揮されることになるのです。

二、PEST分析でマクロ環境をみる

それでは「SWOT分析」の中味を構成しているフレームワークについて詳しく触れていきましょう。

大きく分けて「PEST分析」「3C分析」の二つになります。

またしても横文字です。ビジネス用語に馴染みの薄い方は「ムッ」ときますよね。英語が苦手な方は横文字が出てくるだけで「なんやねん！」と思うし、ましてそれを略すのでさらにわかりづらくなっています。私も英語は苦手です。今でも通勤電車で一所懸命に英語のリスニング学習をしていますが、一向に得意になりません。

ですが「マーケティング」という学問はアメリカから発生しましたので、どうしても用語が横文字になってしまうのです。日本の国技である相撲の用語だって、外国でも「ヨコヅナ」とか「チョンマゲ」だし、日本食の寿司はアメリカでも「Sushi」です。これと同じことです。ですから最低限、『入門書』に登場するような横文字は身につけるよう

にしましょう。

コツとしては、キーワードが出てきたら、巻頭の「本書オリジナル体系表」をみて、体系表のどこに位置づけられているかを確認しながら読み進めるといいでしょう。一度理解してしまえばホントに便利で頼もしい味方になりますので、頑張って自分のものにしてください。

では、最初の**「PEST分析」**ですが、これは経営環境における「マクロ環境」を分析する時に用いられます。マクロ環境の要因となる、

「Political：政治的要因」
「Economical：経済的要因」
「Social：社会的要因」
「Technological：技術的要因」

の頭文字を取ったものです。

それでは、各ファクター（要因）について、実例を挙げながら説明していきましょう。

①政治的要因

政治的要因の代表的な事例としては、酒税法の改正で従来のビールから発泡酒が台頭し、さらには第三のビールへと伸長カテゴリーが移行していったことが挙げられます。

これは第三章内の「消費者をとことん知るためにやるべきこと」の中の「消費者の価値――品質と価格のバランスから答えが出る」でも詳しく触れますが、「税金」の分は「味覚」に還元できませんので、ビールだろうが発泡酒だろうが品質に差が少なければ、酒税の分だけ安い価格のものが消費者に支持される、すなわち売れていきます。

またこんな例もあります。タスポが導入された時、カードを作るのが面倒だということで、今まで自動販売機で購入していた愛煙家の方々がコンビニを利用するようになり、急激に来店客数が増えました。しかも煙草のついでに缶コーヒーなども購入するので、飲料の売上げも急激に拡大したのです。

さらにコンビニつながりでいえば、薬事法の改正で一部の医薬品や医薬部外品がドラッグストア以外でも販売できるようになり、販売チャネルが大手スーパーやコンビニへと広がった場合、当然のことながら業態間競争環境は激化していきます。

いずれにしても、この政治的要因というのは、試合のルールが変わるようなものですから、あっという間に経営環境を変えてしまう要因となります。

②経済的要因

経済的要因には、真っ先に為替の変動が挙げられます。

円高になれば海外ブランド商品を扱う輸入産業や、原材料を海外から調達する食品産業は潤いますが、円安基調に反転すると頭の痛い課題を抱えることになります。為替の上下で、企業における経営環境は「機会」にも「脅威」にもなるのです。

実際、民主党政権から自民党安倍政権に替わり、アベノミクスによる円安路線で、ここ数年低迷気味だった自動車業界は一気に復活を遂げましたね。

③社会的要因

社会的要因は、現在の日本国において最大の課題となっている「少子高齢化」が代表的な例として挙げられます。

ちなみに、たとえば今年59歳の人は亡くならない限り来年には確実に60歳を迎えますので、「年齢」というのは今後の変化を確実に読むことができる要因といえます。

ということで、少子高齢化は、医療費の増大による国民の税金負担増や年金支給額の減額などを引き起こしますので、これによって消費全体が冷え込むことは十分予測できる事態です。

食品業界でいうと、20歳代と50歳代を比べると、飲料を飲む量は6割程度に減りますので、人口が減少して年齢構成も変わることで、国民全体の胃袋が小さくなります。政府や日銀がいくらインフレ目標を立てても、少なくとも必需品である食品はデフレ基調から脱出することは難しいと私はみています。

④技術的要因

技術的要因は、これはなんといっても通信技術でしょう。

先にも例として挙げましたが、テレホンカードの出現に始まって、ポケットベル→携帯電話→スマートフォンという技術的進化に合わせ、消費者の生活行動は劇的に変化し、これに伴って、メーカーなどが持ち出すキャンペーンの企画内容も様変わりしてきています。

バブル崩壊後の不景気が続く約20年間で、消費者1人当たりの支出額が、アパレルで4割、食品で2割減少する中で、通信費は2割以上増えているということです。

まあ、実例は挙げればキリがないほど出てきますし、どれもこれも心当たりがあることばかりですよね。

これらを、ちょっとコジャレて話すと、**「SWOTにおけるPEST分析」**なんて引き締まった表現になるのです。

ところで、ＰＥＳＴに付け加えてもう一つ、「天候要因」も超重要です。

人間の体の約７割は水で構成されています。体はホント正直ですので、気温が上がり汗をかけば飲料が欲しくなります。コンビニ業態では売上げの約２割がドリンクで、しかも他のカテゴリーに比べて利益率がケタ違いに高いので、最盛期の夏が猛暑になるか冷夏になるかで経営成績が大きく左右されます。

小売業では「天気」と「景気」と「元気」の「三気」が重要といわれています。とりわけ「天気」は経営状況を大きく左右するのです。某飲料メーカーの役員がよくこう口にしていました。

「天気が最高の販促（販売促進）です」

この言葉に象徴されていると思います。

三、3C分析でミクロをみる

企業を取り巻く「マクロ環境PEST分析」のあとには、ミクロ的な視点に目を移した分析が必要となります。

これは、市場に存在する、

「**顧客**：Customer」
「**競合**：Competitor」
「**自社**：Company」

という三つの視点から分析を進めるため、頭文字をとって**「3C分析」**と名づけられています。戦略でよくいわれる「敵を知り己を知れば百戦あやうからず」という故事の考え方と同じです。

では、最初に留意点を確認しておきましょう。

「3C分析」を行う手順には、守るべき法則があります。それは「顧客」→「競合」→「自社」という順番にアプローチすることです。

つまり、顧客のニーズに応えるために、競合に打ち勝ちながら、自社の経営資源をどう使っていくのかを考えなければならないということです。

自社として「何ができるか」ではなくて、顧客により満足してもらうために、競合より魅力的な商品・サービスを提供しなければ、熾烈な競争社会では生き残ることはできません。顧客第一に考え、競合を分析したあとに、自社について考える、という現在のマーケティングのスタンスが必要なのです。

『もし高校野球の女子マネージャーがドラッカーの「マネジメント」を読んだら』（もしドラ）ですっかり有名になったピーター・ドラッカーが主張している顧客優先の考え方も、こうしたロジックをしっかり身につけていると理解しやすいと思います。

また、３Ｃは絶えず変化しますので、迅速かつ正確に情報を収集する体制づくりが不可欠となります。

四．広い視野で競合を分析する

マーケティングにとっての主役は、消費者（顧客）です。この主役を研究することが、マーケティングを理解するための最優先課題となります。

ということで、このテーマは第三章を使って深く掘り下げていきますので、ここでは市場におけるもう一つの重要な役者である「競合」の分析について説明します。

「競合」とは、あなたの企業にとって日夜しのぎを削っている憎き相手、平たくいえばライバル企業のことです。もし競合の存在がなければ、得意先からの無理な条件交渉があったとしても、その要求を呑む必要がないわけで、悠々自適な企業活動が可能となります。まあ、それを狙うのが前述の「ブルーオーシャン戦略」なわけです。

超高度なイノベーションによって、競合相手が存在しない世界を創り出すことができれば、マーケティング戦略上は「顧客」のことだけを考えていればいいことになります。しかし、現実問題としてはそう簡単にはいきません。

かつて百貨店の王者として業界に君臨していた三越と、その宿敵・ライバル関係にあった伊勢丹が経営統合する時代ですからね。企業を取り巻く経営環境は目まぐるしく変化しています。

また、企業にとって競合相手とは、業界にいるライバル企業だけとは限りません。敵がどこから現れるのか、一寸先は闇なのです。

そこで、近視眼的にならないように、自社がいる業界全体から競合環境を分析する必要があるのです。

この分析において、マーケティング関連の本に必ず登場するのが、**マイケル・ポーターの「5フォースモデル」**で、このフレームワークを活用すると、効率よく業界分析が行えます。

まず、自社が置かれている業界には「五つの力」が存在していると考えます。

①現在の競合企業

目の前にしっかりみえている憎きライバルであるコンペティター企業です。

②新規に競合する市場へ参入してくる企業

現時点では市場には存在していませんが、異業種の分野や国外から参入してくる企業です。

たとえば、洗剤・トイレタリー分野のトップ企業である花王が、特定保健用食品（通称トクホ）の認可を受けて「ヘルシア」という商品で飲料市場へ参入しました。こうした脅威は、業界の参入障壁が低いほど増加します（トクホ市場の参入障壁が低いということではありませんよ）。

③代替となる商品・サービス

この典型的な事例は、前出している、固定電話→ポケットベル→携帯電話→スマートフォンと移り変わった通信手段です。また、デジタルカメラの登場で、今や完全に忘れ去られている「使い捨てカメラ」なんかを思い出すと、代替品の脅威は強烈だとわかりますね（若いビジネスマンには実感のない事例かもしれませんね、スミマセン）。

食品業界の例では、ノンアルコールビールの登場は、ビール業界にもソフトドリンク業界にも強い影響を与えています。

さて、五つの力のうちの残り二つは、

④売り手の交渉力

⑤買い手の交渉力

です。これは、需要と供給のバランスや業界における力関係から考えるとわかりやすいと思います。つまり、売り手が多くなれば買い手の交渉力が強まり、買い手が多くなれば売り手の交渉力が強まるということです。

モノ余りの現代では、どうしても売り手側の供給量が多くなるため、買い手側に圧倒的なアドバンテージがあります。

ただし、現代でも特殊なケースはあります。東京ディズニーシーを貸し切った嵐のコンサートなんて超プレミアムがついて、元はキャンペーンに応募した当選者が無料招待されるところを、なんとオークションで数十万円という値がついたそうです。私はこれを4枚預かったことがありますが（残念ながら自分では行っていません）、相手に渡すまで超ドキドキもんでした。この場合の「嵐」のように、絶対的な商品を持てば、売り手側が市場を完全にコントロールすることになります。

また、私の暗い過去を披露しますと、フローズン業界の中核的存在だった藤三商会というベンダーが倒産した時、それまでメーカーにいて売り込んでいた時代の苦労なんて吹き飛んでしまうほどの貴重な体験をしました。商品を仕入れる、つまり買うことができない恐怖心は、想像を絶するものがあるのです。例えるなら、ダイビングで水中に潜る時に、酸素をほんの少しずつどこかから送ってもらっているような状態です。普段なら偉そうに（？）して買える立場が、一転して商品を供給する売り手側に完全にコントロールされることになります。酸素（商品）を止められることは「即、死」を意味するのですから。この恐怖、わかってもらえますかねぇ……。

さて、「マイケル・ポーターの5フォース」なんて聞くと難しく感じられますが、このように実例に照らし合わせると身近に感じられると思います。

まあ、競合相手となるのは、目の前の敵だけとは限りませんので、「幅広いスタンスで考えておく必要がありますよ」という戒めと考えてください。そうです、「備えあれば憂いなし」です。

五．自社分析は生々しく

以上述べてきたように「PEST分析」や「3C分析」による顧客、競合分析は「外部（環境）分析」ですから、自社によるコントロールはできません。事実をしっかり捉え、対応策を練ることは重要なことですが、分析した結果がわかっても、その現象自体をどうにかすることはできません。為替相場や少子高齢化に伴う子供の減少などに、一企業が何かをすることは不可能ですよね。

これに対して、3Cの中でも自社（Company）の経営資源は「内部（環境）分析」となり、企業努力でいかようにもコントロールすることができます。

自社の経営資源に関しては、フレームワークを使った分析というよりは、生々しい現場での意見交換などで明らかになることが多いと思います。

自社分析は、三大経営資源である「ヒト」「モノ」「カネ」に分けて考えると、「ヒト」は経営者の資質や現場での交渉力など個々の人材に加えて、企業全体としての組織力も問われることになります。「企業は人なり」という言葉があるように、ヒット商品を作るのも、資金を生み出すのも、結局は「ヒト」というわけです。

「モノ」に関しては、マーケット・シェアや商品ポジショニングなどで、業界における自社商品の位置づけが明確になります。

また、商品開発は、原料の調達力や設備投資によるところも大きいです。ここに力を入れている企業は、研究開発費の比率も高くなります。

さらに、長年にわたって築き上げた「ブランド力」などもここで問われます。

「カネ」については、第六章でも触れますが、「財務分析」という手法で分析できます。

なお、自社分析には「バリュー・チェーン」という代表的なフレームワークがありますが、現実的な生々しい分析では、経営資源であるヒト・モノ・カネ・ノウハウ・情報、あるいはマーケティングの４Ｐという要因で分析する方が現実的であると考えて本書では割愛しました。

具体的にどう戦えばいいのか

1．SWOT分析から「選択と集中」する部分をみつける

SWOT分析をしたら、そこから明らかになった経営環境に表れている「機会」や「脅威」、企業にとっての経営資源上の「強み」や「弱み」に基づいて「経営戦略」を策定していくことになります。経営資源が有限であり、市場には競合相手が存在していることから、企業が活動を行う際には経営戦略をしっかり構築することが重要な意味を持つことになるからです。

SWOT分析から導き出される経営戦略の構築には、様々なオプションが考えられます。「強み」「弱み」「機会」「脅威」という四つの項目を、82ページの図3のようにマトリックスにすると四つの象限になり、理解しやすいでしょう。

この中で、経営環境にフォローの風が吹いている**機会**（フォローの風）に経営資源の**強み**を投入することが王道となります。つまり「OS象限」が企業にとって最大の事業機会

であり、積極的な事業展開をはかるという経営戦略になります。

「市場の機会に、自社の強みをぶつけるのが最高の経営戦略です」

なーんていうセリフを酒の席で語れると「できるなぁ」って感じでしょ？

特に競合が真似のできない独自のスキルや技術である**「コア・コンピタンス」**がみつけられれば、この強大な強みを活かして市場の機会へ事業展開していくことができるわけで、つまりライバル企業に対して圧倒的な優位性を持っているか否かで、今後の経営状況は大きく違いをみせるのです。

もしも自社に「そこまでの強みはないよなぁ」という場合でも悲観することはありません。今も実際に自社商品を購入していただいている販売の分だけは「強み」があるわけですから、それらを丁寧に分析してみましょう。前述しましたが、誰でも意外と自分のことは気づかないもので、自社の強みを理解していない企業が散見されます。

ドラッカーも「より差別化をはかるために、現在の強みをさらに強化すること」を「専門化」と位置づけています。

物事は徹底することが重要なのです。「いうは易く行うは難し」ですが、実践している企業には大きな武器になりますよ。

経営資源＼経営環境	機会O フォローの風	脅威T アゲインストの風
強み S	OS 最大の市場機会	TS 差別化戦略 市場克服策
弱み W	OW アウト・ソーシング 業務提携 M&A	TS 事業からの撤退 君子危きに近寄らず

図3　SWOT分析による象限別の経営戦略

さて次に、SWOT分析（図3）における「TS象限」は、自社の強みを活かして、市場の脅威を回避・克服するべく差別化戦略ということになります。ゴルフで例えるなら、強いアゲインストの風が吹いていたら、得意の低いドローボールで対応する感じですかね。

ところで、基本的な経営戦略と真逆となる「弱み」つまり弱点を改善することも、状況によっては必要な場面があるかもしれません。ただし、これには多大なエネルギーを要することになります。そこで、どうしても弱みの克服が必要であるならば、無理筋は狙わないでアウト・ソーシングや業務提携あるいはM&Aといった手法を用いることが賢明です。これらの手法は、現在の自社にない技術やノウハウという経営資源を獲得することで、即座に弱みを補えるというメリットがあります。

さて、実際には、市場の「機会」も自社の「強み」も複数存在している企業があります。逆に「弱み」も「脅威」も同様です。こうした企業は、これらの中からどの項目が重要なのか。優先順位（プライオリティ）を考えて経営戦略を組んでいくことが課題になります。

その際、経営資源が有限である以上、基本的な経営戦略は**「選択と集中」**にならざるを得ないという認識を持つことです。厳しい経営環境下で勝ち残る方法は、強みの分野を選択し、それに経営資源を集中的に投入することになります。軍事における最悪の戦略は**「逐次投入《ちくじ》」**つまり「分散」だといわれています。

ということで、SWOT分析を使った経営戦略の説明は終わりますが、まあ普段馴染みのない話なので、ここで結論ありきでまとめておくことにしましょう。

「今後の我が社の経営戦略についてどう思うかね？」

と、あなたが問われたら、

「昨今の消費者志向として、××というこだわりの市場機会があります。我が社の強みである○○をコア・コンピタンスとして選択し、その事業に貴重な経営資源を集中的に投資するのが賢明だと考えます」

どうです、理路整然としてるでしょ？　もちろん、この決め台詞を単純に覚えるのではなくて、その背後にある理由や考え方をしっかり理解して身につけてくださいね。

特に、経営資源が乏しく競合相手が乱立している中小企業では、相手が真似のできない独自の技術や商品の強みを活かして、市場をよりニッチなところに戦いを求めていくことが不可欠となります。ニッチというのは「隙間」という意味ですが、これについては次項の「コトラーの競争戦略――業界での地位別に戦略を考える」の中で詳しく説明します。

要するに、体の小さい力士（中小企業）が体の大きな横綱・大関（大企業）相手に戦うには、がっぷり組んだ四つ相撲では到底勝ち目はありませんから、立ち上がりにすべての神経を集中させて奇襲を仕掛ける、そんな感じですかね。

と、まとめとしてはこのくらいの話で十分なのですが、将来へ向けた応用編として、「選択と集中戦略」と異なるもう一つの方向性があることを示しておきます。話が難しくなりますが、物事にはなんでも「表と裏」がありますのでお許しください。

かつて写真フィルムの王者として君臨していたコダック社を例に挙げましょう。以前は写真フィルム業界においては、「コダックが仕様を決めれば、それが直ちに世界標準になる」という時代がありました。ところがデジタルカメラの出現（ＰＥＳＴ分析の「技術的要因」にあたりますね）によって、写真フィルムの市場は消滅してしまいました。

コダック社は「選択と集中」の原則に沿って、コア・コンピタンスである写真フィルム以外の事業は次々と社外に切り出してしまっていました。つまり、写真フィルム以外に飯のタネがなかったので、ここで万事休すです。

この話は、「選択と集中戦略」だけでなく、いくつかの事業ノウハウを有機的に組み合わせ、全体のシナジー（相乗効果）を高める戦略も検討する必要があるという教訓です。

おっと、やはり話を複雑にしてしまいました。ごめんなさい。

でも、社会科学の分野は所詮そんなものです。絶対的なアプローチ方法、つまり「必勝法」は存在しないのです。その時々の状況判断によって、よりベターな考え方を選択することが大切であり、このような考え方にも触れておきたかったので、あえて記述してみました。

二．コトラーの競争戦略——業界での地位別に戦略を考える

あなたの企業にとって、どのような「競争戦略」を構築していくべきなのかを考えることも、経営戦略において重要な要素となります。

アプローチ方法としては、競合相手と自社がどのような位置づけにあるのかを明確にしてから事業戦略を構築する必要があります。

この点に着目した有名なモデルが、経済学者のフィリップ・コトラー教授が提唱した「競争戦略」です。これは、市場における販売シェアの順位に応じて、企業を「リーダー」「チャレンジャー」「フォロワー」「ニッチャー」という四つに分類し、それぞれに応じた競争地位別戦略を選択して戦うというものです。すなわち、対象となる企業が、業界においてどの位置（ポジション）にいるかによって戦略が異なるのです。以下、四分類の戦略をそれぞれ詳しく説明します。

①リーダーの戦略

まずリーダーですが、これは紛れもなく最大のシェアを誇る業界ナンバー・ワン企業のことです。

基本戦略は、市場のすべてに対応する**全方位戦略**となり、強力な商品力を武器に、市場にいるすべての顧客を対象（ターゲット）とします。対象となる市場全体が拡大すれば、最大シェアを持っている強みで、増加する量も自然とライバル企業との差が拡大することになります。

このリーダーの戦略は「フルライン化」と表現する場合もあります。

また、競合他社が斬新な新商品を導入した場合は、同質化（ベンチマーキングor結局パクリ?）して、相手の商品を叩き潰すことになり、これを**「同質化戦略」**といいます。かつて電器業界のトップだった松下電器などは、新勢力のソニーが開発した商品をベンチマーキングし、開発コストを最低限に抑えられるというメリットを享受していました。まあ「まねした電器」などと陰口（?）はいわれていましたし、この種の話はよくあることで、私がかつて所属していた乳製品業界ナンバー・ワン企業である雪印乳業（当時）も「まね印」なんていわれていた時代があります（もの凄く昔の話です。関係者の方々悪しからず）。しかし、業界ナンバー・ワン企業は経営資源が豊富なので圧倒的に有利です。

価格戦略においては、非価格競争に持ち込むのが得策です。まあ、昨今のデフレ不況下では厳しい対応ですが、安売り合戦になると概ね、トップ企業が有する「ブランド力」を低下させるというデメリットが発生します。また当然のことながら、シェアの高い企業の方が失う利益の絶対額が多くなります。ボクシングでいうなら「足を止めての打ち合い」状態は避けるべきです。

②チャレンジャーの戦略

業界（あるいは当該事業）の二番手企業が採用すべき戦略で、**「差別化」**ということがテーマになります。打ってよし、守ってよし、走ってよしの三拍子揃った選手のリーダー戦略に対して、「打つだけ」なら超一流のＤＨとして生き残るのが、チャレンジャーが採用する戦略なのです。

アニメ版の『タイガーマスク』で、パワー、スピード、テクニックとすべてにおいてタイガーマスクより勝っているタイガー・ザ・グレートに対して、古巣「虎の穴」の原点である「反則ワザ」で敢然と立ち向かったタイガーマスク。この胸が熱くなるラスト・シーンは印象的でしたが、この時タイガーマスクが臨んだスタイルこそが「チャレンジャー戦略」ということです。例え話が少しマニアック過ぎましたかね（笑）。

かつてのビール業界で説明しましょう。当時断然トップの市場シェアを誇っていたのはキリンラガービールで、ホップが利いたあの苦味とコクがなくてはビールではない、というのが消費者の圧倒的な意見でした。これに対してアサヒビールが「辛口」「キレ」という新たな価値観・ポジショニングを訴求して「スーパードライ」を商品開発したのです。

そして、ラガーとの差別化をはかり、王者キリンの牙城を切り崩し、トップの座を奪うことに成功したというわけです。

ところで**「差別化」**というキーワードはマーケティングにおいては頻繁に登場しますが、「何を差別化しているのか」を明確にすることが一番求められるべきだと考えます。突っ込んでいくと単なる**「区別」**しているだけということが現実には頻繁にあります。

競合相手との差別化をはかるには、現在のマーケティングが顧客志向である以上、**「消費者（顧客）の価値」**を高めるファクター、つまり**「品質」**と**「価格」**でトップ企業に迫り、追い越すことが要求されます。

実はこの「消費者の価値」は本書の肝になっています。ここでは「そんなもんなのか」という程度に受けとめていただいて結構ですが、マーケティングを進めていくうえで超重要なテーマになりますので、第三章をしっかり読み込んでください。

③フォロワーの戦略

業界三番手企業のフォロワーの戦略は**「模倣」**です。文字通り、上位企業が成し得ていることを真似することになりますが、これは実践的ではありません。

専門書では、「トップ企業が製造している商品を模倣して製造し、徹底したコストダウンにより、より安く売る」という説明をしていますが、安いだけで品質が伴わなければ、消費者価値の数値は下がりますので、競争の激しい市場に残ることはできません。

そしてもう一つのポイントは、この「模倣」はトップ企業が行うと効果的だという皮肉があります。リーダーの戦略の部分で述べましたが、二番手以下の企業が発売して評判のいい商品を、トップ企業が直ちに真似て発売してしまうという戦術です。

「同質化戦略」は、企業の知名度や信用力があるトップ企業には有効ですが、三番手が行っても「?」マークが付きますし、そもそも「同質化」と「模倣」の何が具体的には違うのかはっきりしません。

こうしてみていくと、結果的に三番手企業による模倣戦略は、現実的には存在し得ないということになりますので、私は、競争戦略を整理する際には「三番手企業による模倣戦略」という概念を考え方から排除しています。したがって、二番手以下は順位に関係なく、「差別化戦略」か、以下に述べる「ニッチ戦略」を選択するべきだと考えます。

④ニッチャーの戦略

最後に登場するのは、ニッチャーが採用すべき**「ニッチ戦略」**の概念です。

ニッチ（Niche）のもともとの意味は、飾り物などを置く壁面の「くぼみ」のことです。ビジネス用語的には、競合企業には真似のできない当該企業独自の提供価値ということで、市場の**「隙間《すきま》」**を狙うというような表現で使われます。

経営資源に乏しい小・中規模の企業が概ね選択する戦略が、この「ニッチ戦略」ということになりますので、本書をお読みの〝できビジ〟の皆さんは、「ま、戦略にもいろいろあるけど……」みたいな顔をしておきつつ、落としどころはこの**「ニッチ戦略」**と考えておいてください。

全国区で戦えなければ、地域ナンバー・ワンを目指すというエリアマーケティングも、ニッチ戦略の一つです。

ニッチ戦略には、「勝てる土俵さえみつければ、体力がなくても十分戦える」という考え方が背後にあります。正攻法では横綱に立ち向かえませんから、土俵の魔術師・舞の海みたいな感じで戦うということです。厳密には多少違うかもしれませんが、ニュアンスが伝わってくれればありがたいです。

三．アンゾフの成長ベクトル——事業拡大のための四つの方向

経営戦略の基本は「選択と集中」です。特にデフレ社会が当たり前のようになっている現在の経済情勢では、この戦略がベストの選択になると思います。

個人的には、食品業界においてはデフレ状態はまだしばらく続くと考えていますが、経営環境は常に変化しています。最近だとアベノミクスや２０２０年の東京オリンピック開催決定によるインフレ政策ムードが一気に高まってきていますね。

企業を取り巻く経営環境は変わるのだということを考えると、コダックの事例にあるように、選択と集中だけが必勝法ではありません。したがって、将来がある〝できビジ〟の皆さんは、好景気となる時に備えて、事業を拡大していく際の考え方も整理しておきましょう。

これには「アンゾフの成長ベクトル」というマトリックスが、わかりやすいフレームになります。

これは、企業が今後進む方向性《ベクトル》として、「市場」と「製品」をテーマに「既存」か「新規」かを掛け合わせることで、93ページの図4のように四つの象限を作ります。

まあ、この種の理論はこのままだと少しわかりにくいので、身の回りの事例を当てはめて説明しましょう。

まず、製品も市場も「既存」という「市場深耕」戦略は、まさに現在進行形で行っている領域です。平たくいえば、既発売の製品（商品）の販売シェアを、既に戦っている市場で上げていく戦略を表します。

たとえばビール業界では、キリンとアサヒが常に熾烈な販売シェアナンバー・ワンの座をかけて争っているわけです。各社が自分達のエースをぶつけあう天王山の戦いとなります。ここに、将来のエースが期待できる新商品を開発した場合、現在既に取引きのある販売チャネルを通じて、既存の市場へ導入していきます。このような「新製品開発」戦略の事例は無数にありますよね。

市場＼製品	既存	新規
既存	市場深耕	新製品開発
新規	新市場開拓	多角化

図4　アンゾフの成長ベクトル

ちなみに、２０１４年度にヒットした新商品としては、健康を意識したプリン体ゼロと糖質ゼロの発泡酒「Ｗゼロ」、もう一方でプチ贅沢《ぜいたく》のトレンドから様々なプレミアムビールが話題になりました。

次に、製品が「既存」で市場が「新規」の「新市場開拓」戦略ですが、これはたとえば、コンビニが大容量ペットボトルのディスカウント販売や、缶詰のジャンブル陳列などをして、量販店の顧客を奪取するような販売戦略です。コンビニの100円カウンターコーヒーも、ファストフードの王者マクドナルドの市場にいるお客様を奪い取る戦略ですし、それに続くドーナツ販売もミスタードーナツの十八番《おはこ》への挑戦状です。

総合商社として注目のドウシシャ創業者の野村正治氏は従業員に、「魚屋で時計を売れ」といって、従業員に新しい市場開拓の発想を求めて急成長しています。ジャパネットたかたが、一般店舗でも扱いのある商品を、通信販売という新市場のルートに乗せて大成功を収めたのもこの事例です。

さらに、製品も市場も「新規」の「多角化」戦略となると、さすがにハードルが高すぎるようで、食品業界での事例は思い浮かびません。強いて挙げれば、バイオテクノロジー技術や発酵技術などにより、テレビショッピングの通信販売市場で販売しているサントリーウエルネスの「DHA＆EPA」や、ごま油国内シェア・ナンバー・ワンのかどや製油による「ごまセサミン」などです。

まあ、こうしてみていくと「アンゾフって、なーに？」というロジックも興味深くなってきますよね。

第三章　マーケティングの基礎と消費者研究

マーケティングのキーワード「顧客」と「競合」

最初に、マーケティングとは何かということを整理しておきましょう。

といっておきながら失礼ですが、定義自体をあまり真剣に考えなくて結構ですよ。ビジネス系のどんな専門書でも「○○とは何か」という話は往々にして冒頭に登場しますが、様々な事柄が乱立していることをひと言で表現するのは極めて困難で、読んでいる方はよくわからないものです。この種のものは、個別の内容を理解したあとに読み直すと「深イイなぁ」と感心するので、実際に本書を読み終えた頃にやってみてください。

ということで、まずは一般的な定義を気軽な気持ちで確認しておきましょう。まずは、日本マーケティング協会における１９９０年の定義です。

「マーケティングとは、企業および他の組織がグローバルな視野に立ち、**顧客**との相互理解を得ながら、公正な**競争**を通じて行う市場創造のための総合活動である」

次にご登場いただくのが、マーケティングの二大巨頭であるピーター・ドラッカーとフィリップ・コトラーです。まずドラッカーはこのように定義しています。

「**顧客**というものをよく知って理解し、製品（ないしサービス）が〝**顧客**〟に〝ぴったりと合って〟、ひとりでに〝売れてしまう〟ようにすること」

次にコトラーの定義です。

「どのような価値を提供すればターゲット市場のニーズを満たせるかを探り、その価値を生み出し、**顧客**に届け、そこから利益を上げること」

（『今日から即使えるマーケティング戦略50』中野明著・朝日新聞社より）

いずれの言葉の中にも、マーケティングの「深イイ話」が凝縮されているのですが、これからマーケティングを学んでいこうとする人にとっては、なんとなくわかるけど具体的なイメージはちょっとしにくいなぁ……という感じがすると思います。でもそれは当然のことです。長い時間をかけて深く研究した大先生がひと言で表現した文面だけで、その本質をつかむなんて神業ですから。だから、なんとなーくわかるようなわからんような……

という程度で今の段階では十分です。

ただし、太字になっている「顧客」と「競争」いうキーワードだけは、しっかりと意識しておいてください。

ということで、今の段階においては、マーケティングとは以下のように認識しておきましょう。

「マーケティングとは、マーケット（市場）を起点とした考え方で、その市場に存在する二大主役である、**①顧客（お客様）**のニーズ（欲求）をつかみ満足度を高め、**②競合（競争）相手**に対しては差別化をはかることで、売れる仕組みを作ること」

それでは話を進めます。

マーケット、つまり市場には、たくさんの顧客がいます。企業側からみれば顧客はお客様で、お客様に様々な商品やサービスを提供することで儲けさせてもらっているのですから、命の次（?）くらいに大事な、お金を出してくださるそのお客様を、どうやったら満足させることができるのかを真っ先に考える必要があります。

その時、お客様に商品やサービスを提供する企業が自社だけなら何も努力はいりませんが、市場には競合（競争）相手つまりライバル企業が存在しているわけですから、そのライバル企業と飽くなき競争をすることで、売上げや利益を獲得していく必要があります。

第一章で勉強したように、企業というものは、継続する必要性があるという「ゴーイング・コンサーン」が宿命だからです。

そこで、競合相手に勝ち続けるためにどのような差別化をはかっていくのか、という方策も練りながら「マーケティング」を考えていくわけです。

マーケティング・コンセプトは時代によってこう変わってきた

ところで、マーケティングの基本的な考え方・コンセプトは時代とともに変遷してきています。

現在では「顧客志向」ということが当然のようにいわれていますが、かつてはマーケティングが顧客志向でなかった時代もあるのです。その変遷をわかりやすく整理してみましょう。

まずは1950～60年代の頃は、あまり製品が充実していませんので、当然のことながら製品を作ることが脚光を浴びることになります。「つくる」こと、すなわち生産ですから、「生産志向」という時代です。

ところが、70～80年代になって生産技術が進歩してくると、今度は同じような製品なら差別化をはかれる「商品」が主役になり、「製品」から「商品」へと概念が移っていきます。「製品」と「商品」の違いについては、第四章の「商品開発戦略①基礎知識編」の『二「商品」と「製品」の違い』でも触れるように、メーカーの工場で生産している段階が「製品」、その後、製品がメーカーの営業部門へ渡って卸売業（問屋）を通して小売業に渡る段階では「商品」、と整理しておけば十分です。

さて、差別化してきた商品も、ベンチマーキングなどでいろいろと研究されると、やがて差別化が困難になり、品質の高い商品が溢れてきます。となると次は、同じような商品でも、いかに売り込んで市場シェアを奪うかという「販売志向」に焦点が移ります。「1億円を売り尽くした○○法」とか「業界のカリスマセールスが今明かす私だけの△△法」などというふうに営業マンが高い評価を受けたり、あるいはマスメディアを使ってイメージ・アップをはかる広告宣伝などが持てはやされたりしました。

ところが、こうしたことも市場にありとあらゆる情報が溢れてくると、消費者の目も肥えてきて頭打ちになってしまいます。もはや売り手側の論理だけでは手詰まり状態です。

そこで、買い手である消費者が何を考え欲しているのかを探り、そのニーズに合わせた商品作りという段階へと移行せざるを得なくなります。

こうして現在では、「消費者（顧客）志向のマーケティング」ということになり、商品を実際に「購入する消費者」からみたマーケティングへと移り変わり、かつての商品を「作るメーカー」あるいは商品を「販売する小売業」から主役の座が移行しています。作り手であるメーカーからの商品提供に視点を合わせた**「プロダクト・アウト」**から、すべての発想の起点を「消費者の欲求」とする**「マーケット・イン」**へと発想が変化しているのです。

企業の目標は「適正な利益」を上げることですから、企業側にとっては、コストがあまりかからず収入が増えることが一番都合のいいことであり、本音としては、

「収入（大）－コスト（小）＝利益（大）」

が一番です。しかし、そうは問屋が卸しません。モノ余りの現代では、そんな都合のいい話は転がっていないのです。思ったようにモノが売れないと、

「収入（減）－コスト（増）＝利益（大幅減）」

になってしまいますので、顧客のニーズに合わせてモノを買ってもらい、

「収入（増）－コスト（増）＝利益（維持以上）」

と、こんな感じになることが必要です。

ということで、現代のマーケティング・コンセプトが「消費者志向」であることは確認していただけたと思います。

となると次は、ターゲットとなる「消費者」とはなんぞや？　ということがわからないと攻略することができませんよね。異性を口説く時、相手の好きな食べ物や音楽、趣味は何か、どんな考え方をするのかなどがわからないと話にならないのと同じです。

では次の項で、この愛すべき「消費者（顧客）」についてじっくりと研究することにしましょう。

消費者をとことん知るためにやるべきこと

一．現代企業は「消費者研究」が一大テーマ

マーケティングを簡単にまとめると、「消費者のニーズをつかんで、売れるしくみを作

ること」ということになります（消費者ニーズについては、しばしば論点となる「ウォンツ」との違いも含めて次項で触れます）。

モノ余り状態になってくると、**「消費者志向」**でないと企業そのものが存続し得ませんので、この「消費者」を研究することが一大テーマとなるわけです。主役は他の役者さんとは違う扱いとなるのです。

ところで、本項のタイトルは「消費者をとことん知るために〜」となっていますが、「コキャク」ではなくて「ショウヒシャ」となっているこの辺りの空気を〝できビジ〟は読み取ってくださいね。

かつての、大量生産→大量販売→大量消費した時代にもマーケティングは存在したわけで、この時代は最終ユーザーのことを「消費者」と呼んでいました。大切なお客様を「消費者」だなんて上から目線で呼ぶことに目くじらを立てる人もいますが、妙な論議に巻き込まれると話がこじれますので、次のように整理してください。

「消費者≒最終ユーザー≒顧客≒生活者≒大切なお客様」です。

もしこだわりたいなら、「消費者」とは市場に存在する不特定多数のすべてを表し、「顧客」とか「お客様」という表現になると、自社にとって関係のある人々を対象にしている、といったニュアンスになります。「顧客、お客様∧消費者」という感じです。

ニュアンスはこれで理解していただけたと思いますので、ではマーケティングにとってとても大切な「消費者」の話を進めていきましょう。

二．消費者ニーズとウォンツ──半歩先を行け

「消費者ニーズ」とは、消費者が必要としている、欲しがっているモノやコト、ということができます。これに対して**「ウォンツ」**というのは、消費者が気づいていない潜在的な欲求、ということができます。したがって、商品やサービスが実際に提供されて初めて「消費者ニーズ」ということができるのです。

ところで、「お客様が求めているのは、やはり価格ではなくて、付加価値なのである」なんていう記事をよくみかけませんか？ あの論調は、本当の消費者ニーズとは違います。消費者は、のちほど登場する公式の通り、「品質」と「価格」のバランスで価値を決めているのです。

製パン業界では断然トップの山崎製パンの商品コンセプトは**「良品廉価」**です。それは、販売店から注文のあった品は、どのようなことがあっても「顧客本位」の精神で製造し、

販売店を通してお客様に提供する、ということです。「品質」のよいものを安い「価格」で提供するのですから、お客様から支持されるのは当然ですね。私が長年お世話になっている企業ですので、多少のお世辞もありますかね（笑）。

消費者ニーズに関する面白い実例を紹介しましょう。

コンビニの弁当を、女性だけで企画立案するというプロジェクトがありました。女性だって本当は肉を食べたい（ニーズ・ウォンツ）のだけれど、肉の脂身は太りそうだし、栄養のバランスを考えると従来からある「コンビニ焼肉弁当」にはどうしても手が出ない。そこで、野菜も一緒だと安心して肉が食べられるということで名づけられたのが「言い訳野菜」という弁当でした。うまいことというなぁ、と女性の感性に感心させられました。

業界ではよくいわれることですが、現在の顧客はモノ溢れの中で何か新しい価値を求めているといっても、二歩も三歩も先へ行くと行き過ぎということになります。確かに、現在の消費者は質が高い多くの情報と、それを見極める優れた〝選球眼〟を持っています。

一方、消費者の潜在的ニーズ、つまりウォンツですが、消費者自身も正直なところ何を求めているのかわからないこともあるので、顕在でなく「潜在」ということになるわけです。そしてこれも、やはり進み過ぎていると消費者に受け入れられません。つまり売れなくて失敗ということになります。

総じて、顧客の**「半歩先を行く」**のが超理想的なのです。

これがわかっていると、マーケティングの肝となる「商品開発」に大いに役立ちます（商品開発については第四章を参照）。ただし、実際にマーケティングに携わっている人にはわかっていることですが、この「半歩先」という距離感が超難しいことも事実です。

三．マズローの欲求五段階説——消費者の欲求を知るために

「消費者」を知るためには消費者調査などを行うことになりますが、「調査」にはそれなりの時間と費用がかかりますので、まずは大雑把に消費者の価値観を知りうる方法として、**「マズローの欲求五段階説」**という概念があるのでご紹介しましょう。

マズローの欲求五段階説……なんとなく聞いたことがあるという人も、なんのことやらさっぱりわからんという人もいらっしゃるでしょう。これは、アメリカの心理学者、アブラハム・マズローが唱えた人間学で、知っていると便利だし、プライベートな人生観にも役立ちますよ。

マズローの欲求五段階説では、人間の欲求（欲望）には五つのレベルが存在し、下位の

欲求が満たされると、さらにその上の欲求の充実を目指すとしています。そして、上位に行けば行くほどに満足度が増していくのです。

では、それぞれの段階を簡単に説明していきましょう。

①生理的欲求

五段階の中で一番レベルが低いのがこの「生理的欲求」で、空腹の時に何か食べたいとか、眠い時に横になりたいとか、あとはちょっと表現しにくいのですが、若い時なんか異性のことばかり考えてしまう（要するにやりたい）とかのことを意味します。

②安心・安全の欲求

その次は「安心・安全の欲求」で、危険な目にあわずに安全な環境にいたいとか、浮き沈みのない安定した生活がしたいという欲求です。

食品のトレーサビリティは、消費者のこうした欲求に対応するための情報提供だと考えられます。また、就職活動で「寄らば大樹の陰」で大企業や堅実な公務員を志望する学生や親御さんたちも、この欲求からの行動でしょうか。

③社会的欲求

その次は「社会的欲求」で、人間関係を円滑にしたいとか、一人でいるより集団の中での行動を望んだりすることです。「親睦を深めるために、今晩一杯いかがですか？」とか「女子会」なんかでコミュニケーションを深めるなんていうのは、この欲求の典型といえるでしょう。

④自我の欲求

次のさらなるステップは「自我の欲求」です。他人から認められたい、尊敬されたいと思うことで、同期入社の中で一番出世したいとか、ＡＫＢ48でセンターを取りたいなどの欲求はこの範疇《はんちゅう》といえそうです。

⑤自己実現の欲求

そして最後のステージが「自己実現」に対する欲求で、自分は「かくありたい」というような領域が欲求の最高峰に位置づけられます。つまり「なれる最高の自分になる」ということです。

マズローは「人間は**自己実現**に向かって絶えず成長し続ける生き物である」という仮説を立て、人間の欲求をこのように理論化しました。

こういう考え方を知っていると、現在は鳴りをひそめていると思いますが、会社の慰安旅行などは労務対策として従業員の「社会的欲求」を満たすために行っているんだなぁと か、「すごく痩せたね！」といわれたいＯＬに対するダイエットのマーケティングは「自我の欲求」に対してだなぁ、なんてことも理解できるわけです。

また上司などから「君はなんのために仕事をしているんだね？」と問われた時、「家族のために稼ぐ必要があるからです」はもちろん本音でしょうけれど、「仕事を通じて自分の能力開発、つまり自己実現を目指すためです」なんて、ちょっと格好いい感じの回答をすることもできます。

もっとも超実践的には、一番レベルが低いはずの下位の欲求ほど人を動かす原動力になります。人間の欲求、欲望なんて単純なものなので、**「生理的欲求」**を満たしていくことが、最も消費者が反応し、一番ビジネスにつながる、つまり儲かる領域になるわけです。企業やビジネスマンはこのことを考えるべきだと思います。

オリンピックで金メダリストに輝き、国民から絶賛されるという自我の欲求、さらには子供の頃からの夢を実現させるという自己実現を満たした直後のアスリートに、「今、何がしたいですか?」と聞くと、「ゆっくりと寝たいです」とか「とにかくおいしいものを食べたいです」などという生理的欲求を答えることがほとんどです。

なんだか小難しそうに聞こえる学説も、こうして整理すると簡単に理解できると思いますが、いかがでしょうか?

他にも、消費者というか人間を知る学問的なものに「ハーズバーグの動機づけ・衛生理論」なんていうのがあります。

これは、人間は「あるものがないと不満足に思うが、それがあったところで満足には感じない要因（衛生要因）」と、「あればそれだけで満足する要因（動機づけ要因）」に分かれるという理論です。「なんじゃそりゃ?」という感じでしょうか。

身近な会社生活でいうと、給料や人間関係などが前者で、業務の責任・権限委譲や、業務を通じてのスキルアップなどが後者です。私生活では、空気や水、古女房（失礼）が前者で、恋愛中の彼女や彼氏、極上のディナーなどが後者というところですかね。

さらに、「人は生まれつき怠け者で厳しい賞罰で統制しなければ仕事をしたがらない」

という「X理論」と、「自己実現のためには努力を惜しまない」という「Y理論」を唱えたのはマグレガーです。これは、マズローの欲求五段階説から、X理論は物質的欲求に、Y理論は精神的欲求に対応するマネジメント理論に高めたものです。

まあ、この論調になってくると、労務管理の世界で経営書には必要なテーマですが、ここでは消費者研究の話を進めていますので、この辺りでやめておきましょう。

〝できビジ〟の皆さんは、今後、部下育成などマネジメントをする機会があると思います。その時に役立てていただけるように、これらの諸学説を私流に整理したのが図5になりますので参考にしてください。

四．消費者の価値——品質と価格のバランスから答えが出る

「リーマンショック後はデフレ傾向で、こんな価格じゃ売れないよ」とか「最近は消費者の節約疲れから、やはり付加価値のある商品に注目が集まっています」なんてフレーズをよく耳にしますよね。このように様々な表現が巷には踊っていますが、これらはすべて、これから紹介する「消費者の価値」の公式で説明がつきます。

結論から先に述べましょう。

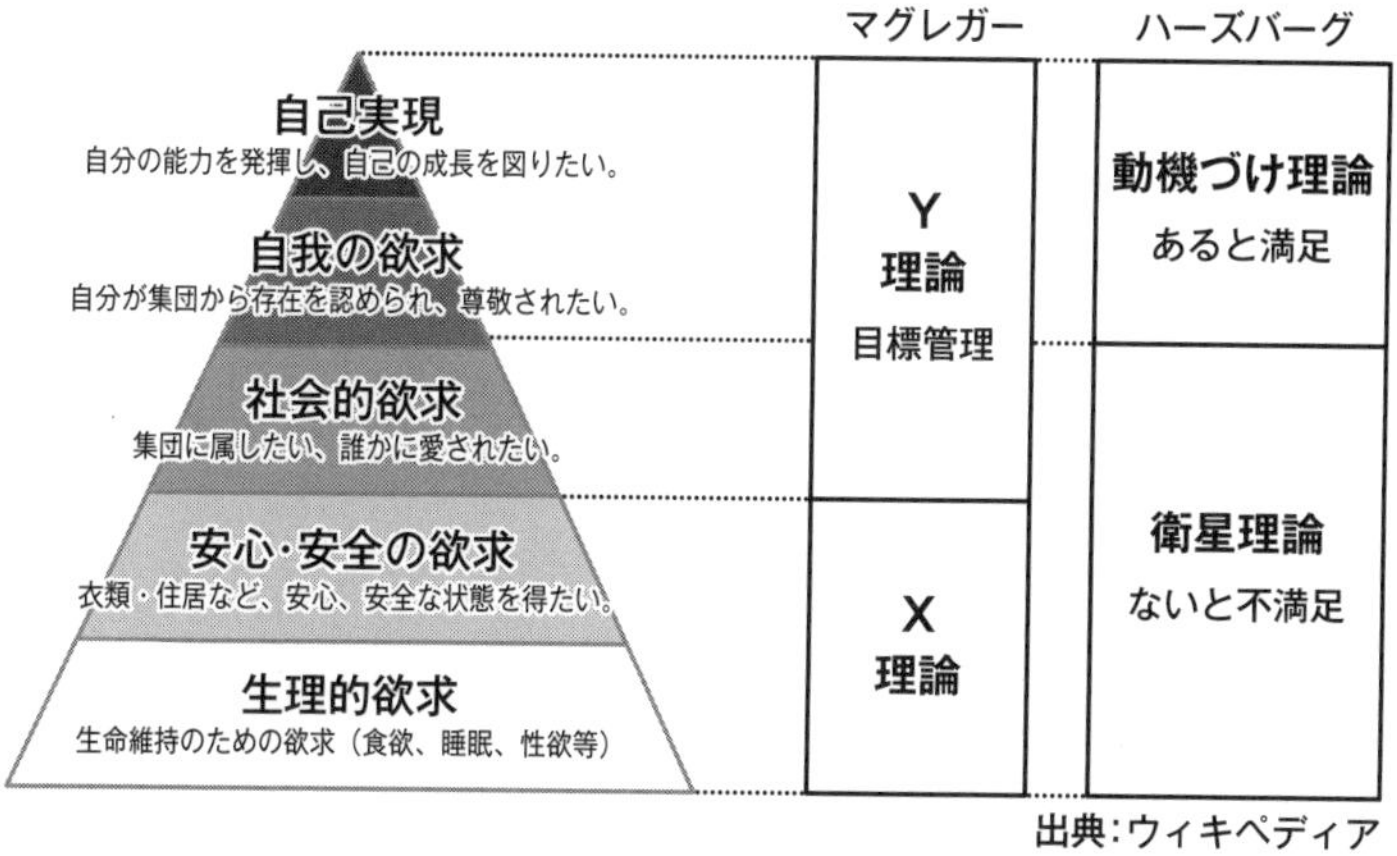

図5　マズローの欲求五段階説（私流の解釈にて作図）

「消費者の価値＝品質÷価格」

という公式です。

ここで使う「品質」とは、英語でいう**「クオリティ」**の意味合いで、モノの水準や成熟度を表し、「他より優れたあり方、またそれを追求すること」というのが私流の解釈です。平たく表現すると「商品の魅力度」ということなのです。バランス経営学では、「経営品質」というような表現をします。

先ほどの公式は、価値が「Value」で、品質が「Quality」、価格が「Price」ですから、それぞれの頭文字を使って、

「f（V）＝Q／P」

なーんて表現すると、専門書っぽくてムチャクチャに格好いいですよね。

まあ、数学が苦手な人にはちょっと抵抗感があると思いますが、コジャレた表現は別にして、数式でものを考える習慣を身につけておくと、話が論理的、つまり説得力のある話し方が身について、より〝できビジ〟に近づきますよ。

「論旨とは数学の方程式のようなもので、物事を結論まで導く一つのプロセス。一つも論理がとんではいけないと考えるのがアメリカ流です。だからアメリカの大学で使用されている優れた教科書は、絶対に論理が飛んでいません」と、『小宮式知的アウトプット術』（小宮一慶著・すばる舎）の中でも述べられています。

話を元に戻しましょう。商品が売れるか売れないかは、消費者がその商品に対して「価値」を評価するか否かで決まることに、異論はないでしょう。先の公式を眺めればわかるように、消費者が求めている価値は、品質だけではなく、もちろん価格だけでもなく、バランスがとれていることが極めて重要なのです。

しかし、自分が買う立場で考えれば、このことは訳なく理解できるのですが、売り手側（売らなければならない立場）になると、途端に自分に都合のいい考えに陥ってしまうようです。「お客様は付加価値のある商品しか買わない」とか「いや、この不景気の時代、主婦は一円でも安い商品しか買わない」というように、極端な議論が多いように感じます。

特に、価格に関しては目の敵にする傾向があります。安売りは経営を傾けるため、経営者にとっては不都合なことです。それを声の大きい（権力を持った）人たちが強調するために、右へならえという感じになってしまいます。

忘れてはならないのは、「お客様（消費者）が主役」だということです。お客様たちが求めている価値はなんですか？　現に、売価引き（要するに安売り）を「Ｖａｌｕｅ企画」と呼んでいるメーカーもあります。

もちろん私は安売りを推奨しているわけではありませんよ。あくまでも「高品質の実現」と「経済性の追求（価格）」という**トレードオフの関係**にある二つの要素は、バランスが重要だということです。

数式で表すと無機質な印象があるかもしれませんが、お客様からみた「価値」と、企業が考える「価値」との間に生じるミスマッチを避けるためには、合理的に眺めた方が真実に近づくと思います。

では、先ほどの消費者価値の公式に、もう少し詳しい説明を加えていきましょう。

まず「品質」ですが、業界の人に「品質とは何か？」と質問すると「付加価値を付けた商品」という答えが返ってきますが、そんな単純なものではありません。

品質には、大きく分けて三つの領域が存在します。

まずは**「第一次品質」**で、食品なら味そのものや、体によいとされる機能、自動車なら性能といった、商品の中核的な要素ということになります。

次に**「第二次品質」**は、感覚的な要素として、商品のデザインや色合い、ネーミングなどが挙げられます。

最後の**「第三次品質」**は、ブランドといったイメージ的要素です。

つまり、前記の公式をより正確に書き表すと、

「消費者の価値＝（第一次品質＋第二次品質＋第三次品質）÷価格」

となります。

この公式で考えていけば、頻繁に論点となることがすっきり整理されます。

まず、ルイ・ヴィトンやエルメスに代表される、いわゆる超高額なブランド品は、機能という第一次品質でなくて、ブランド力である第三次品質がべらぼうに高いので、我々庶民にとっては気が遠くなる価格がついていても売れるのです。

食品では、このブランド力だけで超高額というわけにはなかなかいかず、第一次品質である「味」が問われることになります。松阪牛の老舗である和田金で食うすき焼きは、

やっぱり高いだけのことはあります。もっとも価格は数字ですので客観的な表現になりますが、品質を数値化するのは困難です。しかも味はそれぞれ好みもあります。

すっきりと説明することは難しいですが、ビールを例に出すとわかりやすいと思います。ビールを飲む人はご存知のように、プレミアムビールから第三のビールまで、原料によって異なる価格帯が存在します。これはビール会社の企業努力によって、酒税を抑えるために、麦芽（大麦を発芽させたもの）の代わりにエンドウ豆や大豆などを使った新しいビール、つまり第三のビールを作ることに成功したためです。現行の酒税法では、麦芽の使用量によって酒税が上がります。逆にいえば、麦芽でない原料を使うことで酒税が下がるので、販売価格を抑えることができるのです。

ちなみに酒税法上の「ビール」とは、水とホップ以外の原料中の麦芽量が67％（3分の2）以上のもの、「発泡酒」は麦芽の量に規定はなく、とにかく麦芽を使用していればOK、「第三のビール」はまったく麦芽を使用しないもの、となっています。

この場合、厳密には「第三のビール（①その他醸造酒）」ですが、以下「第三のビール」で話を進めます。

麦芽の量を67％未満に抑えた発泡酒は、1994年にサントリー「ホップス」、1998

年にキリン「淡麗生」が発売。そして2004年2月にサッポロビールから第三のビール「ドラフトワン」が初めて登場し（※発売当時は125円）、翌年にはキリンビールの「のどごし生」が発売されました。

この第三のビールが登場し、市場で話題になってきた時に流通業界で論点になったのが、「今後の市場はどう動いていくか」ということでした。

「やはり麦芽を原料としたビールが美味しいので、ビールが支持される」

「なんといっても、ビール350㎖が217円なのに対して、第三のビールは147円なので、断然安い第三のビールが支持される」

という二つの意見に分かれました。今やすでに答えが出ていますので、誰もが「第三のビールだよ」というでしょうが、当時は意見が真っ二つだったのです。

売り手としては、販売単価が低くなる第三のビールにシフトしていくことは、経営上好ましくないことも事実なので、「できればビールが支持されてほしい」という希望的観測もありました。人間は誰でも弱いものですので、現実に迫ってくる問題点を、時として直視できなくなる状態が起きます。この時も、

「販売単価がこれだけ下がってしまったら、どうするんだ！」

「それでも第三のビールが売れるというのか！」

というような感情的な意見も出始めていました。当時、私も商品政策を求められる立場にいたので、どちらの方向性に導いていったらいいか悩みに悩んだことを鮮明に覚えています。

そして、担当のＭＤ（マーチャンダイザー）と協議した時、頭に浮かんだロジックが「消費者の価値」公式だったのです。

消費者の価値が高い方へ動いていく、という原理原則で考えれば、名探偵コナンの決め台詞「真実は一つ」なのです。

ビールの小売価格は３５０㎖タイプで２１７円、第三のビールは１４７円です。これは事実ですし、数字なので超客観的で、誰にも異論はないでしょう。

問題は「品質」つまり味です。味に対しての消費者の意見は、

「やっぱり麦芽を原料としたビールは超うまい。第三のビールなんて邪道なものはダメだよ」

「まあ、味はそんなに変わらないいんじゃない？　酔っぱらっちゃえば同じようなものだよ」

と、やはり二つに分かれました。

品質（味）は主観的であって、表現が数字や固有名詞にならず、形容詞で表されるので、なんとなくファジーな感じになってしまいますね。

少々前置きが長くなりました。話を結論へと向かわせましょう。

例の公式が頭にあれば、少なくとも価格面での比較は容易です。

「ビールvs第三のビール

217円÷147円＝約1・48」

これは事実ですので、これをベースに両者の味を比較してみてください。すると、

「確かに麦芽のビールはうまいけど、第三のビールの1・5倍もうまいかな？」

ということになります。

YESと答えた人はビールを支持しますし、NOと答えた人は第三のビールを支持することになります。私たちは後者が前者を上回ると考え、第三のビール戦略を選択しました。

さらに、代理店を通じて韓国の超低価格第三のビール商品「麦之助」を、コンビニでは独占的に品揃えすることもできました。

それでは、話をさらに深めていきましょう。

「品質」の中核的な要素となる食品における「味」ですが、これは、で表現できます。

「味（覚）＝原料×製法」

味覚に関しては個人の好みも影響するので、様々な表現で語られますが、「これはうまい」「これはまずい」という違いは、この公式に集約できます。

まず原料ですが、皆さんの近所にあるスーパーで1パック500円で売っているマグロと、大間で獲れた高級寿司屋のマグロとでは、どちらの方が美味しいですか？　当たり前過ぎる例で恐縮ですが、一般的に、製法（この場合、加工度はゼロに近い）が同じなら、原料の違いで、後者が美味しいですよね。

では、原料が同じなら味は同じですか？

答えはＮＯです。

私はかつて北陸に住んでいたことがあるのですが、蕎麦どころの福井県では観光用の「蕎麦道場」なるスポットがありました。大勢を4、5名のグループに分けて、「同じ蕎麦粉、同じ水」（＝同じ**原料**）を使って蕎麦を打つ（＝**製法**）のですが、その出来上がりはグループごとにまったく別のものになります。そうです、原料は同じでも、蕎麦粉のこね方や生地の伸ばし方という製法によって味の違いが出てくるのです。

チャーハンでも同じようなことがいえます。家で作るのと中華料理店で出されるのでは、ハッキリと味が違いますよね。これは有名な話ですが、「火力」が違うので米粒への火の通り方が明らかに違ってくるからです。まったく同じ米、具材を使っても、製法（この場合は調理方法といった方が馴染みます）が違えば味も変わるということです。

もちろん、炊きたて、茹でたて、蒸したて、揚げたてといったことでも味は大きく変化します。寿司屋はカウンターで握りたてがいいに決まっていますし、お座敷天ぷらは素材のいいものを揚げたてで食べられるのだから値段は高くなります。

このように、身近なことで考えると、マーケティングは確実に面白くなってくると思います。

〈コーヒータイム〉ワインの消費者価値——1000円が3万円に！

食品の中でも、価格が話題になるワインについてお話ししましょう。

ワインって、飲んでみた味で価格を推測するのが難しいと思いませんか？ ビンテージとハウスワインの目隠しテストでも、食通で知られる芸能人が間違えるシーンをテレビ番組でみかけますよね。

銀座にミシュランの一つ星を獲得したレストランがあり、この店には3億円近い在庫金額になるワインが品揃えされています。

さて、ここで皆さんにクイズです。

「この店で一番高いワインはなんでしょうか？」

正解は、「難破船から引き上げられたシャンパン、100万円」だそうです。

でもこれ、実際に飲んでみて「さすが値段が高いだけのことはある」と感じる人はおそらくいないと思います。店の人に聞いたのですが、ワイン好きで超有名な某芸能人も栓を開けないそうです（まあ当然でしょうが）。

このシャンパンの価格には、海の底から引き上げたコストが加算されています。もちろん、それは「味」には反映されません。むしろ気が抜けているでしょうから、「価値＝品質÷価格」の数値が異常に低いことになります。

ワインのビンテージものは「品質」を保つために保管しておくコストが多額になります。また、時間の経過とともに商品の在庫が少なくなりますので、味とは関係のない「稀少価値が上がる」という需要と供給のバランスによる要素で価格も上昇します。つまり、食品の中でも「品質」と「価格」がアンバランスなのがワインで、だから飲んだだけで価格を推測することが難しいのだと思います。

ここで業界ならではの裏話を披露しましょう。

メーカーでの通常小売価格1万円の赤白ワインのセット（1本当たり5000円）があるとします。これを、取引先の方のお祝いに用意する際、人との交流や礼儀を重んじる文化がある地域では、水引をしっかりとしますので1万円の約3割に当たる3000円の化粧を施《ほどこ》すことになります。

実はこの水引は、税法上「交際費」になりますので、税率（細かい規定はあります。あくまでも暫定です）を40％とすると、1200円の税金が別のコストとしてかかります。

一方、1万円のワインの原価っていくらだと思いますか？　もちろん商品によって異なりますが、実は約3割、つまり3000円（1本当たり1500円）程度なんですよ。

要するに、取引先が口にする（味わえる）商品そのものは3000円で、味とは関係のないコストに4200円かかるというわけです。

ワインの原価は約3割と話しましたが、ではさらに、輸入元である、たとえばフランスでの製造原価はいくらでしょうか？　おそらく1000円（？）しないと思います。

で、もっと恐ろしい話につなげますが、メーカー希望小売価格1万円のワインを、有名なレストランで注文したら、さていくらでしょう？　約3倍以上が相場といわれていますので（あくまでも一般的な話です）、つまり3万円の支払いとなります。

本場フランスのオープン・カフェで飲まれている1000円程度のワインが、六本木のフレンチレストランでは3万円……ワインが日本に定着しなかった理由は、そこらあたりにあると思います。

ということで最近は、コストパフォーマンスのあるチリ産やスペイン産のワインがタイヘン人気を呼んでいますね。

「消費者の価値＝品質÷価格」で考えると、すべて理解できる話ですよね。

では最後に、皆さんに一つ質問です。

もし、タイタニックから引き上げたコーラ（通常150円）があるとすると、

「お客様、100万150円でのご提供となります」

といわれます。

あなたは、このコーラをオーダーしますか？

五．消費者調査（マーケティング・リサーチ）――現場に足を運べ

さて、息抜きをはさんだので、また「消費者研究」の話を続けましょう。

消費者（顧客）志向のマーケティングを実践するためには、「消費者（顧客）」を知る必要があります。これは当然ですよね。消費者のニーズに適合しなければ、商品を買ってもらえないのですから、何はともあれそれを知らなければなりません。

ということで、ターゲットとなる消費者の調査などを行うことになりますが、問題は、消費者自身が自らのニーズを必ずしも明確に把握しているとは限らないということです。

サラリーマンの昼食時を思い浮かべてください。

「今日は、何にするかなぁ？　ま、とりあえずいつもの定食屋へ行くか」

で、その店には、本日おすすめの肉じゃが定食なんかがあって、「そういえば最近、帰

宅が遅くて家庭料理、食ってなかったなぁ」なんて考えるわけです。

つまり、お客様はメニューをみてから、欲しい（ニーズ）ものを決めるわけです。ですから「何か欲しいものはありますか？」なんてあなた任せに聞いても、お客様は何も答えてくれません。提供する側が**「仮説」**を立ててから、様々なことを聞いていく、調査をしていくことが必要不可欠となるのです（「仮説」については次項でお話しします）。

では、実際の調査について話を進めましょう。

まず、消費者データは大きく分けて二種類あります。

一つは、新聞・雑誌や官公庁などで出典している既存のもので、これを「第二次データ」といいます。これに対して、マーケティング・リサーチなどで独自に収集するものが、「第一次データ」で、実践のマーケティングでは、こちらが重要になります。

また、調査方法には、「定量的な調査」と「定性的な調査」があります。

結果を数字で表す定量調査は、結果が客観的になるので誰がみても同じになるのですが、これだけでは消費者の気持ちへ深く入り込むことができません。説得材料のためには便利に使われたりすることもありますが、消費者の実態には近づききっていないと思います。

たとえば、メーカーの新商品プレゼンにお馴染みの場面、「あなたはこの商品を買いますか？」で約8割の人に支持された、なんていう調査結果です。「この商品を買いますか？　買いませんか？」なんてノーテンキに聞いたって、実際にお金を出して買うわけじゃないんですから、よほど気に入らないことがない限り、大概の人は「買います」と回答しますよ。私は食品業界に長年いますが、メーカーが行う消費者調査で「買いません」とか「評価しません」という結果をみたことがありません。

もし、100人のうち99人が「嫌いです、買いません」と回答しても、たった一人が「これ以上の商品は絶対にない。どんなことがあっても必ず買う！」と回答してくれれば、大ヒット商品になること間違いなしです。〝尖《とが》って〟いないと、お客様は命の何番目かに大事なお金を出してまで買ってはくれないのです。

『こころを動かすマーケティング』（魚谷雅彦著・ダイヤモンド社）の中にユニークな表現がありますのでご紹介しましょう。

「たとえば、紅茶を飲むとき、最適なお湯の温度は何度なのか。熱い紅茶が好きな人もいる。しかし一方で、アイスティーが好きな人もいる。しかし、これを平均するとどうなるか。ぬるい紅茶です。こんなものを飲む人はいない」

消費者ニーズの捉え方は、最大公約数や平均値ではダメということです。

定量調査は誰がみても同じ解釈ができるわけですが、これだけ複雑になったといわれる消費者分析においては、いやはやなんとも薄っぺらに感じられます。ということで、定量調査は消費者の深層心理まで含めた実態を探ることにおいては無理があります。

マーケティングあるいはマーチャンダイジングを遂行するうえで、心理学的な要素が重要な時代になってきた今日では、**「定性的な調査」**が極めて重要になってきたと思います。ただし、定性というのは、受け取る側それぞれの感性に委ねる要素が強くなりますので、実際に使いこなすのが難しいという課題が残ります。

グループインタビュー後に行う検討会などでは、まったく同じシーンをみていたにもかかわらず、スタッフ同士で受け取り方が全然違うことがよくあります。同じ情報を得ても、見方一つで真逆の方向へ、なんてことが十分にあり得るのです。スタッフの感性を日頃から磨き続けることが求められますね。

ところで、オリエンタルランドの社長として、東京ディズニーランドの集客を高めた加賀見俊夫氏（現会長兼ＣＥＯ）も、

「周りから聞こえてくる女性客のおしゃべりや、ビジネスマンの愚痴に耳を傾けていると、世間の人の関心が見えてくる」

と語っています（『取締役になれる人　部課長で終わる人2』国友隆一著・経済界）。マーケティングに関わっている経営者の多くは、自分の体を使って消費者を研究しているのです。

このように、現場に足を運んで直接的に消費者を知ることが大事です。**「情報は鮮度が命」**ですから、他人の手に触れれば触れるほど鮮度が落ちてしまいます。第二次データより第一次データが大切という理由もそこにあるのです。

数年前のある日、通勤電車の中で女子高校生が、こんなことをいっていました。

「今日、ヤマザキのケーキ食べてきたんだけどさぁ、結構いけたよ」

今では朝からスイーツも珍しくなくなりましたが、当時の私は大きな衝撃を受けました。そして、もしかしたら若年層は、半生菓子なんかも朝食代わりに食べているのでは……と思い、POSデータを調べてみると、見事に朝の売上げ構成比が高くなっているのです。

私は、通学や通勤向けなら「ハンディタイプ」あるいは「口からこぼれにくい一口サイズ」という朝向けに合わせた商品開発を進め、売場も忙しい朝需要を取り込めるように、入口のエンド・ゴンドラを活用しました。

こうした企画は、いくらデスクの上で考え込んでいても、ましてや会議で唸っていても出てきません。「お客様の生の声」これをつかむしかないわけで、まさに「事件は現場で起きてる」んです。現場に出向いて「五感」を研ぎ澄まし、その場の空気を感じ取ることです。それにこうした話は、聞いている側としても「臨場感」がまったく異なるので、説得力が全然違います。

〝できビジ〟の皆さんも、街へ出て消費者のニーズ、特に変化を肌で感じましょう！

私も、街が活気づくクリスマス・イブに、毎年新宿から銀座へと出向きます。ホールタイプのデコレーションケーキが主流だったクリスマスケーキが、今やショートケーキなんて当たり前になっています。しかし、ショートケーキを求めるお客様の行列の長さをみて驚いたのは、ほんの数年前のことなのです。

スイーツといえば「マカロン」なんて、おやじには到底理解できません。

「ホントに自分が食べたくて買ってるの？」

思わず、購入のために並んでいる見ず知らずの若い女性に聞いてしまいました。カミさんには、「変な誤解されるからやめなよ」っていわれましたけど（笑）。

〝できビジ〟は、机上であれこれ無駄な時間を過ごしている暇があったら、直ちに現場へ直行することを心がけてください。

そういう意味で、営業系のビジネスは、仕事と遊びの境界線が曖昧です。趣味と実益を兼ねて、どんどん遊び感覚で市場を研究してください。

六．絶対に必要なテスト・マーケティング、そのポイントは「仮説」

消費者のニーズに適合した商品・サービスを開発し、市場に供給するという一連の流れが企業の販売活動ですが、その際、商品開発には様々なリスクが伴います。

最大のリスクは、多額な設備投資です。一旦投資してしまったら後戻りはできず、減価償却が終了するまで使用しなければ、経営的に大きな損害を与えることになります。

何も保守的な考えをしろというわけではありませんが、〝できビジ〟はこの辺りのニュアンスを十分に肌で感じ取るようにしてください。

また実際の資金だけでなく、新たに市場参入した新商品が、なんらかの行き違いで顧客のニーズとマッチしないどころかマイナスのイメージを与えるようなことになった場合、当該企業のイメージや同一ブランドの資産価値を下げるというリスクも発生させます。

こうした一連のリスクを回避するために、新しい商品・サービスを発売する前には、いわゆる市場テストを行い、事前に確認する必要があります。これが「テスト・マーケティング」で、同時に商品設計や売り方などのプロモーションも一部見直すことができるというメリットがあります。

メーカーの場合は、商品やブランド力を確認するテストになり、マスメディアも使うことになるため高いコストがかかるので、テストといえども本番さながらとなります。

一方、小売業の場合は、自前の売場を持っていますし、インストア・プロモーションレベルのテストが多いので、かなり手軽に行うことができます。しかも、テスト・マーケティングの最中も、実際の販売は行われているわけですから、「お客様にお金を出していただきながら、お客様の意向を教えていただける」ことになります。こんなにありがたい話はありませんね。

つまり、テスト・マーケティングを行う際、メーカーの場合は資金が流出しますが、小売業は資金を入手することができるのですから、これを実施しないのは怠慢以外の何ものでもないのです。ところが実際には、ああだこうだと屁理屈をつけてやらないんですよ。もっともマーケティングの知識が不十分な人は、「なんでそんな面倒なことやるんですか？」なんて真顔で聞いてきますから困ったものです。本書の〝できビジ〟の皆さんは大丈夫ですよね？

念のために、ということでまとめますが、モノ溢れの現在のマーケティングは「消費者志向」でなければ勝ち残れません。したがって、その主役である消費者を知ることが必須であり、そのためにテスト・マーケティングが必要となるのです。

では、テスト・マーケティングの必要性をご理解いただけたところで、さらに超重要なことを確認しておきましょう。

テスト・マーケティングが有効なものになるか否かは**「仮説」**の立て方にあるということです。

仮説とは、結果や答えがわからないことについて「こうじゃないかな」と仮定することです。この「仮説」は、セブン&アイ・ホールディングスの現会長、鈴木敏文氏によって有名になりましたが、文系の人には馴染みが薄くても、化学の実験や観察に代表されるように理系の人たちにとっては当たり前のことのようです。

テスト・マーケティングも、結果がわからない以上、何か結果を推定していく必要があるわけで、仮の説を考える**「仮説思考力」**が必要となります。何も仮説を立てずにテスト・マーケティングを進めたところで、成功・不成功の要因がわからないため、次回へのステップにならないのです。

「仮説」→「実践」→「検証」→「仮説」……というサイクルでの継続が極めて重要であって、単純に売れたか売れなかったかでは短絡的過ぎます。集められた様々な消費者情報は、単なる情報＝**インフォメーション**から、課題解決のための知恵となる情報＝**インテリジェンス**へと変換し、質を高めていく必要があるのです。

そして、テスト・マーケティングを実践する際の課題は、同じ条件にすることが簡単にいかないため、単純に比較することができないということにあります。テストを実施する時期と場所が一緒ということはありえないですものね。もしそうするなら、商品Aの適性売価をテストする際、ある同一の店内で違う売価で売ることになるわけで、高い売価を表示した商品は、当然ですが一つも売れません。

この辺りのことが、机上で考えていることと実践の違いでしょう。

ですから、テスト・マーケティングをする際には、**「前提条件」**の違いを整理して、仮説をしっかり検討するスキルが求められることになります。

気温の高低や晴れているのか雨なのかなどという天候要因、ビジネス街にある店舗なのか住宅地にある店舗なのかという立地条件、女性客、高齢者、高所得者の来店が多いか少ないかなど客層について、また、そもそも売れる店舗なのか売れない店舗なのか……などなど、前提となる条件の違いを丁寧に整理しておくことが必要です。

丁寧というのは具体的であることです。つまり、**「数字」**か**「固有名詞」**で表現することを意味しています。

そして、この前提条件を基に、出てきた結果を比較・修正しながら検証していくのです。

七、消費者の購買行動を分析する

(1) AIDMA――消費者が商品を買う時の心の動きを知る

消費者が実際に買い物をする時は、どのような行動をとるのでしょうか。

消費者の購買行動を考える時の有名な法則に「AIDMA《アイドマ》」があります。

これは、お客様がお店に入ってから商品を購入するまでには、

「Attention（注意）」

「Interest（関心）」

「Desire（意欲）」

「Memory（記憶）」

「Action（行動）」

という心理的な動きの順番を経ている、という法則です。

自分が商品を購入する時のことを思い出してみてください。まあ、異性との出会いの場面でもいいですけど、同じですよね（笑）。

まず、商品を「みかけて（注意）」から、それを「気にする（関心）」、そしてその商品がどんなものかわかったら「欲しくなり（意欲）」、そのまま購入する時もありますが、一旦「覚えて（記憶）」おいて、自分にとって必要であることを再確認して「購入する（行動）」わけです。

これが標準的なパターンですが、購入する商品によっては変化していきます。マーケティングにおいて重要なことは、購買パターンごとに売場のテーマを明確にしておくことです。たとえば、
①ワインなどのように、じっくりと商品を選ぶ「選考買い」の場合は、この標準パターンになり、商品をいかに「選びやすくするか」が課題になります。豊富な品揃えはもちろんのこと、商品情報を提供するＰＯＰやリーフレットの充実が求められます。
②煙草や飲料などのような「目的買い」の場合は、店内に入るのとほぼ同時に購買行動になるので、商品を「探しやすくする」必要があります。コンビニでは、煙草はレジカウ

ンター、飲料は壁面というように商品の場所が概ね決まっています。

③お菓子は「衝動買い」の代表商品です。この場合は、いかにして「注意を引くか」ということになるので、入口近くのゴンドラやレジ台など、店内で最も目立つ場所に陳列しておくことが売上向上のコツとなります。

(2) AISAS——インターネット時代の消費者の変化

インターネットの時代になって、お客様が買い物をする場所が、リアルな店舗からバーチャルへと移りつつあり、それに伴って、購買行動にも変化が生じてきています。

そこで、前述のAIDMAに代わって「AISAS《アイサス》」理論の登場です。


「Attention（注意）」

「Interest（関心）」

までは AIDMAと一緒ですが、ここからが違います。

「Search（検索）」

「Action（購買行動）」

「Share（情報を共有する）」

以下は私流の勝手な解釈ですが、興味が生まれたら、昔のように欲求がジワジワ湧いてきて、それを一旦記憶に留めておく、なーんて悠長なことはしていないで、バンバン検索して商品情報を集めてしまう。情報が集まれば、自分にとって必要なものか不要なものか判断できますので、前者であればこの段階で購買を決めてしまいます。昔のような、付き合うまでに味わう「ドキドキ感」の時間がショートカットされてしまうんですね（苦笑）。

さらに、かつては商品を購買すれば購買行動はそこで終わりましたが、現代ではその後にエピローグが待っています。それが「Share」の段階で、買った商品のレビューを書いたり、ツイッターやブログに情報を載せたりして、仲間や見知らぬ人たちとその情報を共有して楽しむという余韻の時間がある……と、こんな感じですかね。

ちなみに、ＡＩＳＡＳは電通の登録商標となっています。やっぱり、って感じですね。

八．コンシューマー・デシジョン・ツリー――消費者が一番気にすることは？

ここで、簡単な質問をします。といっても正解するのは超難関です。今までに２００人近くの人に問いかけましたが、正解したのはたった４人。正解率はなんと２％です。

では、質問します。５分以内に答えてください。

「あるお客様が、店に入ってドリンク（コーヒーやお茶など）を購入する際、商品を選ぶのに〝一番最初〟に考える要素（項目）はなんでしょうか？」

……………………

はい、時間です。あなたはなんと答えましたか？

ブランド？　ネーミング？　味種《フレーバー》？　あるいは容量が多いとか少ないとか？　価格に値ごろ感がある？　パッケージやデザイン？　テレビCMのタレントがお気に入りかどうか？　などなど。

私の経験からは、だいたいこんな答えが多い印象ですが、残念ながら全部不正解です。

では、正解を申し上げます。

「温かいか、冷たいか」です。

まさにコロンブスの卵ですよね。

実は私も正解できず、答えを知った時には衝撃が走ったことを記憶しています。いろいろ考え過ぎると真実から離れていくのだなぁと思いました。自分の購買行動を素直に考えれば正解はわかるはずなんですが……人間なんてそんなものです。

正解を聞いて異常に食い下がる人が極まれにいますが、素直になりましょう。寒〜い冬

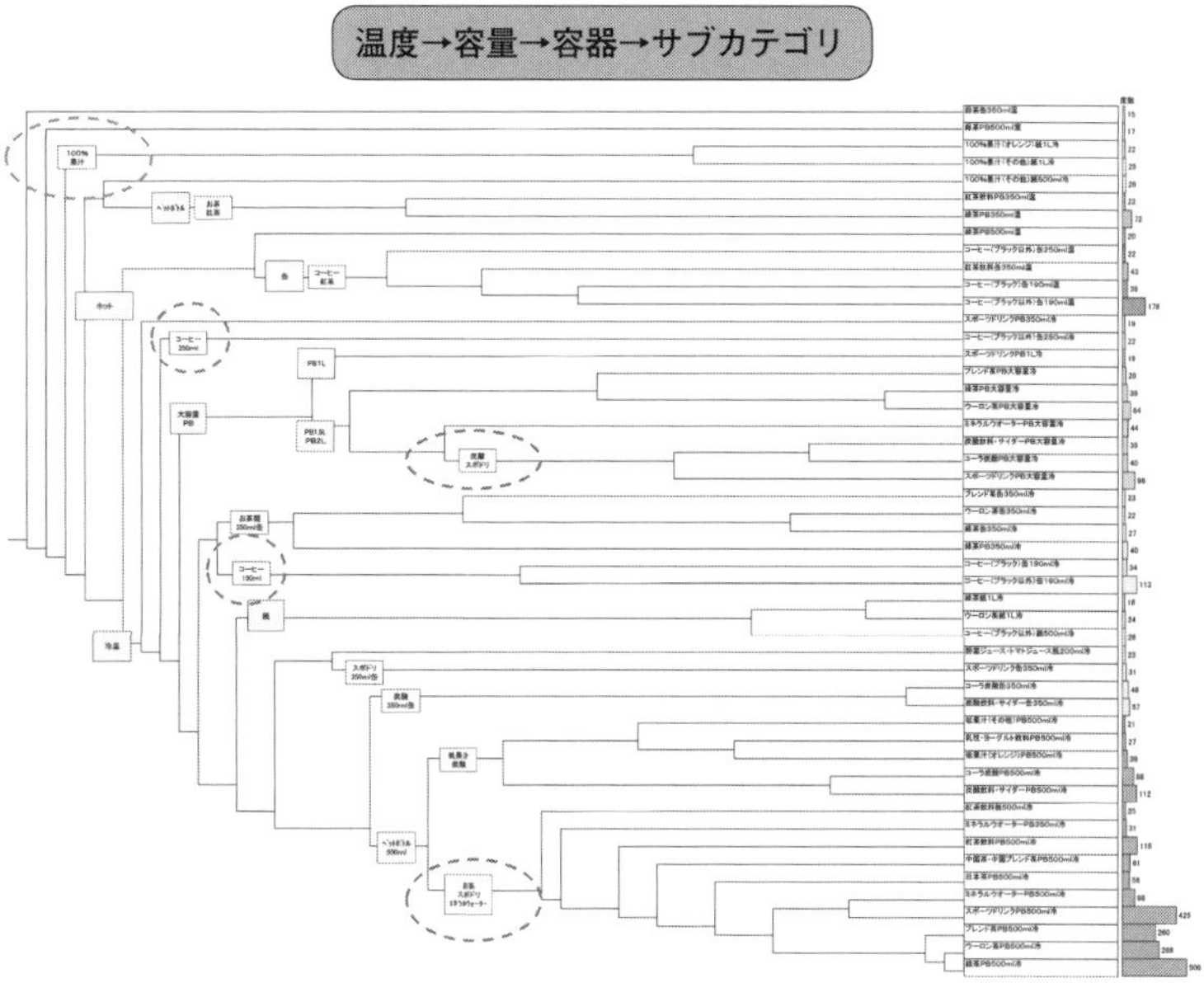

図6　コンシューマー・デシジョン・ツリー分析（ソフトドリンクの場合）

に自動販売機でコーヒーを買おうとした時、間違えて冷たいコーヒーのボタンを押した場合は目も当てられません。ジョージアを買おうと思ってボスを買ってしまった時よりショックが大きいですよね（サントリーさんごめんなさい、あくまでも例え話です）。

ちなみにこの質問の正解は、業界のトップメーカーがン千万円（？）かけて調査・分析した結果で、その時の手法が「**コンシューマー・デシジョン・ツリー**（消費者・意思決定・樹木）」という手法です。

これは要するに、お客様が商品を購入する時のファクター（要素）を、優先される順番に並べ、樹木のように整理したものです。

この辺りの詳しい話は、第五章「マーチャンダイジング戦略」の「マーチャンダイジング・ミックス①品揃え戦略」で再度説明します。正解を聞いた時の衝撃を素直に活かせば、超効果的な品揃え分析が可能になりますので、乞うご期待です。

第四章　マーケティング戦略

マーケティング戦略は「STP」と「4P」

まずは、マーケティング戦略が取り扱う領域をはっきりさせておきましょう。少し学術っぽくなりますが我慢してください。

マーケティング戦略を構成する要素は「STP」と「4P」です。

ふざけるなぁ！　なんだかさっぱりわからんではないか！　という声が聞こえてきそうです、すみません。でも、このキーワードはすごく大事なので、幸い短いですから覚えてください。

でも、このSTPと4Pを単純に暗記しても意味はないです。この領域が経営全体の中でどのように位置づけされているかを、巻頭の「本書オリジナル体系表」でしっかりと確認しながら、実践で使える道具として活かしていきましょう。

では、それぞれの説明をしていきます。

1．ＳＴＰ——市場細分化戦略

ＳＴＰとは、

「Segmentation（セグメンテーション）」

「Targeting（ターゲティング）」

「Positioning（ポジショニング）」

の頭文字を取ったものです。

市場には不特定多数の消費者が存在しています。生まれ、育ち、年齢、性別が違うし、さらにライフスタイルや物事に対する価値観も異なります。現在におけるマーケティングの基本は「お客様がいちばん」ですが、そのお客様の価値が「多様化」しているのです。

最近はそんなことは当たり前の話で、「多様化」というキーワードも随分と風化しているなぁと思いますよね。でもかつては「同質化」の時代もあったわけです。若い方からは「えっ！　何いってるの？」なんて声が聞こえてきそうですが、誰もが同じようなことを考える時代があったのです。

今から約50年前、映画『ALWAYS　三丁目の夕日』に出てくるような昭和の時代、子供の好きなものといえば「巨人・大鵬・卵焼き」と相場が決まっていました。さらに、今とは違ってモノ不足でしたので、昭和40年頃の三種の神器は「車《カー》・クーラー・カラーテレビ」で「3C」と呼ばれていました。それよりも前は「白黒テレビ・洗濯機・冷蔵庫」という時代もありました。今の若い世代には「?.?.?」でしょうが、私の子供時代の実際の話です。

このように、消費者が求めることが同質化していれば、同じものを大量生産して大量に販売する、つまり、すべての顧客を対象にマス・マーケティングをはかることができればよかった時代があったのです。

時は流れて、今では様々な欲求《ニーズ》が市場に溢れています。そこで、市場全体を小さなグループに分けて攻略する必要性が生まれてきたのです。

ただし、様々な欲求を持つ顧客すべてに対応することはできないので、企業にとっては「誰を狙うのか」ということでターゲットを決めざるを得ません。厳密には「誰」というより「同質のグループ」ということになります。簡単にいえば、男性グループ、女性グループ、あるいは、若年層、実年層、高齢者層という具合です。

ターゲットを決めることを「ターゲティング」といいます。

ターゲティングするためには、市場全体を分けることが必要になり、市場をいくつかに区分することを「セグメンテーション」といいます。

そして、区分するからには、ある基準が必要になります。これを「セグメンテーション基準」といいます。

一方、市場には競合相手が存在していますので、ターゲットに対してライバルとは違う商品を提供する必要があります。ということで、
①市場を一定の基準でグループに細分化し
その中で、
②自社に馴染む顧客に絞り込んで
③市場にひしめき合っている競合相手と比較して、自社の商品を差別化する
という必要が生じるわけです。
①がセグメンテーション、②がターゲティング、③がポジショニングです。
このSTPは、①→②→③と必ずしもこの順番で考えるものではありません。のちほど

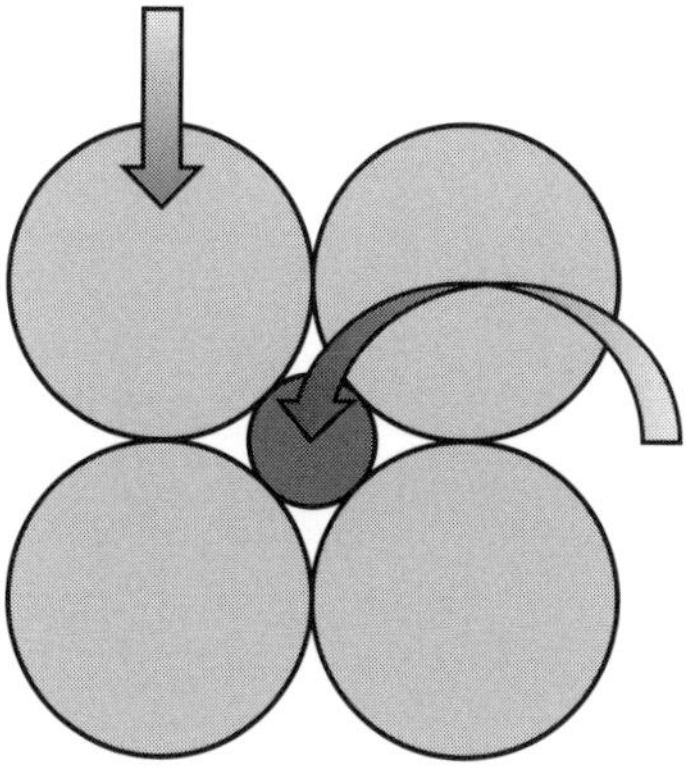

図7　市場細分化戦略とニッチ戦略のイメージ図

触れますが、実践の場面では理想論通りにいかないこともありますので、いくつか試行錯誤を繰り返しながら進めることになります。

特に、①セグメンテーションと②ターゲティングは裏腹の関係にあります。

したがって、ＳＴＰという三つのステップは、同時並行的に決めていくことになります。

ところで、こうした市場細分化戦略と、第二章で説明したニッチ戦略とは、いったい何が違うのでしょうか？　この辺りがマーケティングを難しくしている一因だと思いますが、まあ、マニアックになり過ぎると全体像がみえなくなりますので、どちらもマスの市場ではなく、「特定の市場」を狙う戦略だと理解してください。

少し乱暴かもしれませんが、市場細分化というのは、全体の市場をまさにいくつかに区分して、そのうちのどれかの市場を狙うことになります。一方、ニッチ戦略は、その区分する際にできる隙間を狙うといったニュアンスで捉えておきましょう。

「市場細分化戦略で狙う市場＞ニッチ戦略で狙う市場」

こんなイメージです。

ではさらに、①セグメンテーション、②ターゲティング、③ポジショニングを、それぞれ詳しく説明していきましょう。

(1) セグメンテーション——消費者層の分け方

前述のように、消費者層を分けることを「セグメンテーション」といいます。

では、どのような基準でセグメンテーション、つまり市場を分けていくのでしょうか。

セグメンテーションの基準は、

①人口統計学的変数（デモグラフィックス）：性別、年齢、職業、所得、学歴、家族構成などの切り口。

②地理的変数：都市部なのか、郊外や地方なのかという切り口。人気テレビ番組『秘密の

ケンミンSHOW』などをみていると、出身県による切り口などもあてはまります。
③心理的変数（サイコグラフィックス）：ライフスタイル、価値観、ニーズなどの切り口。
④購買行動的変数：ベネフィット（便益）や利用頻度などの切り口。

現在の顧客の価値観やニーズなどは、性別や年齢だけで分析できるほど単純ではありません。したがって、市場をセグメントする際には、「ライフスタイルや価値観、ベネフィットの要素で切るべきである」というのが教科書的な回答になります。

しかし、これらの要素はどうしても主観的になりますので、解釈を巡って論議がまとまらないことが多々ありますし、ハードルが高過ぎてなかなか実践できていないのが現実です。

では、どうしたらいいのか。

まずは単純な切り口、つまり①の人口動態的な要素でしっかりとセグメントします。それをベースに各層の顧客特性をイメージし、各層の共通ニーズなどを表現していくという方法が超実践的です。アカデミックな感じはしませんが、性別や年齢という誰でも情報が共有化できる要素でセグメンテーションし、そのあとで該当する層に帰属する消費者のニーズやライススタイルなどをイメージしていくという手法です。

つまり、もう少し突っ込んで考えると、近年増加傾向にある「単身世帯」（国立社会保障・人口問題研究所の2010年推計で総世帯数の31・2％）も、たとえば家族を残して転勤した人、適齢期になっても結婚しない男性や女性、伴侶に先立たれた人、事情があって離婚した人、などなど様々なケースが浮かんできます。

もっとも、セグメンテーションを行う際に気をつけなければいけないのが、消費者のニーズがいくら多様化しているからといっても、細かく分け過ぎてはいけないということです。「過ぎたるは及ばざるが如し」で、細分化し過ぎると、結局はお客様に何を提供していいのかわからなくなりますし、投資効率も激減し、結果的にコスト高の商品・サービスを提供してしまうことになります。

セグメントされた各層には、一定以上の市場規模を有していることが必要条件です。どの専門書にもズバッとは書いてありませんが、いくら顧客志向といっても、企業にとっては勝算がなかったり、採算が合わないことはできないというのが本音なのです。

つまり、顧客満足とのバランスを考えて、いわゆる〝落としどころ〟をみつけながら進めることになります。

(2) ターゲティング――ドル箱ターゲットの「高齢者」を例に

セグメントされたどの市場を狙っていくのか。いわゆる標的市場の選定が次のテーマになります。

選定する際には、その対象となっている市場が、

①将来的に伸長するという「成長性」があるかどうか
また、そのセグメントされた市場には競合相手が存在している（あるいは参入してくる）ので、打ち勝つためには、

②自社の強みが発揮できる土俵であるかどうか
が、重要なポイントになります。さらに、経営的には、

③投資効率の最も高いターゲットに合わせて投資する
ことが求められます。

ところで、そもそも論になってしまいますが、経営戦略レベルで決定している企業理念や事業ドメインとの整合性も確認しておく必要があることは、いうまでもありません。

また、第二ステップのターゲティングで現実的な段階になった時、標的市場となる顧客層を改めて確認しておく必要があると思います。というのも、先述した話と若干矛盾しま

すが、やはり昨今のターゲットは複雑化してきていますので、単純に特定することが難しいのです。実例で説明しましょう。

「駄菓子」という商品カテゴリーの標的となる顧客を考えた場合、我々が子供の頃は間違いなく〝子供〟でした。私も近所の駄菓子屋さんで「すもも」や「ソースせんべい」を友達と買ったことを覚えています。ところが今では、子供の他に、孫を持ったおじいちゃん＆おばあちゃんの「買い与え」需要、あるいはＯＬの「小腹満たし」需要、団塊の世代の懐かしいという「ノスタルジー」需要などと多様化しており、どの客層がメインターゲットになっているかを特定することは、決して単純な作業ではありません。想定できることは十分に洗い出し、検討を加えていくことが求められます。

では、以上を踏まえて、超高齢化社会を迎えて今後のビジネスとして「ドル箱」になる（なっている）、いわゆる「高齢者」というターゲットについて整理しておきましょう。

市場規模が大きく成長しているので、細分化してもビジネスとしての魅力があるのです。まず「高齢者の捉え方」ですが、どう定義するかで論点は変わってしまうにもかかわらず、業界でも曖昧です。

私は、某食品ベンダーが提示している、

50歳代　**アクティブシニア**
60歳代　**シニア**
70歳以上　**サポートシニア**
という三段階の捉え方が、今後のマーケティング戦略を組み立てるのに一番しっくりきます。
では、アクティブシニアに属する私の見解で、段階ごとの特性をまとめてみましょう。

①アクティブシニア（50歳代）

ひと昔前には、コンビニのメインターゲットは20〜30代の若年層といわれていて、高齢者には馴染みが薄いという感じでしたが、私たちの世代は「あいててよかった」というフレーズを耳にしたのが学生時代なので、コンビニにまったく違和感がありません。

大学時代は〝レジャーランド〟と揶揄《やゆ》され、テニスやスキー、麻雀なんかもやって趣味は多かったのですが、勉強はしていませんでした。

50代の今でも現役ですので、時間的余裕はありませんし、年金の支給時期も延期され、金銭的余裕もないと思います（って、お前だけだよ、といわれるかもしれませんが……）。

ですから、市場性はそこそこ（?）です。

②シニア（60歳代）

この階層は、いわゆる団塊世代です。戦後のベビーブームによる影響で人口が多いため、いつの時代も競争が激しく、大学時代に学生運動の経験者も多く、パワーに溢れている世代です。

現在は子育ても完全に終わり、現役を引退した人も多くて時間的余裕があるし、年金もしっかりと支給されているので経済的余裕もあります。

そのため、マーケティング的には絶好のターゲットだと考えます。

主義主張が明確で、商品に対するこだわりがあります。また健康意識が高く、塩分、糖分は控えめになりますが、ダシ感のあるしっかりとした味や、高品質商品を提供できるかがカギになります。

高品質・高価格帯は、売り手側からすれば「利益」は取れます。ただし、若い頃に比べて食の量は6~7掛け程度に減っていて、「美味しいものを少しだけ」ですので、1人当たりの「量」は期待できません。

③サポートシニア（70歳以上）

この世代が、まさに「ひと昔前の高齢者」ということになると思います。

彼らは、高度成長期に貯金して、バブル期に投資で増やし、引退後は手厚い年金をもらっていますから、金銭的余裕は超たっぷりです。

ただし、現在、男性の寿命は約80歳くらいですが、実際に元気でいられる年齢（健康寿命）は71歳程度だそうで、この年齢層になってくるとだいぶ個人差が生じてくると思います。肉体的に元気であれば、長年連れ添った奥さんと一緒に旅行をするのか、自分の趣味に合わせて生きていくか、専門的な経験を活かしてまだまだ現役を貫くのか、と余生の過ごし方は様々だと思います。

小売業の場合、この世代の方々に店舗へ足を運んでいただく際、通路にある「段差」は厳禁です。バリアフリー化の徹底はもちろんのこと、小さい文字はみえませんので、大きな文字と、白内障などの方々に配慮した視認性の高いプライスカードやＰＯＰが必須です。白地に黒文字が最もみえやすいといわれていますが、それではあまりにも無機質ですので、明るい色も適度に使う工夫が必要です。

一方、肉体的な介護が必要になってきたりした場合、宅配サービスや、自宅にいながら商品が買える通信販売などは救いの神となるでしょう。その際、身体的機能の減衰《げんすい》を考え、商品の開封などに余分な力が要らないよう、開けやすいパッケージ設計にすることが重要です。

また一方で、精神的な欲求が強くなっていくことも間違いないので、各種の接客サービスや商品だけでなく、健康情報や地元のニュースなどの「情報提供」がマーケティングのカギになってくると思います。

話がマーケティング手法の方へも触れてしまいましたが、同じ「高齢者」といってもターゲットの質は随分と異なるということを理解してもらうために、少し突っ込んで書かせていただきました。

(3) ポジショニング——競合と自社を「差別化」する

最後のステップであるポジショニングでは、競合相手となる商品との「差別化」がどこにあるのかを明らかにします。

あるグループに属するお客様を攻略するわけですから、まず、お客様のニーズに対して何を提供することができるか、また、それは競合と比べてどう差別化されているのかが問われます。ライバル企業と比較した自社商品の位置づけを明確にしておかなければなりません。

これを表現するのに使われるツールが**「ポジショニング・マップ」**というものです。これは、タテ軸とヨコ軸で競合相手の商品をプロットし、自社商品と比較をすることで、差別化しているポイントを〝見える化〟したものです。

このマップの決め手は、タテ軸とヨコ軸の「切り口」となるキーワードにあります。標的顧客を攻略（お客様からみれば商品を選択）するためには、当然のことながら顧客のニーズが決め手になります。当然といいましたが、これが現実の場面では意外にできていないことが散見されます。

図8をみていただくとわかりますが、タテ軸に「値段が高い、安い」、ヨコ軸に「味がうまい、まずい」なんていう表現が平気でありますからね。味がまずくて値段が高い商品なんて誰が買いますか。「まさか」なんて笑っているかもしれませんが、これに似た事例なんて、食品メーカーのプレゼンテーション資料では日常茶飯事ですよ。

まあ、それは極端な話かもしれませんが、机上で考えていると、「現実にはあり得ない

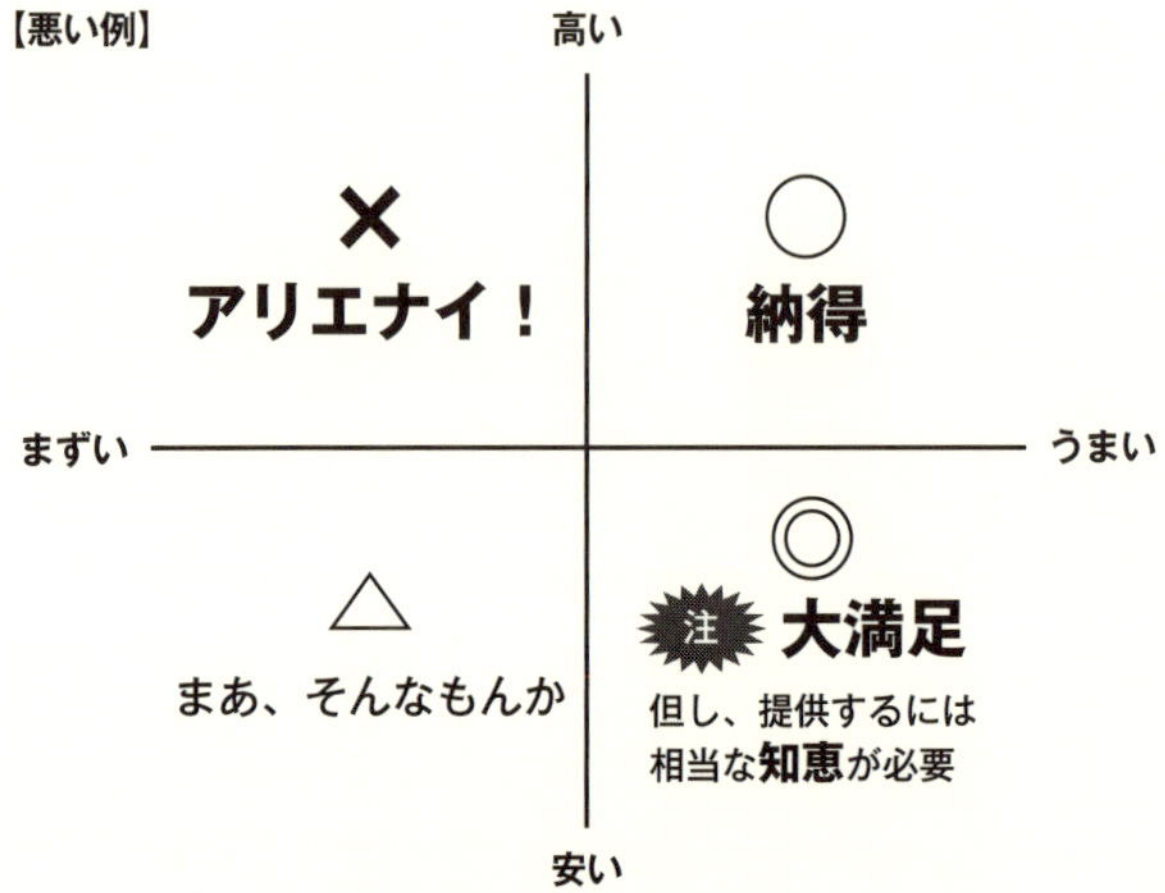

図8　商品ポジショニング

よ」ということにも気づかないことがあるのでしょうね（笑）。

さて、**「切り口」はすべて「消費者ニーズ」**であることが必要です。

「低い品質でいい」という人はいません。「低い価格」ならOKです。また、バブル期ではないのですから「高い価格がいい」という人もいません。しかし「高い品質」のものは求められます。

このような感じであれば、まずは合格点といえます。

商品ポジショニングは、このように軸となる切り口が決め手となりますので、しっかりとした組み立てを検討しましょう。

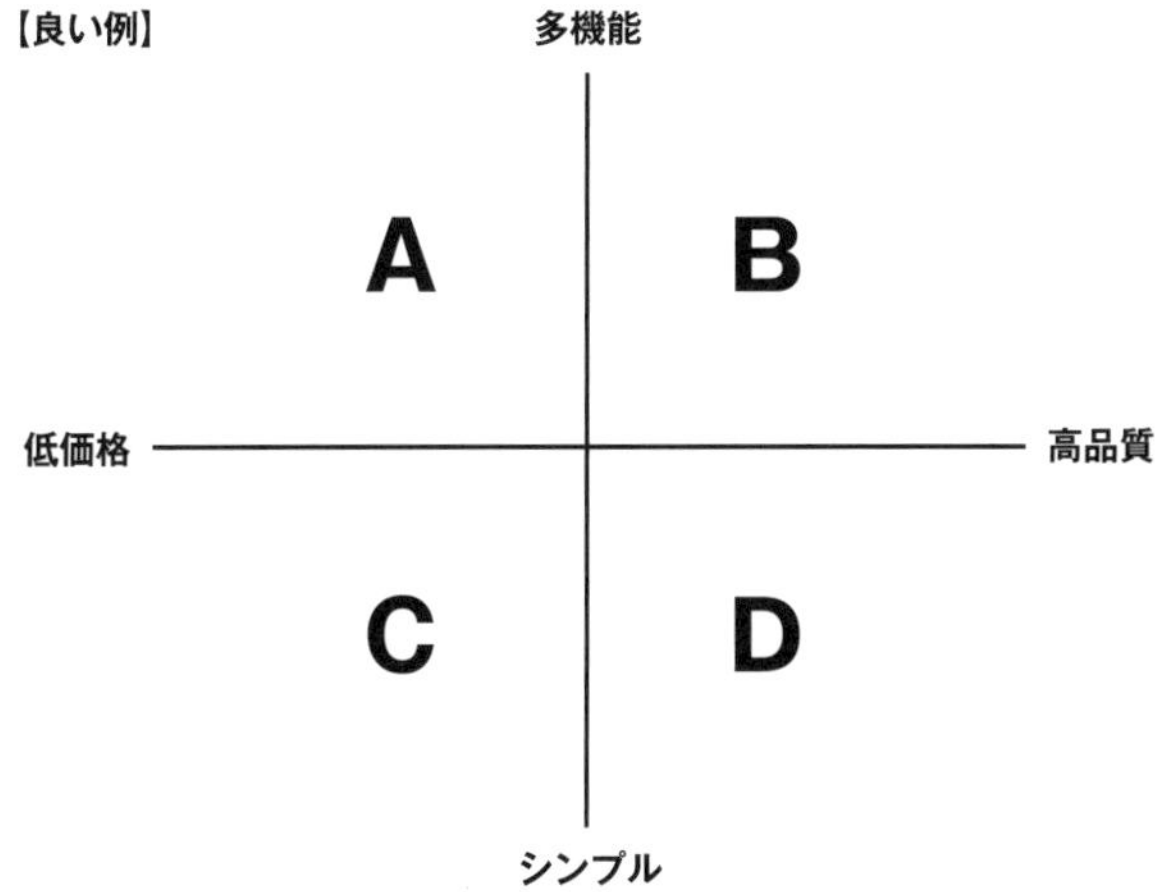

図9　商品ポジショニング（A～Dに消費者ニーズがある）

二．マーケティングの４Ｐ――四つの戦略を組み合わせて競合に勝つ

以上のように、市場全体をある基準でセグメンテーション（Ｓ）して、あるグループをターゲティング（Ｔ）により特定し、ポジショニング（Ｐ）という手法で競合との差別化によって攻略するという「ＳＴＰ」を行ったあとは、具体的なマーケティング戦略を進めていくことになり、その際に考えていくテーマが、「マーケティングの４Ｐ」です。

皆さんは「マーケティングの４Ｐ」ってご存知ですか？　正直いうと、知っている人にとっては、ちょっと照れ臭い感じがするくらい常識的な事柄なのです。でも、知らなくても自信をなくすことはないですよ。流通業界でも意外に知らない人が多いですから。ただし、これを知らないでビジネスを行っているのは、バントやヒットエンドラン、盗塁を知らないで野球をやっているようなものです。

まさに「理論なき実践は無謀である」といえます。この際、しっかりと理解して自分のものにしてください。

「マーケティングの４Ｐ」というのは、マーケティング戦略を考える時に使う、

①**商品開発**（戦略）

②**価格**（戦略）

③**プロモーション**（戦略）

④**チャネル**（戦略）

という四つの戦略のことです。

アメリカのマーケティング学者であるジェローム・マッカーシーが唱えたので、「マッカーシーの４Ｐ」と呼ばれたりもします。

それぞれを英語にすると、

「Product」

「Price」
「Promotion」
「Place」

で、これらの頭文字をとって「4P」という名称がつけられています。

・どんな「商品（Product）」を開発し
・どの程度の「価格（Price）」で
・どのような「販売促進（Promotion）」を展開し
・どの「チャネルにおける売場（Place）」で提供するか

ということです。要するに、この四つの戦略を組み合わせて「顧客」に満足感を与え、競合との競争に打ち勝つ方法を考えるわけです。

では、それぞれの詳しい説明をしていきますが、かなり分量を割いての説明となりますので、各項に分けてお話ししていくことにしましょう。

商品開発戦略①基礎知識編

一・商品開発はメーカーの生命線

マーケティングの4P最初のテーマは「商品開発戦略」で、これは4Pの中核的な存在です。

マーケティング戦略における4つの「P」は、それぞれが重要な意味を持っていますが、その中でも、市場の主役である消費者（顧客）が何をもってニーズを満たすかといえば、それは間違いなく「商品」です。平たくいえば、商品がなければ価格を設定することも、プロモーションを展開することも、流通させることもできないわけですから、まあ当然ですよね。

松下電器を創業し〝経営の神様〟と呼ばれた松下幸之助氏も、「企業の使命は、常に新しい商品を世に出すこと」といっています（『取締役になれる人　部課長で終わる人2』国友隆一著・経済界より）。

そんなの当たり前だよ、と思われるかもしれませんが、「メーカーにとって一番重要なことはなんですか？」という問いに対して、即座に「商品です」と答える人は意外に少ないのです。

第一章で、日清食品の創業者である安藤百福氏が、戦後の混乱期にヤミ市の屋台でラーメンを食べるために行列を作っている人たちをみて、誰もが手軽にラーメンを食べられるようにしたいと考え、世界初の即席麺「チキンラーメン」を開発したというエピソードを紹介しましたが、それが今では、世界中で年間約１０００億食が人々の胃袋を満たしています（日本では約55億食で世界第３位）。

このように、メーカーにとっての商品開発は、経営戦略上の生命線になるのです。

しかし、商品とは目にみえるものだけではありません。商品には無形の「サービス」も含まれるのですが、このサービスを含むと話が複雑になりますので、ここでは対象外とします。

なお、サービスの特性についても面白い話がありますので、これに関してはのちほど触れることにします。

二.「商品」と「製品」の違い

では最初に、基本的なことを確認しておきましょう。

「商品」と「製品」の違いです。

前述したように、メーカーの工場にある段階が「製品」で、流通を通じて小売業の店頭に陳列されているのが「商品」ということになります。あくまでも私流の解釈ですが、このように整理するとわかりやすいと思います。

そして、現在のマーケティング・コンセプトは「消費者志向」ですから、当然のように消費者（顧客）に近いところで考えますので、「製品」ではなく「商品」という表現がマーケティング的には馴染みます。

マーケティング的にはこれだけのことですが、商品（製品）を製造しているメーカーにとっては、そう簡単には割り切れません。

ビール業界を例に話を進めましょう。

ビールはもともと麦芽を原料として製造するものです。ところが酒税法の関係で安く売れる発泡酒に続いて、2004年に大豆やえんどう豆などを原料とした第三のビールが出現したことは第三章でもお話ししました。

この商品を、メーカーの彼らは頑固なまでに「新ジャンル」と呼びます。決してビールでないということなのでしょうが、この感覚は完全に「製品」ですよね。しかしお客様が店頭で買う時は、メーカーがいうところのビールも新ジャンル（第三のビール）も、「今日一日の疲れを癒してくれる、喉を潤すお酒！」というベネフィット（効能。美味しいとか、体にいいというような、お客様にとって何かいいこと）を考えると、つまりどちらも・・・ビールなのです。

「フランスのシャンパーニュ地方でつくられたスパークリングワインがシャンパンで、スペインはカヴァ、ドイツはゼクト、イタリアはスプマンテと、商品としては別ものだよ」なんて、自分の業界のことになると急に態度が硬直する人はこんな感じかもしれませんね（原材料や発酵方法は異なります）。

もちろん、「売れるなら、なんでもいいよ」という無機質な意見もあることを考えれば、こだわりを持つことは大切です。ただし、あくまでもお客様目線で捉えることが求められることを忘れてはいけません。

三、お客様は「商品」をトータルで評価する

それでは「商品」とはなんでしょうか？

「えっ……」

この手の質問に答えるのはホント困りますよね。

「パパ、空ってどうして青いの？」

と子供に聞かれた時、

「そんなの当たり前だろ、空は昔から青いんだよ」

みたいな感じです。

まあ、前置きはこれくらいにして、では「商品とは何か」について説明していきましょう。

ここからは少し難しい話になります。もちろんわかりやすいように工夫しますが、マーケティングの核心である「商品」の話ですから、心して読み進めてください。もっとも、第三章内の「消費者をとことん知るためにやるべきこと」の中の「消費者の価値——品質と価格のバランスから答えが出る」で触れた内容がなんとなくわかった方は理解しやすい

と思います。

まず、商品という概念は、いくつもの層に分かれているということをイメージしてください。どういうことかというと、フィリップ・コトラーの「製品特性モデル」（ここでは三層モデルを採用します）でみると、商品というのは、

〈1〉中核となる部分

〈2〉実体の部分

〈3〉付属機能となる部分

という三つの層に分かれているのです。

そして、最初の〈1〉中核となる部分が、商品概念を知るうえでの肝となります。

ここで、マーケティングの本には必ずといっていいほど登場してくる超有名な話を紹介しましょう。「4分の1インチのドリル」の話です。

かつてアメリカで4分の1インチのドリルがヒットしました。どうしてこのドリルがヒットしたかというと、性能がよかったからではなくて、お客様は「4分の1インチの穴」をあけたいがために購入したのです。つまり、お客様はドリルという商品そのものが欲しかったのではなく、「穴」という、お客様にとっての**効用・便益（ベネフィット）**を

望んでいたということです。

女性がつける口紅も、彼女たちは口紅という物理的な商品を購入するのでなく、それによって「美しくなる夢」を買っているということになります。

ガムでいうと、キシリトールに代表されるように「虫歯予防（デンタルケア）」だったり、デートの前の「口臭予防（ブレスケア）」、仕事に疲れた時の「ストレス解消」、運転中の「眠気覚まし」などがベネフィットとして考えられます。

この中核的な部分を指して、商品を単なるモノとしてではなく**「ベネフィットの束（bundle of benefit）」**として捉える考え方があります。

マーケティングで求められる超重要なことは、商品が提供するいくつかのベネフィットと、お客様のニーズが一致することなのです。ドラッカーも、「お客さまが買うのは、商品やサービスそのものではなく、それを買って得られる効果・効用である」と言っています（『ビジネスで大切なことは、すべてドラッカーが教えてくれた』藤屋伸二著・中経出版）。

このベネフィット（効能）には三つのタイプがあります。

①物理的・機能的ベネフィット

食品でいえば、美味しいということが一番ですが、他にも、食感や食べやすさ、あるいは特定保健用食品に代表される、体脂肪を燃やすとか血圧を抑えるといった、健康的で体にプラスとなる機能などです。

②心理的・情緒的ベネフィット

口に入れると爽快感を得ることができたり、レトロ商品のように懐かしい気持ちになることなどです。あるいは、生産から店頭までの流通経路が明らかになるトレサビリティによる安心感もあてはまるでしょう。

③自己表現的ベネフィット

なかなか手に入らない高級ブランド品を身に着けることで自己顕示欲を満たしたり、ミシュランの三つ星レストランで食事をすることで驚きや感動を味わったりすることです。

次に、フィリップ・コトラー「製品特性モデル」の〈2〉実態の部分について説明します。

ここでお断りをしておきますが、この種の概念を厳密に論じると難しくなり過ぎますので、次に述べることはあくまでも私流の解釈であることをご了承願います。

では、話を進めますが、この実体部分は、先程のベネフィットを現実化したもので、広

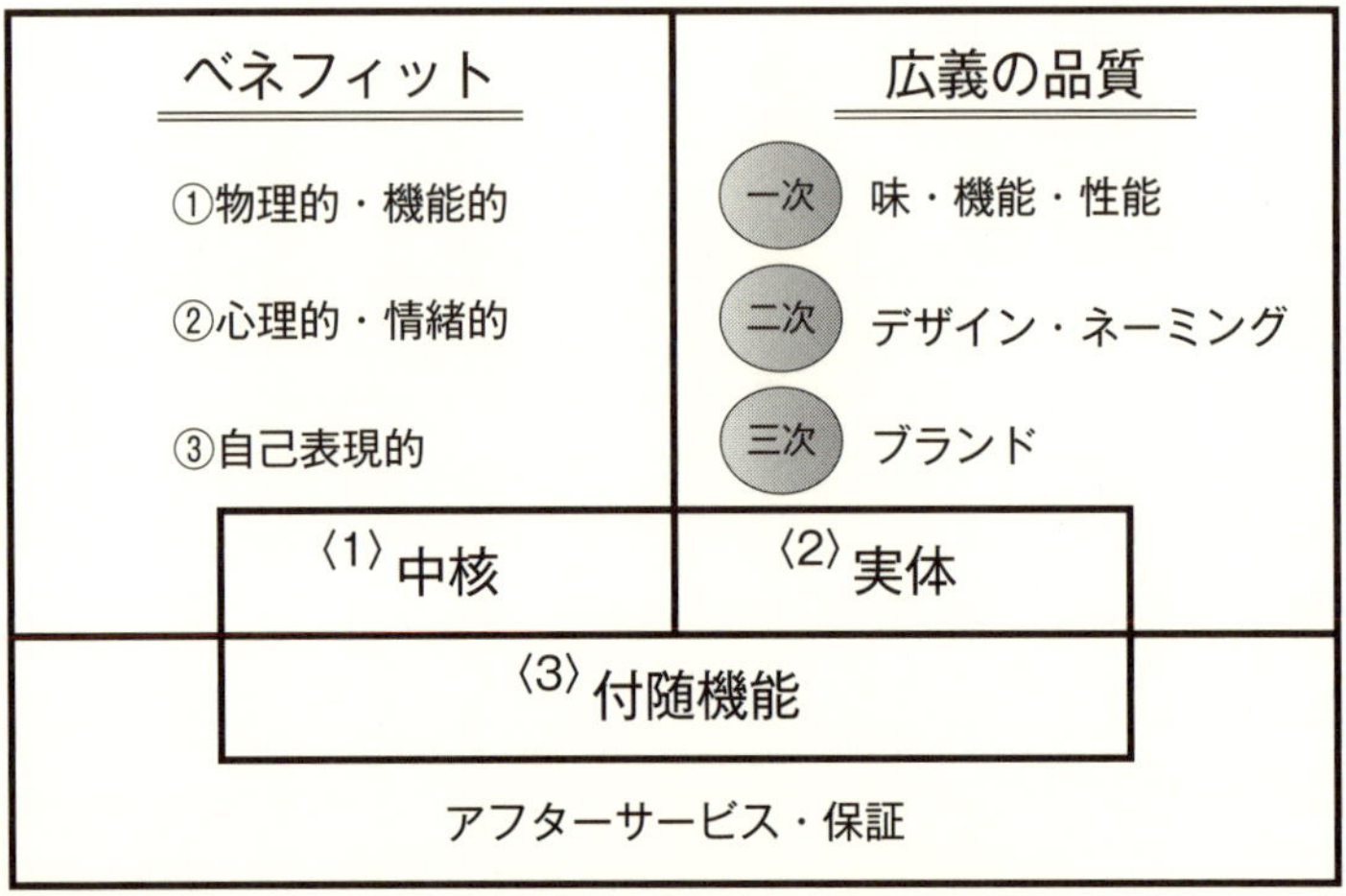

P. コトラー「マーケティング原理」に基づき、私流の解釈にて修正

図10　トータルプロダクトの概念図

義（一次〜三次）の品質と捉えるとわかりやすいと思います。

「健康」でありたいというベネフィットを実現させるのは、特定保健用商品の○○という原料の機能に由来すること、あるいは、「懐かしく癒されたい」というベネフィットを満足させるのは、こどもの頃を想い出させるようなパッケージデザインやネーミングであったりするわけです。なお、一次〜三次品質については、114ページをご覧ください。

そして最後が〈3〉付随機能となる部分で、その典型的な例は、自動車や電気製品のアフターサービスとなる取付け作業や商品保証ということになります。

これらの高額商品を購入した場合、買った

あとのことが心配ですよね。

「お買い上げの車、エンジンの調子はいかがですか？　何か不都合なことがございましたら、なんなりとお申し付けくださいませ」

というセールスマンの言葉はありがたく感じます。

ということで、ひと言で商品といっても、単なるモノではなくて、顧客にとっての様々な価値の集合体であるという意味合いがわかっていただけたと思います。

これは、様々な要素を総合的に捉えるということで、マーケティングでは**「トータル・プロダクト」**という表現をします。

商品を語る際、何か一つの要素だけで決めつけるのは禁物です。ネーミングやデザインだけで商品が成り立たないのはもちろんのこと、機能や性能さえよければいいというものでもありません。お客様は、商品を取り巻く様々な要素全体を総合（トータル）的に評価しているということです。

四．「サービス」という商品の特性

先ほど後回しにした「サービス」について触れておきましょう。

目にみえる商品と比較して、サービスの特性を考えると次のようになります。

サービスの特性には、

①無形である（目にみえない）
②品質にバラつきがある（均質でない）
③在庫ができない

などが挙げられます。こういう整理の仕方は通常ほとんどお目にかからないので、新鮮味を感じるか、もしくはなんとなく違和感があると思います。でも実際の生活シーンで考えると超わかりやすいですよ。

たとえばあなたがジャイアンツのファンで、チケットを買って東京ドームにナイター観戦に行ったとします。ここで宿敵阪神に勝てばいよいよ首位奪回。今の打線の調子なら大丈夫だろうと、あなたは球場へ足を運びます。ところが結果は8対0の完敗（あくまでも例え話です！　ジャイアンツファンの方、ゴメンナサイ）。「金返せー！」と叫んだところで、チケット代は返ってきませんよね。大好きなジャイアンツが勝とうが負けようが、チケット代は同じ金額です。

と、このようにサービスの品質にはバラつきがあるのです。

違う例を出すと、旅館を営む女将さんを想像してみてください。この女将さんは、どんな時でも大事なお客様を最高の接客サービスでお迎えしたいと考えています。しかしシーズン・インするとお客様の数が増えるので、気をつけているつもりでも緻密《ちみつ》な対応ができない場面が出てきてしまう恐れがあります。そこで、時間的に余裕のあるシーズン・オフにまとめて接客サービスをしておきたい、つまり商品であれば作り溜めして在庫しておこうと思っても、サービスはそういうことはできませんよね。

このように、サービスという商品には、目にみえる商品とは異なる特性があります。ということで、サービスに関するマーケティング戦略も独自に存在します。

かつて某球団が行った、試合に負けたらいくらかをキャッシュバックするキャンペーンは、品質と価格のバランスを少しでも保とうとする方法ですし、ファスト・フードでのマニュアルも、接客というサービスの品質を均質化するということを目的としているのです。

また、在庫ができないことに対する典型的な手法としては、シーズン・オフの割引販売などがあり、これは供給体制の分散化をはかることを考えてのものといえます。

五．「付加価値」の正体

商品開発をする際に必ず問われることが、お客様へ「品質」で訴求するのか「価格」で訴求するかということですが、これに対しても、

「消費者の価値＝品質÷価格」

という公式を思い出してください。本書を読み進めていただいている皆さんはもう十分に理解できていると思いますが、この辺りのことが頭で整理されていない方が現場に多いことにはホント閉口します。

ところで、ここでは大事なことを整理しておきましょう。

「付加価値」というキーワードです。

これはもともとは会計用語で、「生産過程で新たに付け加えられる価値。総生産額から原材料費と機械設備などの減価償却分を差し引いたもので、人件費・利子・利潤に分配される」（大辞林　三省堂）という意味で、平たくいえば、「企業の諸活動において、人の知識や知恵、アイデアを使って資金を投入し、新たに付け加えられた価値のこと」となるわけです。

これを商品開発に当てはめると、当然のことながら「お客様視点」から表現しますので、お客様にとって付け加えられた価値ということになります。

「今回の新商品は、高付加価値を追求した画期的な出来栄えとなっておりますので、自信を持っておすすめできます（きっぱり！）」

なんてやり取りが現場でも頻繁に登場しますが、でもこれって、肝心な「付加価値」についてはは何も説明していないですよね。

付加価値の正体は、広義の「品質」です。第一次品質から第三次品質という形でまとめられるトータル的な品質です（第三章「四．消費者の価値――品質と価格のバランスから答えが出る」参照）。

そして、食品でいえばその中心的な要素は「味覚」ということになります。味覚は「原料×製法」で表しますから、

「今回の新商品は、原材料には○○産に限定したものを使用し、トッピングに関してもコンペチターと比較して20％多く使用しています。また、基幹工場に3億円の設備を投資し、新たな△△調理法により開発しました」

という説明が不可欠なのです。私は流通業界に30年間携わっていますが、こうしたこと

をきちんと実践している人は極めて少ないのが現状です。

加えて、第二、三次品質としての、かわいらしい、格好いい、あるいは斬新的で人々に驚きや感動を与えるネーミングやデザインなども付加価値ということになります。

このような整理の仕方に、本書の〝できビジ〟の方々はぜひとも意識的に取り組んでください。ライバルたちと差別化できること間違いなしです。

六．味の評価①──「おいしい！」の感覚的な秘密

ところで「味覚」というテーマも広範囲にわたり、しかも相当に深イイものだと思います。その反面、食べもの（食品）というものは、高級グルメ志向の方からＢ級愛好家まで、幅広い層の方々が語れる分野でもあります。

私の持論である「たまご最強論」もありますし（「コーヒータイム　たまご最強論」参照）、ちょっと思いつくままに私の感じていることを列挙してみましょう。

特に食品業界に生きる〝できビジ〟の皆さんは、そこから自分なりの考え方を整理して、今後の商品開発や商品政策にぜひ活かしてください。

さて、味の評価は難しいものです。誰にでもできるので、逆に超難しいのです。

本書でも主張しているように、理論的には、

「味覚＝原料×製法（±鮮度、熟成）」

であって、このことが曖昧になっては困りますが、「食」についてもう少し味付けした話をしてみましょう。

同じメシを食っても、いや〜な奴と一緒ではうまくないですよね。まずいえることは、味は心理的な要素によって評価が変わるということです。

私は以前、雪印乳業に勤めていたので、

「牧場で飲む生の牛乳は、市販されている牛乳とは違いますね」

とよくいわれました。私も学生時代に清里高原で飲んだ牛乳は美味しかった記憶があります。もっとも、本当に絞りたてを生で飲んだら確実に超特急便です。絞りたての牛乳には雑菌が多く入っているので、殺菌しなければ飲めないからです。

牛乳の殺菌は省令で規定されており、市販の牛乳のほとんどは１２０〜１３０℃で２〜３秒という「超高温殺菌法」で殺菌されています。それに比べて同じく市販の「低温殺菌牛乳」の方が味の評判がいいのですが、これは63℃で30分かけて殺菌されています。ス

テーキに例えるなら、低温殺菌は焼き加減がミディアム・レアーで、普通の牛乳はウエルダンといった感じなのでしょうかね。

また、牛乳は本来、そのまま置いておくと上の方に脂肪分の多い層ができます。市販の牛乳はこれが起こらないよう、機械で脂肪分を細かくして均質化していますが、牧場では均質化をしないために、脂肪の多い部分が残っており、それが美味しく感じる理由の一つかもしれません。

しかし何よりも一番の違いは、牛乳を飲む場所ではないでしょうか。どんよりとした都会で飲む牛乳と、緑豊かな牧場で飲む牛乳とでは「空気」が違います。キャンプ場で朝に飲むコーヒーも、インスタントだってムチャクチャうまいです。

ということで、味覚に与える影響度は**「気分」**的な要素が大きいことは事実です。

次に、食べ物の味覚に与える要素として考えられるのは**「鮮度」**でしょう。

私はかつて北陸に住んでいたことがあると前述しましたが、富山湾では新鮮な魚が豊富ですし、加賀野菜などもあり、いい思いをたくさんしました。もちろん東京湾でも、釣りたてのサバやイシモチ、それにアナゴなどは絶品です。

加工品でも、醤油のフレッシュパックが開発されたり、賞味期限のないアイスクリームでも、製造して間がないものは舌触りが違います。

特にビールは、ホント〝鮮度が命〟です。ビールは製品化された瞬間から味が落ちます。アサヒビールの茨城工場で、その日に製造されたスーパードライを飲んだことがありますが、超感動ものでした。黒ビールも、市場に流通されている商品とは別ものに感じます。この茨城工場は予約をすればどなたでも工場見学ができますので、一度お試しください。

さて、鮮度とは逆に**「熟成」**させる方が美味しくなるのが、ワインやナチュラルチーズです。

ワインは飲み頃が微妙ですし、ナチュラルチーズにも熟成士なる専門家が存在しています。日本でも発酵技術を活かして、漬物や納豆などの食品があります。スモークサーモンやチーズなどの燻製も、もともとは保存性をよくすることが目的だったようですが、燻《いぶ》すことでうまみ成分が増してくる効果があるようです。

また、食品には**「食感」**も重要な要素です。

アイスクリームに微細氷を混ぜ込んで大ヒットしたロッテの「爽」、明治製菓が市場を拡大したグミなどに代表され、スイーツでも、ザクザク、シャリシャリ、しっとり、とろ〜りなどの食感が、味の評価へ大きく影響してきています。

そうはいっても味の評価の基本は「原料×製法」ですので、**「原料」**について少し触れておきましょう。

原料においては、産地の偽造問題がしばしば事件になります。それは、原料によってお客様の価値が変わるということの裏返しでもあります。

もちろん、偽った表示は言語道断なのですが、消費者側にも味覚の訓練は必要で、表面的なブランドだけに騙されないようにするべきでしょう。

私自身は、食文化が発達している北陸の2年間で勉強させてもらい、人は美味しいものを口にした時、普通は「おいしい」と表現するのですが、もう少し上をいくと「うんめぇ〜」（ちょっと下品ですかね）になり、究極のうまいものに出合うと、確実に**「笑う」**ということを知りました。

春先の生のホタルイカや筍の刺身、肝醤油で食べるカワハギ、漁が解禁後の茹でたての越前ガニ、寒くなれば寒ブリや治部煮などなど、鶴来の銘酒菊姫で流し込めば、もう笑うしかありません。北陸時代は、ホントよく笑いました。

おっと、完全に食品の本になってしまいました。業界が異なる皆さんにはお許し願います。

まあ、おいしいものは誰でも好きですし、罪のない話です。コミュニケーションを深める場のネタにでも使ってください。

人に良いと書いて「食」なのですから。

七．味の評価②――「おいしい！」の科学的な秘密

味について感覚的な切り口のお話をしましたが、ここでは科学的な見地からも洞察してみましょう。

味は、人間が持つ五感の一つである**「味覚」**で感じることができます。五感の他の要素には、視覚、聴覚、嗅覚、触覚があります。

味覚の基本の味には、甘味、酸味、塩味、苦味、うま味があり、それぞれに生理的なシグナルとしての役割があります。なお、渋味は口の中がジューとしているだけで舌では感じていないので、基本味には含めないということです。

味に関する有名な話に、毒物には苦味があることが多いため、人間は苦味を感じることで未然に毒を口にすることを防いでいるというものがあります。また、甘味は疲れを癒すエネルギー源、塩味は発汗した際のミネラル補給です。舌の上にある味細胞を通じて、脳

でこれらの味を感じるメカニズムになっています。
そして、味に一番関係が深いのが**「うま味」**です。1908年に日本の池田菊苗博士が世界で初めて発見した「Umami」は、今や世界共通の国際語になっています。
うま味の代表的なものが、
グルタミン酸：昆布のうま味（他にはパルメザンチーズ、トマトなど）
イノシン酸：かつお節のうま味（他にはサバや肉類など）
グアニル酸：干し椎茸のうま味
これらの物質は、すべて味覚の繊細な日本人によって発見されました。
グルタミン酸は、タンパク質を構成する20種類のアミノ酸の一つです。人間には、生きるために必要なタンパク質（人間の体の約20%はタンパク質で構成されています）が食べ物の中に入っていることを脳に伝える機能があるのです。
様々な食品には、これらのうま味物質が含まれています。北陸時代「男の料理教室」で私が先生から教えられたことは、和食の基本は「だしの取り方」にあるということで、昆布とかつお節を使って何度もやらされました。
最近では「味覚センサー」を使って味を数値化することや、味覚と色との関係性についての研究が進んでいるようです。客観的な評価ができるようになれば、商品開発にとって多大な影響を与えることになると期待できます。

〈コーヒータイム〉たまご最強論

「この世で一番価値のある食べ物はなんですか？」

と問われたら、あなたはなんと答えますか。

私は迷わず、

「にわとりの卵」

と答えます。

そうです。スーパーで1パック10個入りが200円くらいで売られている、あの卵です。チラシの目玉に使われる時なんて、1パック38円で〝持ってけ泥棒状態〟になる卵です。

松阪牛や大間マグロのトロはうまいですが、毎日食ったらすぐ飽きますよね（って、一、二度しか食べたことないですけど……）。

卵はどうですか?

スクランブルエッグ、茹で卵にハムエッグ、さらには生で卵かけご飯……毎日、食卓に出てきても飽きないって、すごくないですか?

加えて、消費者の価値が超ケタはずれに高いですよね。「消費者の価値＝品質÷価格」ですからね。

もし、卵が品質に見合う価格になって、たとえば1個1万円したら、どうなると思いますか?　真剣に想像してみてください。価格が超高い稀少価値のある贅沢な食べ物となっている状態です。

「今日さ、六本木で〝卵〟しない?」

なんて彼女を誘ったら、

「えっえっ!　た・ま・ごーっ!?」

「そうだよ、卵だよ。スクランブル?　それともオムライスなんていうのもいいよね」

「オ・ム・ラ・イ・スぅーっ!　もうダメ〜、今晩は好きにしてぇ!」

なんてことも夢ではありません(ホントかよ?)。

◇◇◇

そうです、卵は最強の食べ物なんですから、決して粗末には扱わないでくださいね。

◇◇◇

商品開発戦略②実践編

さて、話が「食べ物」の方向に傾き過ぎましたので、元に戻し、商品開発戦略の話を進めていくことにしましょう。

新しい商品が生まれてくるためには、

①市場の分析とビジネスチャンスの探究
②アイデアの創出
③アイデアのスクリーニング
④商品コンセプトの設定
⑤商品仕様の決定
⑥マーケティング戦略の策定
⑦事業の経済性分析
⑧試作品づくり

⑨テスト・マーケティング
⑩本生産と市場導入

といったような手順を一つずつ踏んでいくことになります。

もちろん、最後に検証も忘れずに行います。

ただし実際には、本来このように行われるべきことが、通り一遍の商品コンセプトやマーケティング戦略に留まっていたり、テスト・マーケティングを行わずにいきなり市場導入したりすることが散見されます。理想的といわれているステップのハードルが結構高いため、必ずしも実践されていないのが現実です。

しかし、基本があってこそ応用することができます。将来のあなたの企業に利益を生み出す〝ドル箱商品〟を手にするためにも、実践的な本音話も交えながら説明しますので、しっかりと土台となる方法・手順について学んでください。

一・市場の分析とビジネスチャンスの探究――事前の準備をしっかりと

市場調査などを通じて、最近の話題商品の特徴や顧客のニーズやトレンドなどを分析し、ビジネスチャンスがありそうなカテゴリーはどんな領域かなど探りを入れます。もちろん、メーカーで担当領域が決まっている場合（通常そうですよね）は、選択の幅は限られますが、新商品の開発には莫大なコスト（カネや時間）が必要となります。したがって、教科書的な道筋としては、重要なステップとなりますので、概念的な話にもなりますが、しっかりと取り組みましょう。

二．アイデアの創出――そのノウハウとテクニック

それでは、いよいよ実践的な段階に突入します。

まずアイデアの創出では、「ブレーンストーミング」という手法を使います。

これは、とにかく皆でアイデアを出すことを目的として行うもので、行う時には以下の四つのルールがあります。

・批判厳禁
・自由奔放《じゆうほんぽう》
・量を求める
・便乗活用（他人のアイデア活用）

特に最初の「批判禁止」は、文字通りアイデアを出した人とそのアイデアへの批判は絶

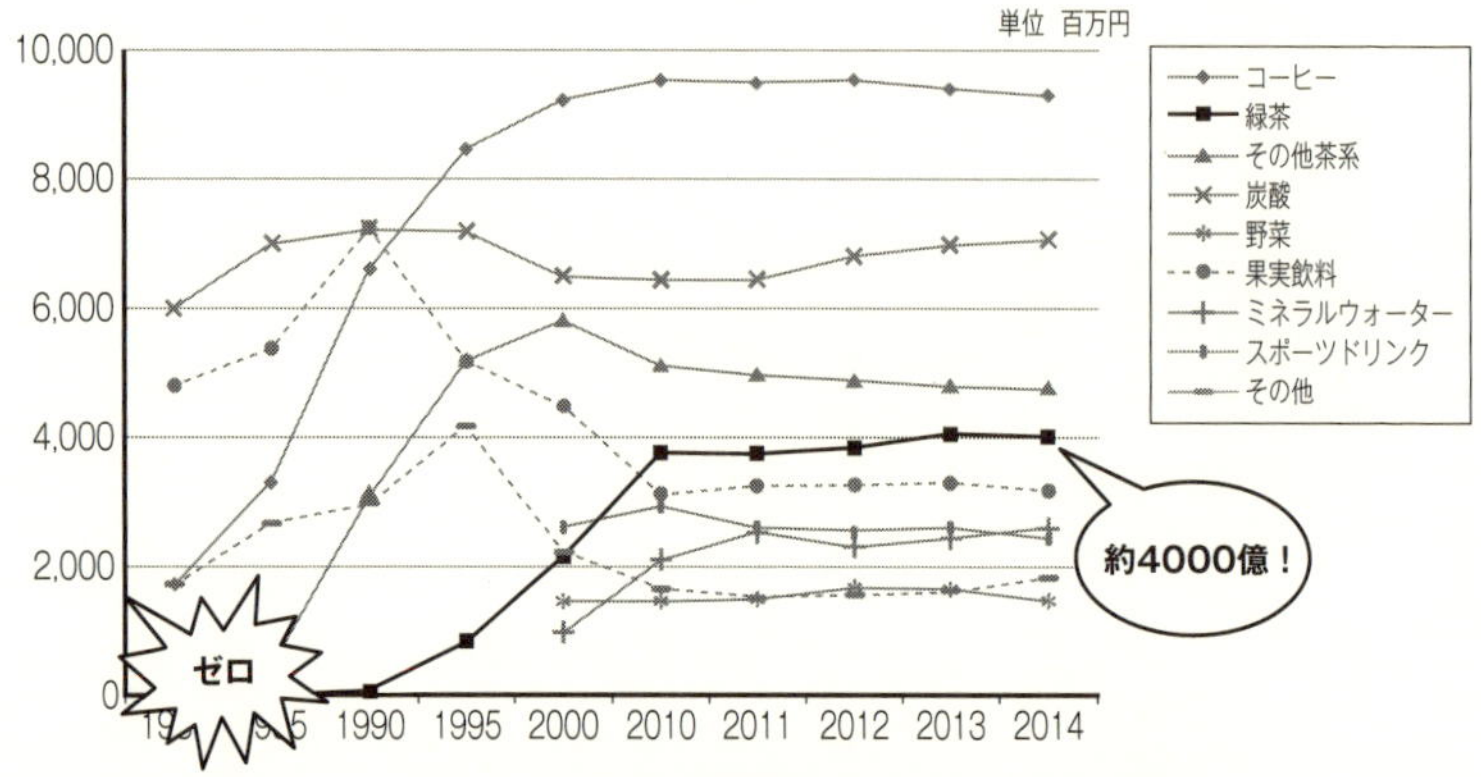

図11　ソフトドリンクの味種別売上高推移（伊藤園調べ）

対に厳禁ということなのですが、実際にこれを守るのはかなり大変です。社内で発言力を持つ上司が、「そんな非現実的な商品が売れるわけはないだろ」とか「我が社のイメージにはそぐわないよなぁ」などと最初からダメ出ししてしまう光景、よくみかけますよね。

あくまでも皆がリラックスして自由闊達《じゆうかったつ》に意見を述べていく場にしないと、日常的には気づかないアイデアを〝創出《そうしゅつ》〟するのではなく、〝喪失《そうしつ》〟する結果となってしまいます。商品化へ向けてクリアしなければならない課題は多数存在しますが、それらについての検証は、次以降の段階で行えばいいのです。

１９８５年までは売上高ゼロ、つまり市場にまったく存在していなかった「緑茶飲料」の市場規模は、30年後の現在では約４０００億円に大成長しています（図11は「ソフトドリンクの味種別売上高推移」）。

1985年に世界初の「缶入り煎茶」を発売した伊藤園のエピソードは第一章で紹介しましたが、当時は、「お茶にお金を出して買う奴なんかいるわけがない」というのが一般的な日本人の考え方でした。それが今や一大市場なのですから、単なる常識に縛られていたらダメなのだということがよくわかりますね。

つまり、若い〝できビジ〟の皆さんは、現在の市場にまったく存在しないコンセプトでも、数十年後のヒット商品をイメージし、開発すれば、億万長者にもなれるチャンスがあるということです。「新しい食の文化を創造」するために、どんどんチャレンジしましょう。

しかしながら、それ出せやれ出せといわれても、なかなか気の利いたアイデアは出てこないと思います。やはりアイデアの創出方法にもそれなりのノウハウがありますのでご紹介しましょう。

まず、最初に一番簡単な方法です。実はこの方法をまともに紹介している専門書はあまり目にしたことがありません。おそらく簡単過ぎて面白くないのでしょうね。

なんだと思いますか？　すぐに思いつく人は素直な性格の持ち主だと思います。

マーケティングを勉強している人なら、真っ先に出てこなければならないことはなんでしたっけ？

そうです、「お客様」です。

であれば、お客様が**「こんな商品があったらいいな」**と思う商品を作ればいいんですよ。

こんなデザートがあったらいいな、こんなカップ麺があったらいいな、といった具合です。

そういう意味で、小林製薬の「あ、あったらいいな」という開発姿勢は的を射ていると思います。

「お客様」をキーワードにすれば、次に考えられるのが、**市場のトレンド**から読み取れるアイデアになると思います。近年だと「健康志向」「個食化」「簡便性」「こだわり&本物志向」などなど、まあ開発テーマといってもいいかもしれません。かつては「大きいことはいいことだ」といわれた時代もありましたが、「軽薄短小」なんていわれた時代もありました。

現在の「酒」におけるトレンドを分析しますと、若年層を中心に「アルコール離れ」ということがいわれています。「人前で酔っぱらうのはカッコ悪い」という草食系男子の価値観もあります。某ビールメーカーでは、「家に帰ってネットをやるのが楽しいので、外で飲んでいる時間がない」というライフスタイル要因を分析し、「ライバルは○○ビールではなくて、ネットです」と明言していました。このような環境下にあると、「低アルコール」や「ノンアルコール」商品がトレンドになります。

一方、ここ数年のデフレスパイラルによる影響で、「節約志向」も続いています。となると、少しの酒量で酔いたいということで「高アルコール」商品もトレンドとなります。

以上のように、多様化する市場を十分に調査し分析することで、アイデアを創出していくことができるのです。

やはり大きな潮目に逆らうことはできませんので、アイデアも時流に乗っていくという姿勢が大切です。

さて、ここで少しテクニック的な方法を紹介しましょう。

ドラッカーの主張するイノベーションとは、まったくの新規性が問われる技術ではなく、「既存のアイデアと既存のアイデア」による組み合わせであるといわれています。これを私なりの解釈に変えると、「商品開発は、**四則演算**《しそくえんざん》で展開すると限りなくアイデアが湧き出てくる」ことになります。

四則演算ですから、文字通り、＋（たし）たり、－（ひい）たり、×（かけ）たり、÷

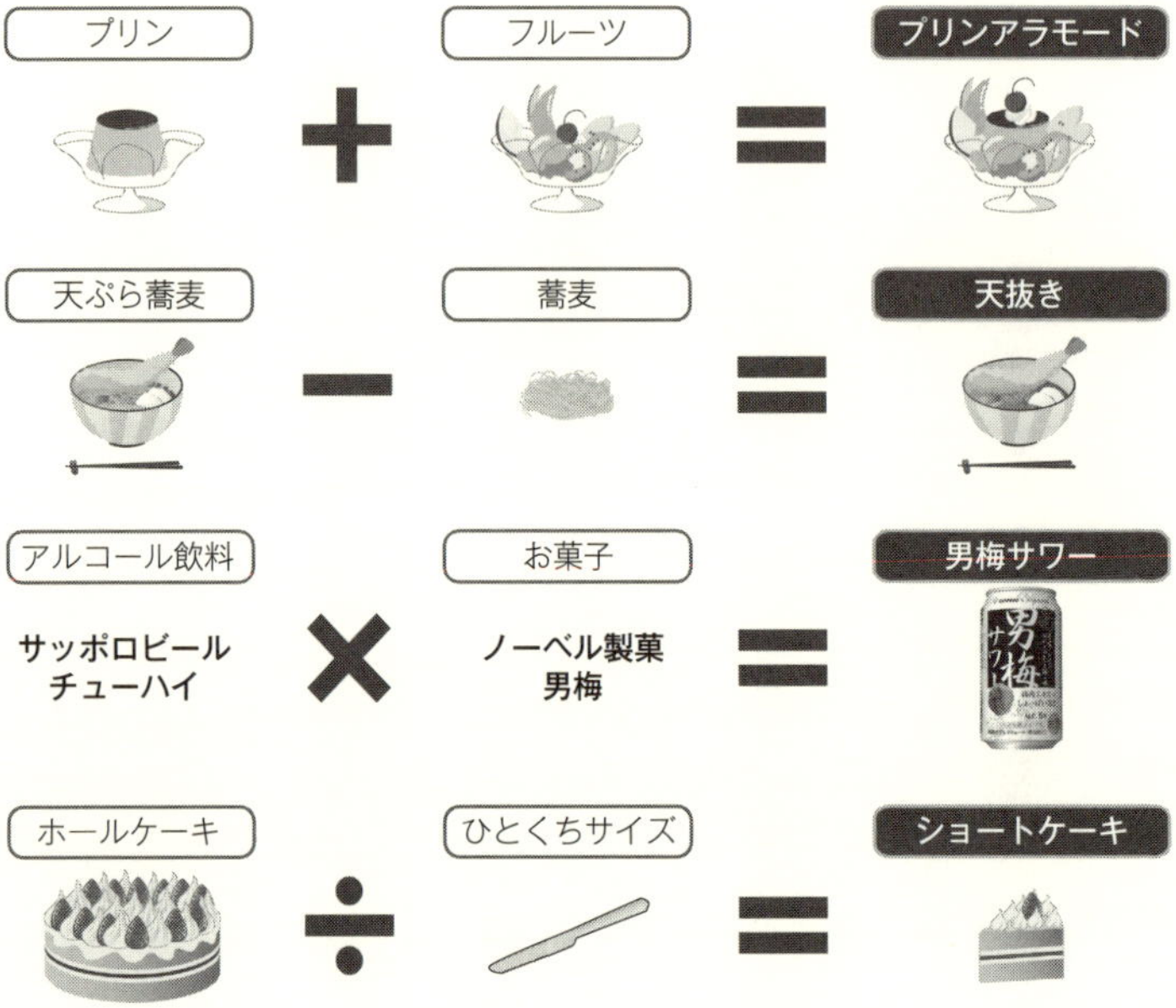

図12　四則演算による新商品開発

（わっ）たりすれば、新しいものが生み出されるということです。

たとえば、子供たちに大人気のポケモンのキャラクターを思い浮かべてください。何かしらこの世に存在している動物（が多いです）などをベースに、なんらかのファクターを付け加えることで、まったく新しい（新しくみえる）キャラクターを創造しています。ディズニーランドで大人気のミッキーマウスも、元をただせばネズミですものね（夢を壊してスミマセン）。

実例としては、足し算（＋）や掛け算（×）の例が多いと思います。

まだまだある「好きだけ食品」

商品名（製造元）	内　容
フライドにんにく（桃屋）	ヒットした「辛そうで辛くない少し辛いラー油」の油部分をなくし中のにんにくをふりかけに（300円前後）
鮭皮チップ（江戸屋・北海道帯広市）	サケの皮を味付けして焼き上げた。コラーゲン豊富（24g入り350円）
博多なかなか皮ドライ（中島商店・福岡市）	「めんたいこの一番うまい部分」という外の皮だけを乾燥させた（30g入り1080円）
モナロン（三谷製菓・広島市）	もなかの皮だけをマカロンのイメージで小さくカラフルに。あんなど甘い物だけでなく生ハム、ポテトサラダなどを挟む食べ方も（24枚入り540円）

図13　「好きなトコだけ食べた〜い」（「日経MJ」2014年12月12日）

カレーライス＋カツ＝カツカレー
プリン＋フルーツ＝プリンアラモード
海苔＋味付け＝味付け海苔
食酢＋食用油＝ドレッシング

などなど、数限りなく思い浮かんできます。

引き算（−）の実例を挙げると、一時期の話題を独占した「ウォークマン」が思い浮かびます。カセットデッキから録音機能を排除、つまり引いて出来上がったのがウォークマンなのです。当時、引き算の発想として画期的な商品でした。

食品では、最近の山崎製パンの「メロンパンの皮焼いちゃいました。」や、ユーユーワールドの「ご飯にかけるギョーザ」が大ヒットしました。前者はメロンパンの皮だけ、後者はギョーザの中身だけにした商品で、まさに図13「好きなトコだけ食べた〜い」（2014年12月12日付「日経MJ」）という需要に応えるために、他の部分を引いて出来上がりました。この記事にも紹介されていますが、昔から天ぷら蕎麦から「蕎麦」を抜いた「天抜き」は、蕎麦店の〝隠れメニュー〟として食通の間で人気だったということです。

掛け算（×）の発想では、喫茶店にマンガを並べたマンガ喫茶、サッポロビールのチューハイとノーベル製菓の男梅キャンデーとのコラボ企画による男梅サワーなどが当てはまります。

割り算（÷）の発想では、味を三色に分けた三色モナカアイス、ホールケーキを小分けにするとショートケーキに、プロセスチーズも食べやすいサイズに割っていくと六Ｐチーズや切れてるチーズに変身します。

斎藤一人氏著の『お金儲けセラピー』（ＫＫロングセラーズ）の中にも、こんな話が載っています。「たとえば、ラーメンがこんなに流行ったのは、日本のそばから。夜鳴きそばといって、江戸時代に屋台で売っていたそばのツユに中華麺を入れたのがラーメン。それで日本人はみそ汁が好きだから、みそと組み合せたのが、みそラーメン。バターと組み合わせてバターラーメン」

頭を柔軟にして自由に発想し、恐れずにチャレンジすれば、新しい価値のある商品がどんどん登場してくることになります。

他には、**テーマを設定**していアイデアを出していく方法もあります。

この説明には、日清食品の創業者である安藤百福氏の次男で、現在同社のCEO、安藤宏基氏の著書『カップヌードルをぶっつぶせ！』（中央公論新社）の中にわかりやすい事例があるので引用させていただきます。

「そもそもラーメンとは、ご飯とおかずと味噌汁が一つのドンブリに入ったものである。中でも大事なのはご飯、つまりめんがおいしくないといけないということで、メーカーはいいめんを作ることを一所懸命に考えてきた。次が味噌汁、すなわちおいしいスープ作りに取り組んだ。おかずは最後になった。インスタントラーメンは便利でおいしいが、なんとなく寂しい、わびしいというイメージがあるのはおかずが貧しかったせいではないかと思う。

そこで私は、コンビニ向け商品の開発を担当しているＢＭを呼んで、『次の新製品は具材がテーマだ。具材にはまだまだ開発余地がある。徹底的に研究するように』と指示した」

というように、麺→スープ→具材というように開発テーマを明確に絞ることで、深く突っ込んだ開発が可能になり、こうして、具に驚きがあるカップめん「具多（ＧｏｏＴａ）」が誕生しました。

パッケージというテーマからも様々なものが開発されました。ご存じ「ペットボトル」はパッケージ開発による大ヒット商品ですし、プレミアムアイスのハーゲンダッツは、〝癒しの時間〟を提供するためには「スプーンが決め手」と考えて、店頭配布用に口当たりのいいスプーンを開発しました。

こうしていろいろな角度から切り口をみつけてテーマ設定することで、また新たな価値の創造が期待できるのです。

商品マトリックス分析から、二軸のニーズにない領域を狙うこともできます。

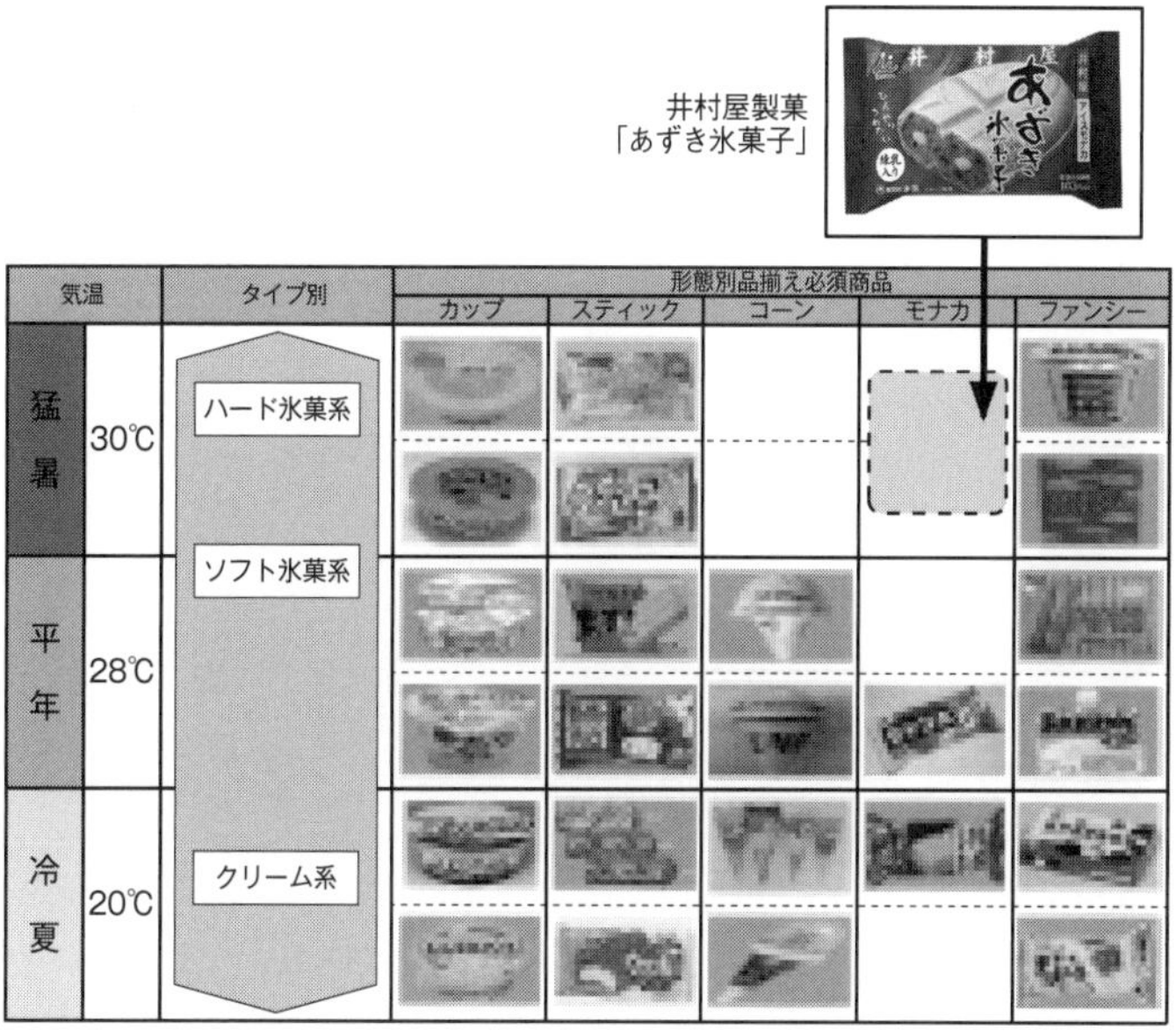

図14　マトリックス分析による新商品（アイスクリーム）開発

これはまあ、アイデアというよりテクニカル的な感じはしますが、新商品開発の手法として食品業界では頻繁に登場しますし、既成概念にとらわれなければ、結果的に自由奔放な面白いアイデア・フラッシュになると思います。

私はこの手法で、アイスクリームのＭＤ（マーチャンダイザー）時代に、氷菓系のモナカを商品開発したことがあります。

乳脂肪のない氷菓系商品も、モナカという形態の商品も数限りなく存在していますが、氷菓系のモナカは、私が知る限りは商品化されていませんでした。モナカの皮の部分が湿気で柔らかくなり過ぎるなどが課題となっていましたが、井村屋製菓（当時）とタイアップして、これをクリアし販売を実現しました。

この事例のように、マトリックスで空白となっているカテゴリーを開発テーマとすることで、商品開発の方向性を発見することができます。

食品の場合は、**調理法**を変えることで、新しい商品となることもあります。超わかりやすい例が餃子です。

もともと、中国では水餃子が基本だそうで、それを「焼く」ことで、日本では主流の焼き餃子、さらには「蒸す」ことで蒸し餃子の誕生です。他にも、焼きプリンや焼き栗、焦がし醤油ラーメンなどなどがあります。

そして、最後にご紹介するアイデアの創出方法ですが、実は、実践をしてきた人にはこれが一番の現実的な方法になります。

それは何かというと、生産現場から生まれる**「シーズ」**による新商品です。シーズの語源は「種」で、新しい需要を作り出す技術のことです。まあ、厳密にはアイデアの創出ではなく、プロダクト・アウト型の商品開発ということになります。

マーケティングの基本は何度もいっているように「顧客志向」であり、そのニーズに応える商品・サービスを提供することが教科書的には重要なのですが、やはり「実際にできる」ものでなければ現実的ではありません。ということで、次に「スクリーニング」というステップで現実性が検証されるわけですが、この「シーズ」はアイデアが出た段階で、既に生産上の課題がクリアされていることになります。

雪印「さけるチーズ」の前身である「ストリングチーズ」は、シーズ商品の代表作品といえます。これは、チーズが裂ける技術に目をつけた当時の商品開発担当者が、つまみやおやつの代表商品である「さきイカ」のような商品に仕立てたものです。まさに、シーズなチーズの誕生となりました。

三．アイデアのスクリーニング――絞り込み作業

創出された奇抜（？）なものも含めたアイデアの数々を、次の段階ではスクリーニングにかけ、開発する商品を絞り込んでいきます。

結局はこの段階で絞られるのだから、初めから前の段階と一緒に行えば合理的なので

は？　と思う方もいらっしゃるかもしれませんが、制約条件が加わっているのとフリーな状態とでは、人間の脳はまったく違う働きをします。ですから、通常モードでは浮かんでこないようなアイデアを生み出すためには、丁寧に②創出の段階を追うことが大切なのです。

なお、箸にも棒にも引っかからないアイデアは別として、現実には生産が可能かどうか、採算が合うのか、といったことでスクリーニングされてしまうアイデアも、経営環境が変われば日の目をみる時が来るかもしれません。ヒット商品は必ずしもサクセスストーリーのもとに登場するのではなく、失敗したものが大ヒットとなるケースもあります。

今や懐かしい女子高校生の「ルーズソックス」なんて、その代表的な商品例といえます。ゴルフボールのディンプル（ボコボコとしたくぼみ）も、傷が付くとボールの飛距離が伸びることに気づいて開発されたと聞きました。

経営環境が変化した時のために、何気ないことを記録としてデータ化しておくことで、将来の企業としての力になるのです。

四．商品コンセプトの設定――シートを使って具体的に表現

三の段階で絞り込まれて開発の候補に挙がったアイデアは、商品を開発するのに超重要

なツールとなる**「商品コンセプト」**というステップに進みます。

これも現場では意外と軽視されていることがあるのですが、商品を開発するためには必要となります。なぜかというと、これによって、今後開発が進められる商品に対する概念が共有化されるからです。

メーカーにおける商品開発が誰か一人だけの手に委ねられるのであれば、その必要はないかもしれませんが、様々な人々によって作り上げられる以上、関わる人々の共通認識やベクトルを一致させていかなければなりません。

確かに、商品コンセプトが不明確でも結果的に売れてしまう商品はあり、そのように偶然に売れてしまうことがあるために、「そんな面倒くさいことしなくても、売れればいいじゃないか」という主張がありますが、それでは継続性がありません。ギャンブルでよく起こる、単なる「ビギナーズラック」であり、勝つのは最初だけで、あとは惨敗続きとなるのです。

商品のネーミングやデザイン、さらにはプロモーションなどは、商品コンセプトに基づいて、多くの人の手によって決められていきます。商品コンセプトがなければ、台本ナシで芝居をしているようなものです。卓越した才能がある役者同士ならアドリブで面白いド

商品コンセプト・シート

なにを（What）	商品ネーミング（仮）	
誰が（Who）	ターゲット	
いつ（When）	食シーン	
どこで（Where）		
どのように（How）		
なぜ（Why）	便益（ベネフィット）	
	裏づけ	
		原料 × 製法のキーワード
いくら（How much）	店頭売価（目安）	
キャッチコピー		

☆キャッチコピーは、「ベネフィット」を「わかりやすい」言葉を使って「ひと言」で表現する。

図15　商品コンセプト・シートのフォーマット

ラマが生まれるかもしれませんが、普通はストーリー性に欠けるつまらない内容になってしまいます。

この辺りのことを、業界でも理解していない人が多いようで、味気のないドラマがどれだけ展開されているか……嘆かわしい限りです（泣）。

まあ、気を取り直して、２００ページにある**「商品コンセプト・シート」**をみてください。

「いつ（When）」
「どこで（Where）」
「誰が（Who）」
「何を（What）」
「なぜ（Why）
「どのように（How
「いくら（Howmuch）」

なら購入するのかという5W2Hの切り口で、お客様（顧客）目線で考えます。これに書き込んで商品コンセプトを整理していくと、開発された商品がいよいよお客様の目に触れる時、店頭でのＰＯＰやマネキンが説明する際の説得材料にもなります。

何を（What）：「これから開発する商品を」ということです。仮でいいのでネーミング（「○○のような飲みもの」という表現でもＯＫです）をしておけばイメージも湧きやすくなります。

誰が（Who）：「ターゲット」はどんな顧客（人口統計学的要素、ライフスタイル）かということです。

いつ（When）＋**どこで**（Where）＋**どのように**（How）：開発する商品が食品であれば「食シーン」を書き込みます。

なぜ（Why）：顧客にとっての便益（ベネフィット）と、顧客が納得する裏づけです。

いくら（How much）：顧客に支払っていただく価格（店頭売価）です。

これらの項目について少し説明を加えましょう。

◆誰が（Who）

誰が（Who）の「ターゲット」は、思い切って絞り込みましょう。今でもメーカーが提示してくるプレゼン資料には、「20代～50代の男女」という表現が多いんですよ。これは、様々な人に販売した方が売上げが上がるし、たとえば20代のＯＬが購入するチョコレートを50代のおっさんが買わないわけではないので、守備範囲を広くとりたいということだと思います。しかし、ターゲットは絞り込まないと〝尖《とが》った〟商品にならず、最大公約数的な面白みに欠ける平凡な仕上がりになってしまいます。

・家族と暮らす女子大生
・アラフォーの一人暮らしＯＬ
・単身赴任の50代ビジネスマン
・サッカーの部活や、大学受験の塾帰りの高校生

では、当然求めているものが違うと思いますが、いかがですか？

のちほど出てくるステップの「七．事業の経済性分析」が待っていることは承知ですが、これについては、メインに加えてサブ・ターゲットで生産性を上げる工夫をしましょう。

この段階では、あくまでも企画のユニークさが実現できることを優先しているのです。

◆いつ（When）＋どこで（Where）＋どのように（How）

いつ（When）＋どこで（Where）＋どのように（How）という「食シーン」について

も、食生活スタイルの変化で、家のテーブルでしっかり食べる時と、残業時間に仕事をしながら小腹を満たす時、あるいは、会社や学校帰りに歩きながら口にするワンハンドタイプなど、様々な食シーンが思い浮かんできますよね。この時々の「消費者マインド」をイメージすることが大切です。

◆なぜ（Why）

なぜ（Why）の**「便益（ベネフィット）」**は、競合品との差別化ポイントで、いわゆる商品開発の生命線となります。

ベネフィットは、お客様のメリット、あるいはお客様にとっての商品に対する魅力となるポイントというようにも表現できますが、この辺りの表現は、なんとなくファジーな感じにならないように、商品から得られる満足、便利さなどをキーワードではっきりと整理しておくことが重要です。

栄養ドリンクの事例でいうと、忘年会など飲み会シーズンには二日酔いを解消させ「胃腸を元気」にしたり、受験勉強や残業での「眠気覚まし」や疲れた体を回復させる「滋養強壮」、寒い時期になると「風邪予防」などの効能が挙げられます。

そして、このベネフィットの根拠となる原料や製法技術の裏づけが必要となります。私が、酒を飲んだあとに食べるカップ麺「〆の一杯」を開発した時は、麺は酒で酸性化した口の中をアルカリ性である「かん水」により中性化する機能、肝機能を高め二日酔いを防止する働きのある「オルニチン」が入っているシジミのエキスを入れることで効能を訴求しました。

なお、差別化は形容詞でなく、数字と名詞で表現することが必要です。「より美味しい」とか「とってもエレガント」ではダメで、「乳脂肪を8％とし、競合品と比較して5％ほど高い」といったように、固有名詞と数字を使って表現することが大事です。

◆キャッチコピー

商品コンセプト・シートの中に「キャッチコピー」という項目がありますが、これは、商品コンセプト構築の最終段階において、セールスポイントを確認しておく作業です。

いわゆる「キャッチフレーズ」のことで、これは**「ひと言」で言い切れる**ことが肝要です。

いい例が、花王エコナのキャッチフレーズ「体に脂肪がつきにくい」です。のちに、摂取すると体内で発がん性物質に変異する可能性があるという問題が発生したことは残念でしたが、キャッチコピーとしては実にわかりやすい表現ですよね。

表現方法としては、野口吉昭氏の著書『考え・書き・話す「3つ」の魔法』(幻冬舎)にあるように、「三つの言葉」を使うと話がわかりやすくなり、魔法の力が生まれてきます。たとえば、オバマ大統領の「Yes We Can!」も、吉野家のキャッチフレーズの「うまい、やすい、はやい」も、三つの言葉です。

以上のことを踏まえて、商品コンセプト・シートを使い、開発しようと考えている商品の概要を書き込んでみてください。

実際にやってみるとわかりますが、想像以上に骨です。しかし、このシートで具体的な言葉で表現できる商品はヒットします。

私は、メーカーの新商品発表会やプレゼンテーションの際、頭の中でこのシートに沿って聞いていました。即席袋麺で大ヒットを飛ばした、東洋水産の「マルちゃん正麺」の発表会時の私のメモ書きを参考に載せておきます。

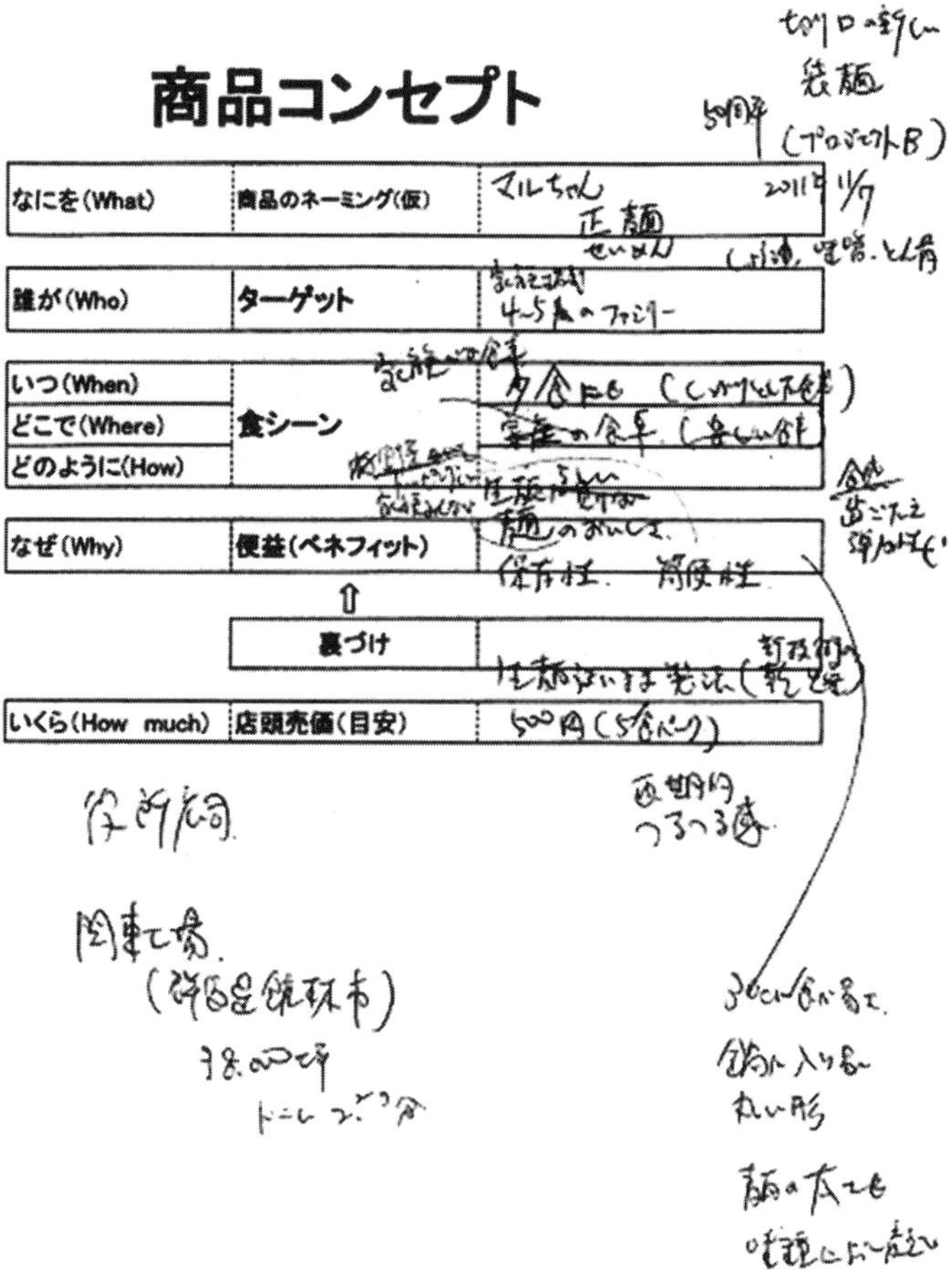

図16　商品コンセプト・シートの実用例

五．商品仕様の決定──ネーミング・デザイン・パッケージ

◆ネーミング・デザイン

かわいい、カッコいい、なんかイケてるぅ……キャバクラじゃないんですからね（苦笑）。でも結構ありますよ、そんな軽いノリで決まってしまうこと。けれど「なんか」ではなくて、きちんと商品のコンセプトで決めた方向性に基づいてネーミングやデザインを決めていくべきであって、そのためには、一つ前のステップである「商品コンセプト」が大切なのです。

つまり、自己満足にならないように、商品コンセプトに基づいて決定するようにしましょう。そして「お客様目線」で考えることが大切です。何回も聞き直さなければならないようなネーミングでは、購入する時に不便です。

最近の傾向としては、商品コンセプトを直接的に説明しているわかりやすい表現を多くみかけます。商品特徴そのものをネーミングにするという手法は、１９９６年に発売されたポッカの「じっくりコトコト煮込んだスープ」が先駆者的な役割を果たしたと記憶しています。他には、消費者のベネフィットをズバリ表現して大ヒットしたのが、伊藤園の野

菜ジュース「1日分の野菜」などです。

次に、デザインに関しての基本的な知識も確認しておきましょう。

まず、色には暖色と寒色があります。暖色は食欲を増進させる効果があるので、ファミレスの看板や食品のパッケージは暖色系が基本となっています。ちなみに暖色系には前進性（近くみえる）という特徴もあります。こんなマメ知識を〝できビジ〟は覚えておいて損はありません。

個別の色の特徴としては、暖色系の赤は元気、オレンジは親しみやすさ、寒色系の青色はさわやかさ、紫は高貴、黒や金色は高級感のイメージがあるといわれています。

カップ麺のパッケージカラーは、醤油味なら「赤」、味噌味なら「橙」、シーフード味なら「青」と昔から決まっていますし、サントリーの「金麦」や「黒烏龍茶」、焼酎の「黒白波」など、狙っているところがわかりますよね。

デザインを決定する際には、お客様が実際に商品を選ぶ「売場」で目立つかどうかの検証が、最大のポイントになります。お客様に認知されなければ、どんなに優れたものでも購入していただけないからです。

そんなの当たり前だろう、という声が聞こえてきそうですが、意外と手抜きしているのが現状です。どんなに机上で素晴らしいデザインでも、売場で沈んでいたのでは話にならないのですが、実際にやると結構面倒なので、事務所の中で決めてしまいがちなのです。どんなことでも基本が重要なのですが、なかなかできないのが現実ということでもあります。

もっとも、馬子にも衣装ですから、見栄えするデザインに越したことはありません。基本を確認をしたうえで、遊び心も加えていきましょう。

◆パッケージ

パッケージは「商品の中味を保護する」ということが基本機能ですが、これに加えてマーケティング・ツールとしての販売促進機能という役割も担っています。

先ほどのネーミングやデザインは、パッケージで表現して消費者に伝えます。販売価格や一括表示などで商品説明も行います。

また見方を変えると、ペットボトルなどは、これだけで大ヒット商品といえます。最近では、環境に配慮した「しぼれる軽量プラントボトル」を開発した日本コカ・コーラの「いろはす」がヒットしましたし、酸化を防ぎいつまでも鮮度を保つ醬油の密閉ボトルなども話題を呼んでいます。

六．マーケティング戦略の策定――価格・プロモーション・売場の検討

四の段階で構築した「商品コンセプト」に沿って、いわゆる「マーケティングの4P項目」に基づいた検討がこの段階で必要となります。

商品の店頭価格および流通段階での「価格体系」、さらにはマス広告戦略を中心としたプロモーション戦略、「売場」を想定した販売チャネル戦略などが対象となります。特に、どの「売場」で販売するのかは、重要な検討テーマになります。

具体的な内容を構築していくためには、本章内の「価格戦略」「プロモーション戦略」「チャネル戦略」の項を参考にしてください。

七．事業の経済性分析――収入やコストを〝見える化〟する

第一章で学んだように、企業経営は慈善事業ではありませんので、適正な利益がなければ継続性に問題が残ります。したがって、今回開発する商品を市場導入した場合、最終的な経済性、つまり採算があうかどうかを事前に検証しておく必要があります。

この時〝できビジ公式〟である「利益＝収入－コスト」を使うことになります。

売上高はもちろん収入になりますが、いくらで売るのかプライシングによって結果に大きな差が生じます。さらに、今後の財産ともなるブランド評価や、獲得した販売シェアなど、間接的に収入となる要素も数値化して評価に加えるべきだと考えます。

コストは、製品原価や販売管理費などで、この章で説明している開発されるまでの様々な経費も加えることになります。

数値化するためには、知恵と工夫が必要です。

現実的には、この数値化がほとんど行われていないのが現状かもしれませんが、企業にとっては超重要な財産になりますので、「見える化」を心がけることをおすすめします。結果が出た時、計画段階との差を分析することで、今後の改善策としてノウハウにもなるからです。

八．試作品づくり――品質とコストの兼ね合いに注意

次は、試作品（商品サンプル）により味などを確認するステップとなります。

試作の段階での商品サンプルは、手作りによるところが多く、本生産になって工場のラ

インで製造される商品と、味覚など品質が異なる場合があるので要注意です。概ね、検討会で提示される試作品が、事業の経済性分析の段階を経ると、原材料などのコスト見直しとの兼ね合いで、品質が落ちる傾向にあるようです。

かつて私がジャムの商品開発に携わった時、仕入れコストを下げる要求をしたため、試作品が提示されるごとにどんどん品質が落ちていった経験があります。イチゴの果肉分が減って、ゼリー状の部分が増えていったのです。

利益が出るように価格の合理化に成功しても、それ以上に品質の水準が落ちると、消費者価値が下がってしまうので要注意です。

九．テスト・マーケティング――現実的には改善策による調整

商品を発売する前にテスト・マーケティングを行うメリットとしては、

①市場に大量に出回る前に、商品設計の軌道修正ができる

②全国的に展開する前に、実数を基礎とした需要予測ができるため、合理的な生産計画が組める

③お客様の生の声を発売前に情報として活用できる

などが挙げられます。

ただし近年は、

①ライバル企業より先行発売することで競争を有利に運ぶ

②市場の環境変化が激しくスピード感が求められることから、より早い市場導入が求められている

ので、テスト・マーケティングをスルーする場合が増えてきています。

事前に行う調査・予測の精度が上がってきていることも事実ですが、ディープな本音を話すと、このテストで商品に関する評価が今イチだった場合はどう対処すればいいのか、ということです。

サンクコストという概念からは、発売を中止する事態も考える必要があります。まあ、教科書的にはそうなのですが、このテスト・マーケティングを行う段階までで、既に①市場の分析～⑧試作品づくりの段階の開発コストが発生しています。この超現実的な事実を考えると、よほどのことがない限り発売を見合わせることはできません。

したがって、テストというよりは、この段階でできうる「改善策による調整」という捉え方が妥当だと思います。

ちなみに**サンクコスト（sunk cost）**とは、すでに支払ってしまって回収不能な費用のこと（埋没費用）です。元が取れなくてもいい費用だと考えるべきで、さらに費用がかかることを避ける方が得策ということです。ギャンブルなどで損金が膨れた時、負けを取り返そうとしてさらに借金の金額を増やしてしまうのを戒《いまし》める時などにも適用されます。ただし株式投資やギャンブルをやる人なら、この考え方を実践することがいかに難しいかを体で知っているはずですよね（笑）。

十．本生産と市場導入――消費者の反応を「仮説」と比較

いよいよ最終段階です。本生産に立ち会って、最終商品に不備がないかどうかを確認するのは当然のこととして、市場で消費者の反応を「事前に立てた仮説」と比べることが重要です。

商品コンセプト・シートをしっかり作り上げておくと、この段階で活きてきます。

そして、今後の対応策を練り軌道修正すると同時に、次回の新商品開発へ向けての生の情報をデータベース化していくことが重要なテーマとなります。

〈コーヒータイム〉日清食品創業者・安藤百福氏の〝壮大な男のロマン〟

仕事で日清食品と取引があった縁で、創業者の安藤百福氏に関する話を聞く機会があり、私はそれ以来すっかり氏のファンになりました。

今や世界中の人気食品となっている即席麺の元祖「チキンラーメン」は、1年間という歳月をかけて氏が48歳の時に作り上げたそうです。

麺を保存させるために、麺の中に含まれる水分を除去させる方法として、最初は天日干しなどを繰り返しましたが、うまくいきません。度重なる試行錯誤の末にたどり着いたのが、「油で揚げて乾燥させる」という方法でした。水分値を下げ、しかも結果的に油成分のうまみが麺に染み渡り、味覚的にも優れた商品が出来上がったということです。

これぞ、まさに「食文化の創造」です。

大阪府池田市にある日清食品の「インスタントラーメン発明記念館」では、チキンラーメンを実際に作るアトラクションがあるのですが、これについても氏は、自分が味わった開発するまでの苦労を来場者にもしっかりと味わってもらえるような工程になるまで、決裁印を押さなかったそうです。

「開発期間1年」と、結果を知っている私たちは簡単にいいますが、当時の氏にとっては、1年先か10年先か、あるいは結局はできないかもしれないという、いつゴールに到達できるかわからない状態です。それをひたすら試行錯誤を繰り返す日々は、想像を絶する世界です。軽率な表現はしたくないのですが〝壮大な男のロマン〟を感じます。

こうしてようやく出来上がった即席麺のノウハウ・技術にもかかわらず、氏は自分の利権を求めず、特許を公開しました。そしてその結果、様々な企業が即席麺を製造することが可能となり、世界中の人々が口にすることができるようになったのです。

また、氏はゴルフが大変お好きということで、96歳で亡くなられる3日前にもラウンドをされたそうです。私は、89歳で他界した父の米寿の祝いの時、奥多摩にある五日市カントリークラブで一緒にプレイした際、安藤百福氏の最後のゴルフの話をしました。

「親父、まだまだできる」

そういって励ましましたが、父にとってはこれが最後のゴルフになりました。

チキンラーメンはその後、業界では有名な「逆転の発想※」により「カップヌードル」へと進化を遂げます。

※カップヌードルの逆転の発想：カップの上から麺を入れるようとするとうまく収まらなかったのが、「麺を下において、上からカップを被せ反転させる」方法で見事にきれいに充填することに成功した。

こうして創り上げられたカップヌードルが、現在も日清食品の大きな柱になっており、今では年商４３１６億円（平成27年3月期グループ連結実績）の大企業に成長を遂げました。

また、これに甘えて企業体質が弱体化することを懸念し、社内に危機意識を目覚めさせるために、「カップヌードルをぶっつぶせ！」と宣言した現ＣＥＯの安藤宏基氏のロマンも壮大なものだと思います。

なお、安藤宏基氏の著書『カップヌードルをぶっつぶせ！』（中央公論新社）に記載されている内容は、本書でもいくつか紹介しています。商品開発などの勉強に最適な良書ですので、機会があったら皆さんもぜひ一読することをおすすめします。

商品開発戦略③ブランド戦略編

一．ブランドはお客様との〝信頼関係〟

ブランドをテーマにする際に最初に断っておきたいのは、ルイ・ヴィトンとかティファニーといった、いわゆる嗜好性の高い高級ブランド商品の話ではないということです。

ここでは一般的な商品、特に食品を対象として話を進めます。ですから、牛肉なら松阪牛、豚肉なら鹿児島黒豚、鶏肉は名古屋コーチン、同じズワイガニでも水揚げされた漁港の場所で名称が異なる越前ガニ、松葉ガニといったような食品の高級ブランドについてはテーマに含めます。

では最初に、ブランドの定義を確認しておきましょう。

ＡＭＡ（アメリカ・マーケティング協会）によると、ブランドとは、「特定の販売業者ないし販売グループの商品およびサービスを識別し、また競合他社のそれから区別させることを意図して設定される名称・記号・シンボル・デザインあるいはその組み合わせ」ということになります。

「Brand（ブランド）」の語源は、「焼き印を押す」という意味の「Burned」で、牛飼いが自分の牛と他人の牛を区別できるように、牛に焼き印を押していたことから派生したそうです。

私としては、ブランドを短い言葉で表現すると、「長い時間をかけてお客様に対して約束（コミットメント）を守り続けた結果、築かれた〝**信頼関係**〟」という説明が一番しっくりきます。つまりブランドは、メーカーなど商品供給側と、買い手であるお客様との間の「契約関係」にあるということを意味しているということです。

そして、この信頼関係というものは目にみえない要素なので、これをみえるようにするために、ネーミング、ロゴ・マーク、あるいはデザインといったものがその役目を担うことになります。

戦略的には、投資してお客様から信頼を勝ち取るところまで進んだとしたら、投資したコスト以上の「ブランド力」、少なくともカテゴリー内におけるナンバー・ワン・ブランドを手中に収めることが不可欠だと思います。ナンバー・ワンを獲得すれば、ブランドにプレミアムがつき、実質価値が同一の商品よりも、より高い値段で販売することができるからです。

以上のことから、ブランドを構築するためには、ブランド・コンセプト、つまり「お客様との約束ごと」を定義することから始める必要があります。そしてこれに基づいて、このコンセプトに馴染むネーミングや識別しやすいロゴ・マーク、デザインを創ることになります。

ただし、ここで留意点を確認しておきましょう。

これら「一連の総称」がブランドになるということです。間違っても、単なるネーミングとかデザインだけがブランドとはなり得ないことを十分に理解してください。

また、お客様との約束事は、常に透明性や一貫性を保たなければなりません。人間関係でもそうですよね。裏がなくて、話していることがブレない人は信用できます。逆に相手を裏切った時は最悪です。長年連れ添った夫婦でも、たった一度の浮気がバレたら、パートナーとの信頼関係はズタズタになるでしょ？

残念ですが、それがあなたのブランドです（笑）。

二．ブランドはこうして機能する

こうして出来上がったブランドには、いくつかの機能があります。

まずは、品質に対する**「品質保証機能」**で、これによって取引に要する時間的なコストを劇的に削減することができます。お客様の商品選択に迷いが生じにくいので、購入時の意思決定をショートカットすることができるからです。

商品が店頭に並んでいる状態で、そのすべてについてお客様に説明して納得して買っていただければ理想的です。しかしそれは現実的ではありません。ＰＯＰなどで商品説明をしたりしますが、全品にわたってはとても無理なことです。そんな時、信頼できるブランドであれば、その場になんの説明がなくても、お客様は安心して購入することができます。つまり、購入するまでの無駄なコスト（時間）を省くことができ、これがブランドの持つ最大の機能ということです。

次にあるのが、ＡＭＡの定義にもある**「識別機能」**です。

これは要するに、市場に乱立する商品の中で、お客様が間違えて購入しないように一目でわかるよう識別できる機能です。

一目でわかる、識別しやすくするためには、ロゴ・マークが極めて重要な役割を担います。菱形が三つの三菱のロゴ・マークは、それをみた瞬間に三菱というブランドだとわかりますよね。お客様が意識せず、無意識に認識できることが超重要です。

さらに、ブランドには**「想起機能」**という、いわゆるイメージを思い起こさせる機能もあります。

お茶といえば伊藤園の「お〜いお茶」とか、ビールといえば「アサヒ・スーパードライ」というように、特定の商品カテゴリーですぐに具体的な商品を思い起こさせるのに、ブランドが役立ちます。

これは認知度の高さということもできますが、プラスのイメージがどこまで上がっているかで、ブランディングできているか否かがわかります。

三．ブランド・ロイヤリティ――企業にとっての〝資産〟

ブランドの持つプラスイメージの度合いの高さ、購買する程度を指して「ブランド・ロイヤリティ」という表現になります。

ブランド・ロイヤリティは、商品に対する消費者の「忠誠心」なんて定義されますが、なんとなく上から目線の感じがしませんか？　前述のように、私には「信頼」という方がしっくりきます。

お客様からいただく「信頼」ですので、繰り返しになりますが、作り上げるのには多大なエネルギーを要します。そして、もしもその信頼を裏切るようなことがあれば、一瞬にして崩壊し、一度失った信頼を回復するには大変な時間と労力を要することになります。

この辺りのことが、単なる「ネーミング」との決定的な違いですので、しっかり整理しておいてください。

このように、企業にとって「ブランド」は極めて重要な**資産（エクイティ）**になっているわけです。つまり、強いブランドは幅広い顧客から購買を獲得できる可能性があるということで、潜在的な資産となるのです。

日本でも古くから「暖簾（のれん）」という概念があり、企業が別の企業を買収した場合、会計的にも無形固定資産という勘定科目で処理がなされます。

日清食品のように、同じ企業内でもブランドの貸し借りをする制度（同社では「ブランドファイト」と呼んでいます）が確立している先進的な企業もあり、同制度を活用して「カップヌードルごはん」が商品開発され大ヒットしました。

また、ブランドに関する話には必ず登場する、私が所属していた企業の「雪印事件」。このようにお客様の信頼を裏切ると、三国志に登場する「赤壁の戦」の「連環の計」状態となり、つながっているブランドはすべて壊滅状態に追い込まれます。ですから、ブランド戦略で極めて重要なことの一つに、「簡単にブランド展開しない」ということもあります。

雪印乳業事件のあと、子会社の雪印食品の偽装事件も起こりましたが、同じ「雪印」（スノー・ブランド）ということで、ダメージは決定的なものになりました。しかし何年か経って、某菓子メーカーに同様のことが起きた時、銀座にあった関連企業のレストランは、まったく別名だったため、事件の最中も満席で賑わっていました。

ブランド力は、いい状態ではシナジー効果を発揮するので、その活用が求められますが、一度歯車が狂うと最悪の事態になるということです。まさに諸刃の剣で、拡大したカテゴリーで失敗すると、いわゆる「元も子もなくなる」わけです。

〈コーヒータイム〉ブランド・ロイヤリティ――小岩井ブランドの信者たち

1990年頃に、私が中元・歳暮ギフトの商品開発に携わっていた時に経験した「ブランド・ロイヤリティ」に関する興味深い話をご紹介します。

ブランド・ロイヤリティは、本編にて説明しましたように、特定のブランドに対する「忠誠心」ということになります。

当時、雪印ブランドは、小岩井ブランドと激しいシェア争いをしていましたが、我々雪印乳業は、競合品を分析すべく、消費者モニター調査やグループインタビューを繰り返し行った結果、ある事実を知ることができました。

岩手山南麓《いわてさんなんろく》に位置する小岩井農場を有するライバルの商品には、小岩井ブランドを絶対的に支持する「特定な層」が存在していたのです。それは、中学生・高校生時代の修学旅行でこの小岩井農場を訪れ、それから十数年経ったのちに主婦となっていた顧客層でした。

今や、中元・歳暮の購買決定者となっている彼女たちは、学生時代に小岩井農場という自然溢れる生産拠点を見学した思い出から、「あそこで作られた瓶バターやチーズを、恩師や仲人など、お世話になった方々へお届けしたい」という気持ちになるのです。実際には別の工場で生産している商品もあるのですが、「すべてがあの小岩井農場で作られている」というイメージです。

「私のこの目でみました！」

と、ある女性は信者のように熱く語っていました。

一方、我が雪印ブランドは、販売シェアはトップでしたが、裏を返せば「全国どこにでもある稀少価値の低い商品」ということになってしまいます。

今では当たり前の話になっていますが、当時は「生産拠点」という新鮮な響きのあるキーワードを核に、上司であった西課長（のちの社長）と「SG－200億円」に思いを馳せたことが、つい昨日のことのように思い出されます。

※SG（スノー・ギフト）－200億円構想：トップシェアを誇る乳製品をコア・コンピタンスとして（当時はドールブランドを含めた）、チルド飲料やアイスクリームの中元・歳暮を中心としたギフトの他、発祥の地である北海道のお土産、大手メーカーとしては業界初の産地直送によるシステムも含めて、現状の100億円から倍増の200億円の売上高を実現しようとする事業構想。

四. ブランドの種類

コーヒータイムでちょっと一息入れたところで、ブランド戦略の話を続けましょう。
まず、一般的にいわれているブランドの種類を整理しておきましょう。

①コーポレートブランド：コカ・コーラや味の素のように、企業の名前がブランド化しているもの。

②事業ブランド：企業内の事業単位をブランド化したもので、代表的な例が松下電器の「ナショナル」と「パナソニック」。前者が家電製品、後者はAV機器のブランドとして棲み分け（現在はナショナルを廃止し、社名も含めてパナソニックのみ）。

③ファミリーブランド：ノーブランドがブランドとなった「無印良品」や、化粧品メーカーが採用する洗顔料や美容液をまとめて一つのブランドへ統一したもの。**「アンブレラ（傘）戦略」**というように、強烈に強い商品を使って全体的なイメージを底上げするという感じ。

④製品群ブランド：カップヌードルが基本の味から塩味やカレー味を開発していったように、「〇〇味」へと展開するのが製品群ブランド。

⑤製品ブランド：単品自体で認知度が高まり、そのままブランドになっているもの。バラエティ商品を発売すると製品群ブランドになるので、事例は意外に少ないが、「お～いお茶」や「ザ・プレミアム・モルツ」といったように、大勢の人に支持されるとブランドへ格上げされるということ。

五．ナショナルブランドとプライベートブランド

ブランドというテーマには、ナショナルブランド（ＮＢ）とプライベートブランド（ＰＢ）という捉え方もあります。

前者は全国区の大手メーカーが製造し販売している商品で、後者は流通業、主に小売業が自ら商品企画を行い、メーカーへ製造を委託した商品ということになります。

このＰＢと混同されやすいブランドがあるので、ここで私流の解釈で整理しておきましょう。

かつてＰＢ商品が誕生した頃は、メーカーと流通業者が共同開発したブランドを「ダブルチョップ」と呼んだりしたことがありました。昨今では、メーカーのロゴで特定の流通業者だけで専売する商品を「留め型」あるいは「オリジナル商品」と呼ぶブランド（？）

もあります。

では、なぜPB商品というものが市場に登場することになったのでしょうか。

まず、小売業側からすると、どこにでもあるNB商品と異なり、競合チェーンとの差別化をはかることができます。加えて、仕入価格を抑えて利益改善をはかることができるというメリットもあります。

一方、メーカー側としては、PB商品はNB商品と違って、テレビCM等のプロモーション費用がかからない、リベート等の販売促進費がかからない、一括買い取りにより、資材代のロスを削減することができる、一括納入など物流面での合理化をはかることができる、「売場」を確保するために要する営業マンの人件費が削減できる、PL法への対応としての品質管理にかかる費用を削減することができる、などにより、マーケティング総コストが下がるため、小売業への納入価格を低く抑えることができ、そのため末端の店頭売価を下げることができるというのが理屈です。

比較されるNB商品の品質と遜色がないのであれば、そうです〝できビジ公式〟の「消費者の価値＝品質÷価格」から考えて、マーケティングにとって一番重要なお客様の支持を得ることで成長します。

まあ、ここまでの内容を押さえておけば十分なのですが、ここからは私見でズバッと切り込みますね。

まず、実際の業務に携わっている人には既にわかっていることですが、先ほど挙げた項目には「ホンマかいな」という突っ込みを入れたくなると思います。

世の中には「力関係」で物事が決まっていくということが多々あります。モノ余り現象、欲しいものでも買わない、という社会現象の中、買い手（小売業）は売り手（メーカー）に対して、取引き・交渉事において圧倒的なアドバンテージを握っています。公正取引委員会もその辺りのことは気づいているので、「優越的地位の乱用」に対して厳しい目を向けているのです。

メーカーの本音は、あくまでもＮＢ商品を売りたいのです。

ところが小売業側からの、高い利益が確保できるＰＢ商品の製造要請に対して、力関係で「ノー」といえないのが現状です。

きれいに表現すれば「ギブ＆テイク」ということですが、競合相手にまともな方法では勝てないカテゴリーなら、メーカー側も損しない程度で「まあ、いっか」という気持ち（でない場合もあるかもしれませんが……）で引き受けてしまうことになります。

ブランドの種類	誰が主体？	商品を製造するのは？	お客様に売るのは？
NB ナショナルブランド	メーカーがつくるブランド	メーカー	小売業
PB プライベートブランド ストアブランド	小売業（流通業）がつくるブランド	メーカー	小売業
ダブルチョップ 留型 先行販売 オリジナル商品	要するに、小売業が競合するチェーンとなんらかの形で差別化をしたい	メーカー	小売業

図17　NBとPBブランドの位置づけ

現実的な事例ですが、量販店やコンビニの加工食品におけるＰＢ商品は、裏側にある一括表示をみなくても、盲牌《もうぱい》（麻雀用語：牌をみないで手触りだけで特定すること）でメーカーがわかります。なぜかって？　ほとんど、当該カテゴリーのナンバー・ツー以下のメーカーだからです。

ナンバー・ワンのメーカーは、魂までは売らないのです。そして、ナンバー・ツー以下のメーカー側としては、ナンバー・ワンによって占領されている売場スペースを、なんとしてでも奪い取りたいからです。

「お客様に最高の商品を供給する」と、トップの人間が豪語している小売業とメーカー側との攻防にも、大人の世界ではしっかりと力関係が働いているのです。

少し生々しい話をしましたが、鉄火場（現場）での勝負事の実践では、この辺りの駒の上げ下げが肝になります。

以上が、加工食品におけるＰＢ商品の私なりの評価ですが、惣菜やコンビニにおける生デザートなどについては、ＰＢ商品が品質でも優位性を発揮しています。これらのカテゴリーは、ＰＢ商品が市場を開拓してきたので、小売業が主体となって消費者ニーズを吸い上げて商品開発した経過から、当然のことだと思います。

最後に、前述した話に超重大なことを付け加えておきましょう。

それは、近年、当該カテゴリーにおけるナンバー・ワン・メーカーがＰＢ商品を提供している事実があるということです。

もはや、一つのチャネルとして位置づけられている某チェーンが相手とはいえ、個人的には極めて残念な現象だと思っています。

〈コーヒータイム〉メーカーにとって商品は〝子供〟

メーカーにとって「商品」とは、手塩にかけて産み育てた〝自分の子供〟なのです。この感覚が、メーカーと小売業の違いかもしれません。

養子縁組をした血のつながらない子供でも、長年付き添えば情も移り愛情が深まります。また、他人の子供でも容姿の整ったかわいい子もいますが、生意気に歯向かってきても〝自分の子供〟は、ホント愛おしいものです。

もっというと、ただセックスしただけのパパと、自分のお腹を痛めたママとでは、子供に対する気持ちが違います。

自分の子が川で溺《おぼ》れた時、父親は、

「川の流れが速そうだな。でも、深さはある程度あるし、水温もなんとか耐えられそうだ。俺の泳ぎの技術からいって、あの辺りで捕まえ岸まで連れて運んでくるには……。しかし、なんといっても、ここで飛び込まなけりゃ、あとあと示《しめ》しがつかん」

と考えて（とはいえ、一瞬のうちにですが）、我が子を救うために川へ飛び込みます。

でも母親は、なぁーんにも考えず、おそらく自分が泳げなくても飛び込みます（はずです）。

こんなマーケティングの本でそんな例を出して、いったい何がいいたいのかというと、結局は腹を痛めているのは「メーカー」だということです。

メーカーの商品開発者にとっての商品は、自分の子供です。だから、合理的な理由ほどにはPB商品が市場を制圧しないのです。

もちろん、潜在的な顧客ニーズに迫り、実の子のように愛情がたっぷり注がれているPB商品も誕生してきてはいますが。

食品業界のメーカーは、**「食文化の創造」**の担い手であり続けるべきです。

「食文化の創造」というキーワードは、私も入社後20年くらい経ってから言い出しました。今から振り返ると、高校一年生の時に、御茶ノ水にあった「ジロー」というチェーンレストランで初めて「ピザ」を食べた時の衝撃が、この言葉にピッタリと当てハマります。

今ではどこでも食べられるピザですが、当時は「チーズを温めて食べる」という食習慣は日本にはほとんどありませんでした。若い人は「マジっすか？　信じられな～い」と思うかもしれませんが、事実です。

緑茶もそうです。例として何度か述べましたが、30年前に市場ゼロの状態で伊藤園の「缶入り煎茶」が市場に導入されてから、今や約４０００億円※市場ですよ。発売当時の日本で、「お茶」でお金を取るなんて、想像を絶することでした。

様々な商品の、今後の成り行きを見届けていきたいと思います。

※緑茶飲料（約４０００億円）、茶系飲料（約８９００億円）

商品開発戦略④商品の〝寿命〟を考える

一．商品にも一生がある

商品も人間の一生と同じように、誕生（市場導入）してから死ぬ（撤退）までの間に様々な局面を迎えます。

この一生を、①導入期　②成長期　③成熟期　④衰退期　の四段階に分けて、**「プロダ**

クト・ライフ・サイクル（Product Life Cycle）」、略して「ＰＬＣ」と呼んでいます。

では、それぞれの段階での特徴を整理しておきましょう。目の前にある商品が、現在どの段階にあるのかを客観的に把握し、マーケティング戦略を検討することが重要です。

①導入期

市場に登場したばかりですので、知名度に欠けるため、お客様に知っていただくことが課題となります。広告や試食販売、お試しセールなどを行うので、初期投資となる商品開発費用や販売促進費が必要なため、赤字の時期となります。

②成長期

この段階になると、①での施策が功を奏して販売が拡大していきます。どこまで販売シェアを獲得することができるかという一方で、競合品が市場に登場してきますので、対抗策の戦術も考えていくことになります。

③成熟期

販売シェアが安定して、お客様の買い換え需要期となります。ただし、商品に対してお客様がそろそろ飽きを感じることもあるので、リニューアル策を検討していく必要があります。また、競合品との競争が激化するため、販売価格が下落してきます。

④衰退期

商品の魅力が薄れ、販売価格もさらに下落していきます。採算の合わない商品は撤退することが検討され、それに代わる新商品の開発が課題となります。

一般的には、PLCは3年間をかけて、概ね緩やかな曲線を描きながら上昇し、その後下降していくという軌跡を辿《たど》るというのが「教科書的」な説明になります。したがって、ロングセラー商品などは、定期的にリニューアル（改良）を実施し、顧客を飽きさせない方法で対応しています。

とまあ、ここで説明が終わってしまっては〝できビジ〟を育成する本書としては面白くありません。昨今の商品では、こうした一般論とはまったく異なる動きをすることがある

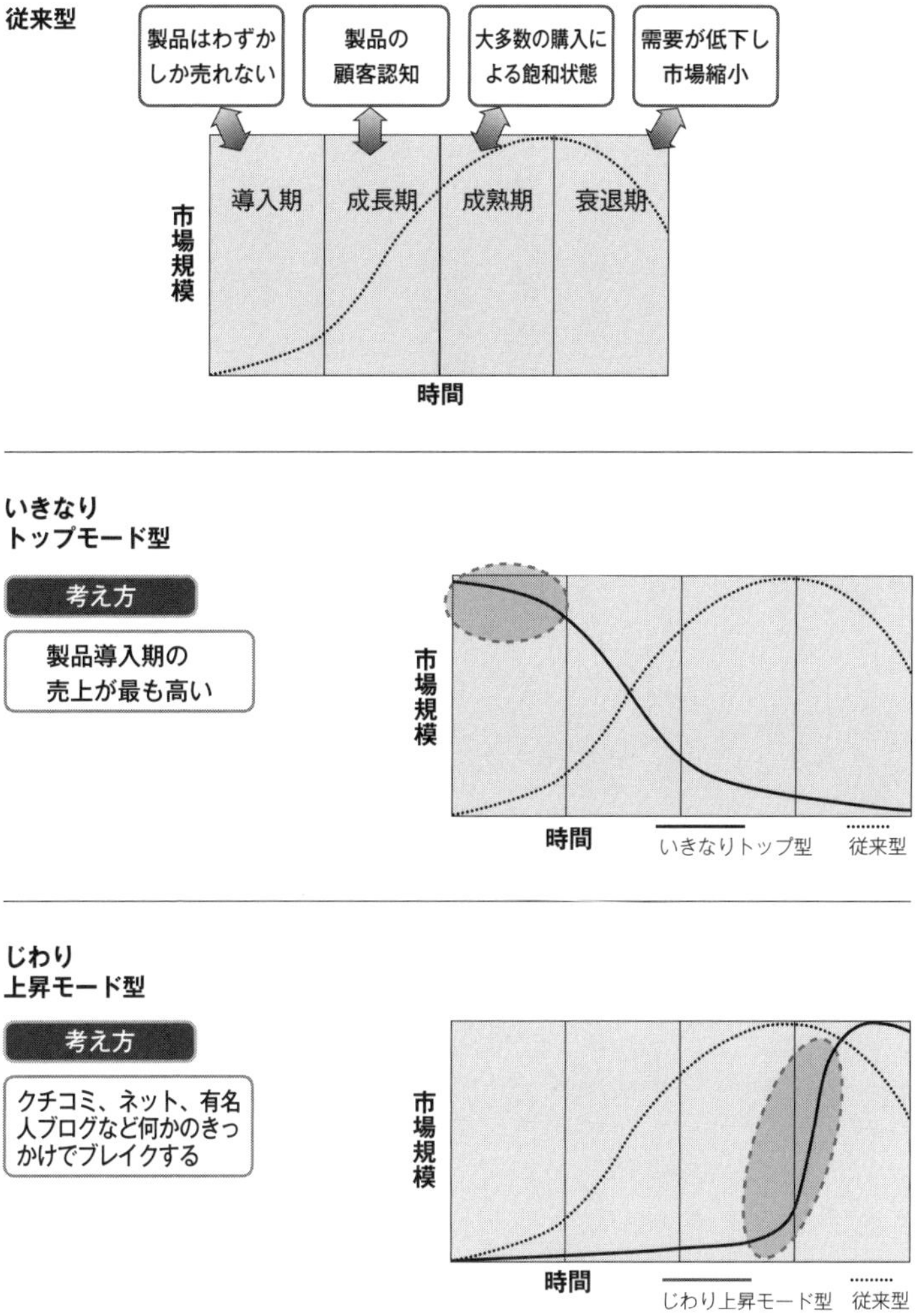

図18　プロダクト・ライフ・サイクル（PLC）

ので、ご紹介しましょう。

◆いきなりトップモード型

商品が溢れる時代ですから、今までに体感していない驚きなどを求めて、常に新しいものはないかと求めているお客様も多数存在しています。そのような客層が、「新商品」に対して市場に導入されると同時に反応するため、需要の最盛期を「導入期」に迎えることになるのです。

これは、コンビニなどの若年層を中心としてデザートや菓子類など、嗜好性の強いカテゴリーによく見受けられます。

メーカーも小売業も、この導入期にすべてのマーケティングを行うことになります。「待ったなし」で、助走をつけている余裕はないのです。まさに「スタートダッシュ」が命です。

◆じわり上昇モード型

近年はマスメディアに代わって、ブログやツイッターなどによる**「クチコミ」効果**が高まりつつあります。この型は、これらによってジワジワと市場に定着していくパターンです。

かつては伝えようのなかった商品情報が、個人的なエピソードや裏話を含めて細部にわたって丁寧に広められるのですから、買い手としても十分過ぎるほど納得しての購入となります。根強いファン作りにもつながるので、メーカーの販売戦略としても十分に研究する必要があるでしょう。私の大好きな競馬でいうと、「GIに13度目の挑戦！　悲願の天皇賞・秋を制覇した九歳馬カンパニー」（マニアックですみません：笑）状態です。

二、商品の計画的陳腐化――わざと寿命を短くする

「計画的陳腐化」。聞きなれない用語だと思いますし、このキーワード自体が陳腐化している感じです。

前述のように、商品にも寿命があり、いずれ衰退期を迎えることになるのですが、「商品の計画的陳腐化」とは、商品の寿命を計画的に、つまり意図的に短縮化することを意味します。

実例を挙げると、典型的なのが、ファッション業界の新作や自動車業界などにおけるモ

デルチェンジで、意図的に旧モデルを流行遅れに陳腐化させるのです。

さらに昨今では、新しい機能や性能を付加したデジタル家電やパソコン、スマートフォンなどは、新しい商品が登場すると前作が古臭く感じられて、買い替え需要を刺激することになります。

しかし、いたずらな陳腐化は、旧商品を処分するための社会的コストの増大につながりますので、環境問題などとも絡んで企業の社会的責任も問われることになります。

また、前記カテゴリーと比較して必需性が強い食品業界では、この戦略はあまり馴染みません。

先ほど、この用語自体が陳腐化しているといいましたが、ネットやスマートフォンといった「通信関連」以外は、モノ余りで買い手市場となっています。売り手であるメーカー側も、計画的に商品を陳腐化させる余裕などないというのが実態かもしれません。

価格戦略

「マーケティングの4P」一つめ、「商品開発戦略」の説明が終わったところで、では次の「価格戦略」に話を移しましょう。

マーケティング4Pの中でも、商品戦略と同様に重要な意味を持つのが価格戦略です。なぜなら、まず価格戦略の成否が、企業全体の**「利益」と直結**するからです。

そりゃあそうですよね。売れ筋飲料商品の店頭売価が1円違うだけで、中堅コンビニクラスなら年間200～300万本の販売量ですので、利益が200～300万円変わるということになります。トップクラスなら5000万本程度の販売量がありますから、5000万円という金額に上ります。

企業側の勝手な理屈でいえば、高い価格で売れるのであれば、できるだけ高くして、可能な限りの利益を得たいというのが本音です。しかし、経済学の基本的なことですが、価格が上がると需要を減らすことになります。さらには、近年マーケティングが行動経済学と深い結びつきがあるといわれるように、消費者の購買行動は、人間の持つ心理的な要素に強く影響を受けます。特に価格の面でその度合いが大きいことは誰でも実感しているところで、価格戦略を組み立てることを、より複雑で高度なものとしています。

そこで、この価格戦略については、まずは一般的な理論をしっかり押さえたうえで、消費者に与える心理的影響などについても理解していくことにしましょう。

一．「価格」の基本理論

（1）価格の決め方

例によって話を簡単にします。

価格設定の仕方は、大きく分けて2種類あります。

①**「自分」**の都合で決める方法

②**「顧客」**や**「競合」**相手の様子をみながら決める方法

専門書には小難しく書いてありますが、この2種類の違いを理解すれば、価格（売価）の設定方法は理解できます。

ここで、「あれっ、この切り口、どこかでみたことあるなぁ」と感じた人は、本書の意図する〝できビジ〟に近づいてきていますよ。

そうです！　ＳＷＯＴ分析で視点となった「３Ｃ」ですよね。

マーケティングの勉強をしていくと、専門用語や略語が多くて一見とっつきにくい感じがしますが、こんなふうに、登場してくるキーワードは結構限られています。慣れてくればなんていうことはなくなりますので、自信を持って取り組んでください。

それでは話を元に戻しましょう。

まずは①の「自分」の都合で決める方法ですが、売り手となる企業は、商品の生産に要したコストに、ある程度の利益を付け足して売りたいというのが本音です。

メーカーと流通業（卸売業と小売業）によってニュアンスは異なりますが、広い意味ではどちらもコストに一定の利益を上乗せ（アップ）するので、コストアップ方式となります。メーカーの主なコストは製造原価であり、流通業は仕入価格になります。

ところが、こうして決めた価格（売価）で商品が売れるとは限りませんよね。

なぜかって？　〝できビジ〟のキーワードで考えれば答えは簡単です。

現在のマーケティングを考える場合は、何を思い浮かべるべきでしたか？

そうです。「顧客」と「競合」です。

したがって、この二つのファクターを考えれば、②の「顧客」や「競合」相手の様子をみながら決めるという方法が出てきます。

まず、顧客（お客様）が、この商品の品質ならこのくらいと納得していただける価格でなければ、その商品は売れません。顧客の価値は「品質÷価格」で表せることを思い出しましょう。

さらに、もし品質が同じ程度の商品が他にあった場合、お客様は競合商品、あるいは競合店の販売価格と比較して、当然安い方の商品に手を出しますよね。

ということで、①をコスト志向、②は需要と競争志向、と位置づけると、当然のことながら優先されるのは②の方法ということになります。

ただし、経営である以上、赤字となっては継続性に欠けますので、①も考慮して、というニュアンスになります。

①と②は相矛盾する関係、平たくいえば「あちらを立てればこちらが立たず」で、世の中にはよくある現象です。①と②のような関係のことを**「トレードオフ」**といいます。マーケティングや経営のことを研究すると頻繁（本書でも１１３ページ）に登場するキーワードですので、使えるようにしておくと重宝しますよ。

実践的には、どこで折衷《せっちゅう》させるかが落としどころとなりますので、様々なコストを削減することにより、②の価格に近づけていくという方法になります。

具体的な削減策としては、生産工場の集約による合理化や、ちょっと難しくなりますが、原材料の逓減《ていげん》などにはＳＣＭ（サプライ・チェーン・マネジメント）なんていう手法もあります（ＳＣＭについては第五章内「マーチャンダイジング・ミックス③価格戦略」の中の「ＳＣＭ――みんなで利益を生み出そう！」をご覧ください）。

(2) 需要の価格弾力性が高いのか、低いのか

価格に関する基本的な事柄で、しっかりと理解しておいていただきたいのが、「需要の価格弾力性」という概念です。これは数式で表すと、

「価格弾力性＝需要の変化率÷価格の変化率」

となります。

この数式は、価格（売価）が高くなったり安くなったり変化する割合に対して、顧客が買おうとする需要量が変化する割合ということを表しています。

簡単にいうと、売価を安くすれば売れる度合いが大きい商品と、安くしても売れる度合いはあまり変わらない商品とがあって、前者を「価格弾力性が高い商品」、後者を「価格弾力性が低い商品」と表現します。

食料品など代替品の多い生活必需品は価格弾力性が高く、嗜好性が強いブランド品などの嗜好品は価格弾力性が低いと位置づけすることができます。

同じ食品でも、調味料や牛乳、卵といった実用性の高い商品と、ワインやプレミアム焼酎などといった嗜好性の高い商品を比べた場合、前者の方が後者より、価格弾力性は高くなります。

別の切り口でみると、保存がきく、つまり買いだめできるドライ商品は、保存のきかない日配品より価格弾力性は高い傾向にあります。ドライ商品なら消費（賞味）期限を気にしないで買いだめができるので、お買い得の時にまとめ買いを誘発するためでしょう。また日配品の価格が安いのは、見切り販売では？ という鮮度に対する信頼感も影響していると思われます。

さらに、同じカテゴリーでも、ブランド力によって異なる傾向が生じます。缶コーヒーを例にすると、ジョージア、ボスの二大ブランドに比較すると、三番手以下のブランドは相対的に価格弾力性が高くなります。

要するに、特売価格での販売量が、比率（絶対量ではありませんよ。あくまでも相対的な数値です）で跳ね上がるのです。

ということで、価格を決定する際には、「安くした方がじゃんじゃん売れるので、値下げして売りましょう」とか「高く売らないと儲からないので、価格を上げましょう」と短絡的に考えるのではなく、当該商品の「価格弾力性が高いか、低いか」を考慮して検討していくことが肝要です。

最後に、よく論議になることを整理しておきましょう。

「量販店などで特売される頻度の高い商品と低い商品とでは、どちらの方が価格弾力性が高くなるか」です。

マーケティングの教科書では、「頻度の低い方」という答えになります。しかしその答えは、現場にいると「?」という印象です。

これに対する私の見解を述べると以下のようになります。

もともとは価格弾力性の高い商品が、当然のことながら特売対象となるわけです。したがって、頻繁に特売価格で登場する結果、お客様がその価格に慣れてしまうことになります。そのため、次第に価格弾力性が低くなり、相対的に特売頻度の低い商品の価格弾力性が高まるというメカニズムになっているというように考えます。

二.「価格」の実践的な考え方

(1) メーカーと小売業の売価設定の違い

繰り返しになりますが、マーケティング4Pの中で、実践が一番難しいのが「価格戦略」だと思います。価格、つまり売価を設定する時、あまり高いと売れないので収入が減ります。また、安過ぎるとこれまた収入が減って経営的におかしくなるからです。

簡単な事例（違いがわかりやすいように、数字にメリハリをつけています）で考えてみましょう。

ここに商品Aがあるとして、仮に売価198円で50個売れるとします。この時の収入は、198円×50個＝9900円です。

今度は、売価を258円に設定したとしましょう。すると、購入するお客様は「高いなぁ」と感じますから、当然のことながら売れる数が減り、たとえば10個しか売れないとすると、258円×10個＝2580円だけの収入になってしまいます。

では、逆にこれを安くして158円にしたとしましょう。どれくらい売れるかですが、お客様が「お、安いな」と感じて200個売れたとすると、3万1600円の収入になります。

以上のことを整理すると、それぞれ、

売価198円×50個＝9900円

売価258円×10個＝2580円

売価158円×200個＝3万1600円

の収入となり、売価198円の時より3倍以上の収入になった、売価158円の設定がとても上手に感じますよね。

ここで思い出さなければならないのが、企業の経営で一番大事な指標は何であったかです。

そう、「利益」ですよね。

利益は、収入からコストを差し引いた残りです。ここでこの商品Aのコストに注目してみましょう。

話を簡単にするために、対象はメーカー（製造業）ではなく小売業として算出しますが、考え方は両者を交えて論じていきます。

商品Aの仕入価格が130円、諸経費などが一律20円かかっているとすると、それぞれ

の利益は、
売価198円の時：9900－（130＋20）×50＝2400円の利益
売価258円の時：2580－（130＋20）×10＝1080円の利益
売価158円の時：3万1600－（130＋20）×200＝1600円の利益
ということになり、売価198円に設定するのがベストというわけです（話をわかりやすくするため、コストはすべて変動費として計算しています）。
もちろん、これで「なーるほど」でことが済むなら、価格戦略が一番難しいなんていいません。なぜ難しいかというと、話が少し高度になりますが、経営戦略にとっても重要なことですので触れておきましょう。心して読み進んでください。
企業にとって「利益」は大事なことなのですが、経営活動は「今」だけではないということです。そうです「ゴーイング・コンサーン（企業存続）」です。第一章で学びましたよね。こういう時、経営の本質を知っていると深イイ話へ発展することができます。
メーカー（製造業）と小売業（流通業）に分けて説明しますが、まずメーカーにとっての最大の武器は前述したように**「商品」**です。
商品で差別化できないメーカーは惨めです。小売業に買い叩かれます。買い叩かれないためには、差別化された、つまりお客様に支持される「商品」を持つことです。お客様に支持されるには、商品そのものに力がなければ駄目です。その証しとして、大勢のお客様に買っていただいているという実績が必要となり、それが**「市場シェア」**という数値で表されます。品揃えが限定されるコンビニなんて、カテゴリーによってはナンバー・ワン商品だけが店頭化されることが多いので、ナンバー・ワンとナンバー・ツーとでは月とスッポンの違いになります。

ということで、先ほどの商品Aの比較を改めてみると、市場シェアを考えた場合、一番多い個数を販売した１５８円の設定にも意味が生じてきます。つまり、経営を継続させている企業にとっては「損して得取れ」ということも大事なことになるわけです。

ただし、一度でも１５８円で購入したことのあるお客様は、次回１９８円で購入するには相当な抵抗感が生じ、購買意欲が減退することは避けられません。この辺りのさじ加減がホント難しいのです。

一方、小売業において、自店での売価をどうするかを考察してみましょう。

ナショナルブランド（ＮＢ）の商品Ａという品質は、自店でも競合店でもまったく同一です。したがって、競争に打ち勝つためには、「消費者の価値＝品質÷価格」の公式から、価格が安い方が消費者の価値が高くなりますので、競合店より1円でも安い設定にしなければいけないことになります。

十数年前、私がメーカーから流通業へ転職した時、業界で有名な方から、

「競合相手より1円でも安く売るのが小売業じゃ。お前の考え方は、やっぱりメーカーやな」

と教えられました。

そして、このメカニズムが小売業の「安売り合戦」にもつながっていきます。「他店のチラシをお持ちください。同価格にて提供いたします」なんていっているのを家電量販店でよくみかけますよね。

さらに、価格戦略が実践の局面で難しい要因として、超現実的で生々しいですが、「リベート」という日本的商慣習の存在があります。日本的なのになんでリベートって外来語なのか、ですって？　じゃあ「報奨金」といえばいいかな。まあ、言葉はどちらでもいいのですが、日本の場合、要するにオープンではないのですよ。

現在はだいぶ減ってきてはいますが、「ここだけの話ですが……」とか「オタクだけの条件ですから。もちろん、他には出してまへんがな」なーんていうのが多いのです。

いずれにしても、販売数量を高めるとリベート率まで上がるので、累進的に収入が増えることになり、先ほどの事例でいうと、
売価198円：利益2400円＋150円（リベート3円×50個）＝2550円
売価158円：利益1600円＋1000円（リベート5円×200個）＝2600円
ということで、売価158円の設定が勝ることになります。
以上、話が複雑になって恐縮ですが、価格戦略を検討する際には重要な内容ですので、様々な局面を理解し、全体像をしっかりと捉えるようにしてください。

(2) 売価設定の実例――タテ型カップ麺の場合

ここで、実際に売価をどうやって設定するのか、一つ実例をご紹介しましょう。

数年前、私がカップ麺のオリジナル商品開発に携わった時、売価をいくらに設定するかが大きな課題となりました。

当時はデフレスパイラルの真っ只中で、コンビニにおいても、低価格のタテ型といわれるカップ麺開発が命題となっていました。タテ型カップ麺といえば、日清食品のカップヌードルが断然トップシェアを誇っているカテゴリーですから、消費者の頭の中にもこの

価格がインプットされていることは容易に想像がつきます。

しかし当時は小麦相場の世界的な高騰で、カップヌードルの値上げがあり、標準小売価格が150円から168円になりました。この商品との比較において、オリジナル商品の売価をいくらにするか、それによりお客様がどう反応するかが問題です。

カップヌードルより50円（約30％）安い118円、40円（約24％）安い128円、そして20円（約12％）安い148円と、三つの価格設定をしてテスト販売をしました。

結果を先に述べると、118円と128円はほぼ変わらず、148円になると明らかに販売数量が減少することがわかりました。

消費者の価値公式で考えると、オリジナル商品とカップヌードルとの品質の差は、168円÷128円＝1・31倍以上は違うと、お客様が感じているといえます。別の表現をすると、128円以下になると、価格弾力性は小さくなるということです。

ということで、128円が妥当であると判断できます。

しかし、ここで思い出さなければならないのが、マーケットに存在する厄介なものです。

当時、競合するコンビニでは低価格カップ麺は118円が一般的になりつつありました。

この競争環境と、加盟店様のモチベーションを考えて、最終的には118円で発売することにしました。

後日、タテ型の低価格カップ麺の日本そばを発売しましたが、このカテゴリーは競合環境がまだ厳しくなかったため、テスト販売の結果を活かして128円の売価設定にし、より利益を確保する政策にしたことを付け加えておきます。

三．消費者心理から価格戦術を考える

（1）三つの基本戦術

マーケティングは行動経済学といわれ、人間の持つ心理的な要素が消費者の購買行動に影響を及ぼすと先述しましたが、価格については特に顕著です。そこで、消費者の価格に対する心理的要素について考察していきましょう。

まずは、従来からある基本的な考え方を押さえておきます。

①端数価格

端数価格というのは、8や9など末尾に端数を用いた価格設定法のことです。

たとえばここに約2万円前後の電気製品があるとします。

A：2万600円
B：2万200円
C：1万9800円

とした場合、AとB、BとCの価格差は、同じ400円です。ところが、AとBはあまり価格差を感じませんが、BとCではCが安く感じられます。

食品でも特売価格には、298円や198円という設定が多いですよね。ジャストプライス（300円、200円）から2円安くしただけですが、端数価格にすると「割安感」を演出することができます。

この場合、195円まで安くする必要はありません。198円より3円安くても、あまり価格差を感じないからです。

それでは、なぜ199円にしないのでしょうか。確かにディスカウントストアで一時流行りましたが、まあ、そこまでいくと理論的には説明できません。強いていうなら、「8」ならジャストプライスから少し間が開きますが、「9」だとジャストプライスに迫り過ぎていて、策が露骨に感じられてしまう、あるいは「8」は末広がりで縁起のいい数字なので、昔から使われているから、ということでいかがでしょうか？　まあ、これは私見ということで述べさせていただきました。

②慣習価格

慣習価格というのは、缶コーヒーなら120円（最近は安売りが多くて100円？）など、購買慣習上で消費者が「当然」と思っている価格のことです。

一般的には、価格を下げても需要はあまり伸びないのですが、上げると大きく減少するといわれています。

③名声（威光）価格

価格は品質の目安にもなっているため、意図的に価格を高めに設定することがあります。購入頻度が低いと品質を判断しにくいので、購買者が価格を頼りに価値を判断するからです。

「消費者の価値＝品質÷価格」から「品質＝価値×価格」となります。

「価格」が高い方が「品質」も高い（この場合は高いと感じさせる）ということは、〝できビジ公式〟からも判断がつきますね。

この価格戦術は、ブランド品や高級腕時計など、購買者がステータスを感じる商品に有効な手段となります。

(2) 行動経済学から考える価格――三つあると大抵の人は真ん中を選ぶ

価格戦略の基本的な戦術は以上の三つです。さらに、行動経済学や心理学的な見方を知り、知識と知恵の幅をグンと広げていきましょう。

まず、この種の話で必ず登場するのが、「選択対象が二つより三つあった方が、優先順位をつけやすく、選ぶ行動を起こしやすい傾向にある」というものです。そして、選択する価格が三つあると、大抵の人は真ん中を選んでしまうという行動特性です。

お寿司やうなぎを食べに行くと、「松・竹・梅」やら「特上・上・並」なんていうメニューが用意されていますが、多くの人が「竹」や「上」を選びますよね。テレビ番組でも放映されていましたが、外国人と比較しても国民性から日本人は特にそれが顕著で、約8割の人が真ん中のクラスを選ぶということです。

ですから、戦術的には〝売りたい〟商品の一ランク上と下の商品を品揃えしておけばいいということになります。

売りたい商品の価格が８００円なら、１０００円と５００円の商品を用意するわけです。売りたい商品の上の価格との差（この場合は２００円）を、下の価格との差（３００円）より縮めておくことも、ちょっとしたコツになります。つまり「値頃感」を感じさせることを大切にして、しかも「三者択一」にしておくことが、売りの基本ということになります。

「値頃感」というのは、お客様が「この商品なら、このくらい支払ってもいいや」と思う価格です。

人間の評価は絶対的ではなく、何かと比較し、相対的な基準によって行われているといえるのです。

(3) カップヌードルの値上げにみる消費者の心理

次の話も興味深い事例です。

先に少々触れましたが、２００８年に日清食品カップヌードルが値上げされ、標準（メーカー希望）小売価格が１５０円から１６８円になりました。したがって、標準小売価格が概ね店頭売価になるコンビニでは12％の値上率ということです。

売場	値上げ前	値上げ後	値上額	値上率
コンビニエンス	150	168	18	12%
量販店	98	128	30	31%
価格差	52	40		
価格倍率	**1.53**	**1.31**		

※価格倍率＝コンビニエンスの店頭売価／量販店の店頭売価

図19　カップヌードル店頭売価の値上げ前・後比較表

一方、標準小売価格よりディスカウントして店頭売価を設定している量販店での実勢価格は、98円が128円になり、消費者側からみると31%の値上率となったのです。

値上げ後も、168円vs128円と、コンビニは量販店に比べて40円も高い価格なので、同じ商品なら量販店優位性に変化はないだろうというのが大方の見方でした。ところが、話は違う結果となったのです。

注目していただきたいのは、両方の店頭売価の価格倍率の変化です。図19をみていただくとわかる通り、両者における値上率の差から、今まで1・5倍の価格差があったものが1・3倍まで縮小されたのです。その結果、5割高い時は量販店で買っていたお客様に、「3割高なら、近くて簡単に買えるコンビニでもいいや」という心理的な購買変化があり、コンビニへ大勢

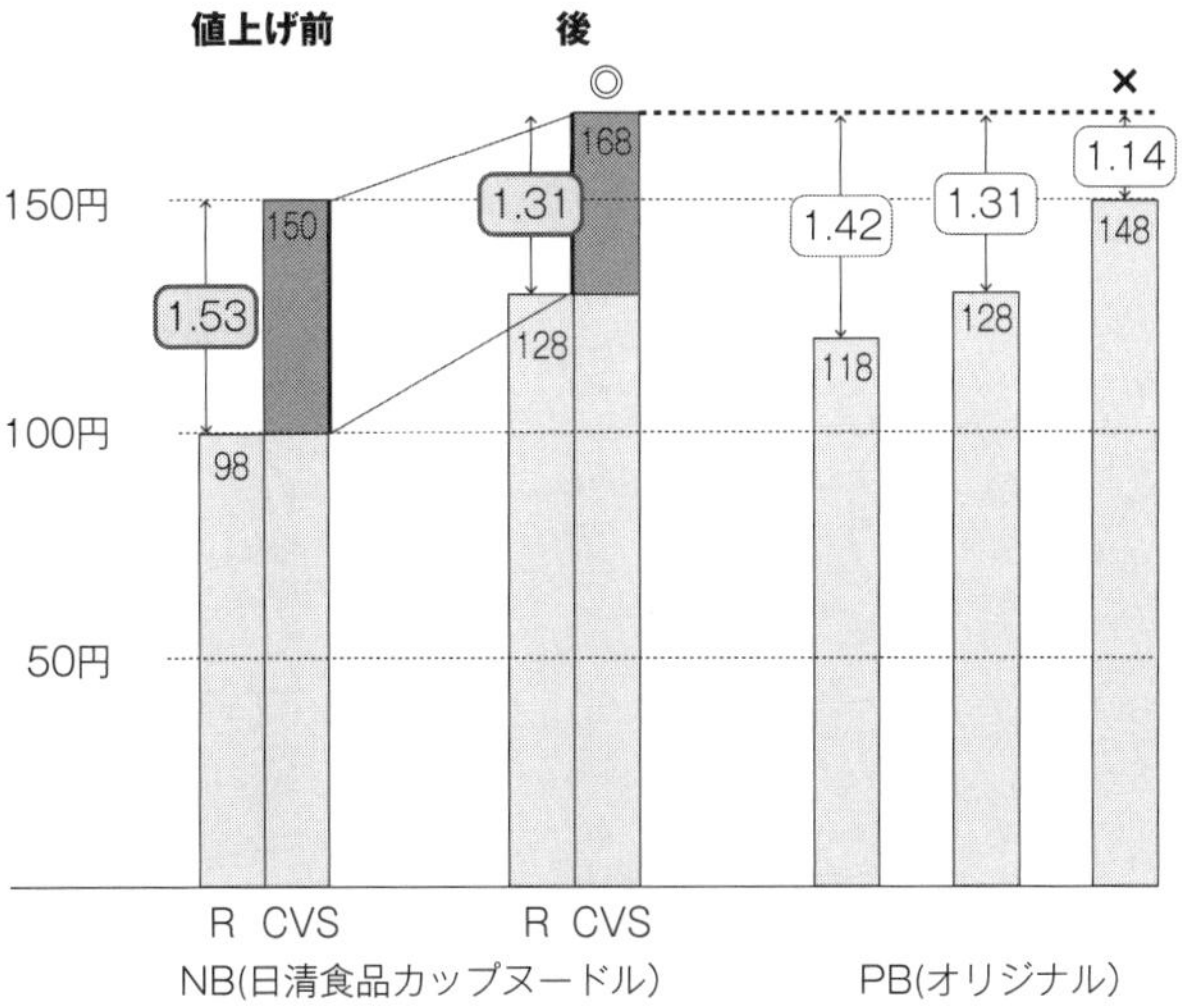

図20　カップ麺店頭売価比較

のお客様が流れることとなったのです。

先述したオリジナル商品の価格設定と併せて、図で示すと図20のようになります。

カップヌードルの値上げ後のコンビニは、なんと数量ベースで対前年対比100%を超えました。一方、量販店は大幅に前年割れした模様でした。

某チェーンは乱暴なことをいっていますが、同じ商品でも、構造的にコンビニと量販店の店頭価格は同じになりません。ただし、値上げ前でも5割以上価格差が開くと、消費者に対し罪悪感が生じていたのだと思います。

このように、価格という概念は絶対的ではなく、相対的な情報によって、その意味合いが随分と変わるのです。

そこで最後に、ディスカウント店などでの常套手段ですが、「アンカリング」というテクニックについて触れておきます。

アンカリングとは、船が碇（アンカー）で場所を固定されることから、思考がある基準に引きずられてしまうことを意味します。つまり、最初に提示した数字からいくら下げたかによって、最初の価格（情報）に意識が取られ、そこの基準に引きずられてしまうのです。

たとえば1000円のプライスに大きく「×」印を付けて「498円」なんてPOPを掲げると、本来の価値はいくらが妥当かとは考えずに、半額になっているならお買い得！と感じるのです。

もっとも、不況が長引いたこともあって、近年では売り手のこの種の手法に消費者も慣れが生じてきており、商品と価格のバランス（まさに消費者価値公式）をよく見極めて購入しているようです。

プロモーション戦略

一．プロモーションの基本①販売促進――プル戦略とプッシュ戦略を連動させる

プロモーション（販売促進）の目的は、お客様の消費意欲を喚起させることです。最初に、プロモーション戦略に関する一般的な知識を確認しておきましょう。

ＳＮＳ（ソーシャル・ネットワーキング・サービス）という新しいメディアの登場でプロモーションもすっかり様変わりしつつありますが、実際の現場では、伝統的な手法がまだ幅を利かせているようです。

プロモーションの主な手法には、①販売促進（狭義のセールス・プロモーション）②広告　③パブリシティなどがあります。

販売促進には、消費者へおまけを渡すプレミアム、試供品のサンプリング、クーポンによる割引など、消費者に対して直接働きかける手法と、リベートや販売コンテストなど流通業向けに実施する手法があります。

前者はプル戦略、後者はプッシュ戦略という位置づけになりますが、マーケティングは顧客志向ですから、教科書的にはプル戦略が有効ということになります。

ただし、メーカーがいくら消費者に訴えても、流通業の協力がないと効果は薄くなるので、両者を上手に連動させることが大事です。

二．プロモーションの基本②広告――テレビＣＭを例に

広告は、テレビ、ラジオ、新聞、雑誌という四大メディアを使って消費者へ自社商品をアピールすることです。他にも看板や、電車の中吊りのような交通広告などもあります。メーカーにおいて、四大メディアの代表格は、なんといっても「テレビＣＭ」ということになると思います。

かつて、キッコーマンが「ぽん酢しょうゆ」を発売した時、テレビＣＭを流しても効果が表れるどころか、ライバル企業でトップシェアのミツカンのぽん酢の方が売れてしまったというエピソードが業界では有名です。

これはどういうことかというと、当時、ぽん酢といえばミツカンがトップシェアでした（今でもそうですが）。ですから、テレビＣＭでぽん酢のことが流れると、お客様にとって

店頭で想起されるメーカー（ブランド）は、キッコーマンでなくミツカンだったのです。その結果、キッコーマンがぽん酢のＣＭを流しても、皮肉なことにライバルであるミツカンの商品が売れてしまったのです。

そこでキッコーマンは、当時人気絶頂（今でもそうですが）の明石家さんまさんに白羽の矢を立てて巻き返し策に出ました。さんまさんには、

「好きなように喋ってください。ただし、その中に〝ぽん酢しょうゆはキッコーマン〟というフレーズだけは入れてください」

と依頼したといいます。実際の撮影でも、さんまさんのキャラを前面に押し出すためにバックは白で、そこであの名作ＣＭが生まれたのです。

このように、キーワードはお客様の店頭での**「想起」**に直結します。「スライスチーズは雪印」や「パンにはやっぱりネオソフト」など、商品がズバリ思い出されますよね。格好よさはありませんが、食品におけるテレビＣＭの基本は、やはり「想起」なのです。

もちろん、選挙運動のような商品連呼型の広告が、消費者に受け入れられなくなっているのは事実です。しかし、かつてのパルコの宣伝にあったようなイメージ先行型では、ファッション系にはいいと思いますが、実用的な食品には「？・」マークが付きます。数億

円の単位で費用がかかるテレビＣＭを投入しても、お客様が商品名を思い出せないような内容では、どんなコジャレた映像が出来上がっても意味がないことには十分に留意するべきです。実際の商品購入につながらなければ、億単位で投入している貴重な経営資源の無駄遣いになってしまいます。

余談ですが、「連続ドラマ形式」ですっかり定着したソフトバンクのテレビＣＭ、実はあれを業界で初めて取り入れようとしたのは某ビールメーカーでした。ところが、そのＣＭの出演者である今は亡き某大御所俳優が空港の税関を通る時、〝あるものをパンツに入れた事件〟ですべてオジャンになってしまったのです。それがなければ、連続ドラマ形式ＣＭは食品業界が先駆者になれたのに残念ですね。

余談ついでにもう一つ。日本で最初の比較広告を行った企業はどこだかご存知ですか？日本では、ＹＥＳとＮＯをはっきりしない国民性から、競合企業の商品などを悪くいうことで自社商品の価値を上げようとする比較広告はタブーとされていたのです。

私が記憶している限りでは、この掟破《おきてやぶ》りを初めて行ったのは、コンビニ２番手のローソンです。

昭和50年頃、当時は商店街でも夜の7時か8時頃には店が閉まってしまうので、会社帰りのビジネスマンやＯＬは不便を感じていました。そこへ、夜11時まで店が開いていることをＰＲポイントとして、セブン-イレブンの登場です。

「セブン（7時）イレブン（11時）、いい気分。開いててよかった」

というキャッチコピーでテレビＣＭを投入しました。

そしてこれに対抗したのが、当時は流通最大手のダイエー傘下にあったローソンです。営業時間も24時間の店が出始めて、

「開いてて当然！」

まあ、今となってはかわいいものですが、当時はドライなアメリカなら比較広告は当たり前でしたが、協調性を大事にする（？）日本では、結構インパクトがあったことが鮮明な記憶として残っています。

話を戻しますが、このテレビＣＭによる情報量を数値化しているものがＧＲＰ（グロス・レーティング・ポイント）で、これは「述べ視聴率」のことです。たとえばテレビＣＭが、視聴率20％の番組で5回、視聴率30％の番組で2回流れた場合、

（20％×5回）＋（30％×2回）＝１６０％のＧＲＰとなります。

１０００ＧＲＰだと、１人がおよそ10回程度はＣＭをみたという目安になります。

昨今、この投入量がいわれる時、対象となる時期が長いスパーンで区切られていることが多くなってきています。ですから、「今回の新商品には3000GRPを投入して、店頭での売上げを強力にバックアップいたします」なんていっても、投入期間が3ヶ月のものだったりします。この場合は1ヶ月当たりに換算すると1000GRPですので注意が必要です。

またテレビCMは、特殊な例を除けば一般的には15秒と30秒で放映されますが、オンエアされるのはほとんどが「15秒編」のものです。ところが、実際の制作現場でのやり取り、つまり制作する側の電通なり博報堂が、クライアントであるメーカーなどへプレゼンテーションする時に提示されるのは「30秒編」でした（あくまでも私がメーカーにいた時代の話ですが）。

今はそんなことはないとは思いますが、実際に商品を買っていただくお客様目線が大事です。15秒編と30秒編では、描ける、つまり視聴者（お客様）がみる内容には格段の差が生じます。お客様の目に触れるフィルムは圧倒的に「15秒編」になるわけですから、テレビCMの内容は、最初から15秒編で検討されるべきです。

プレゼンする広告代理店が30秒編を推してきていないか、クライアントである〝できビジ〟は絶対に見逃さないようにしてください。

三．プロモーションの基本③パブリシティ――最強のプロモーション

パブリシティとは、新聞社やテレビ局などのマスコミに商品情報を取り上げてもらうことです。

広告は、四大メディアなどへ広告宣伝費を支払う、つまり「有料」です。これに対して、メーカーがマスコミへ商品情報などを提供して「無償」で行ってもらうのがパブリシティです。企業が自ら多額のお金をかけて打ち出す広告に比べて、「ムチャクチャ信頼性が高い」というのが最大のメリットになります。

そりゃあそうですよね。好きになった彼女に「オレって凄いよ！」と自分でいったらヒンシュクですが、自分の友達に「奴は頭がいいし、スポーツも万能、しかも誰にでも思いやりがあっていい奴だよ」といってもらったら「なるほど」と思われるのと同じ効果です。

ですからパブリシティは、広告に比べて信頼性や客観性が高く、イメージ向上には断然役立ちますし、コストも安い（無料）ので最強のプロモーションなのですが、いかんせんマスコミが食いついてくれないと何も起きない（やりようがない）のが弱点、というか話

になりません。

パブリシティで思い出されるのは、『発掘！あるある大事典』や『おもいッきりテレビ』などの情報提供型番組です。若い皆さんは覚えていないでしょうが、食品の効能で最初に超話題になったのは、「おもいッきりテレビ」で紹介されたポリフェノール効果のココアでした。当時、ココアというココアがすべて売り切れてしまい、店頭から完全に姿を消しました。メーカーに所属していた私のところへも、取引先から「ココアという表示がある商品ならなんでもいいから持ってきてくれ！」という要請があったほどです。

最近では、明治の「プロビオヨーグルトR－1」がインフルエンザに効果があるというパブリシティ報道で一気に火がつき、店頭では品薄状態が続きました。まさに「パブリシティ、恐るべし！」です。

四．新しいタイプの〝クチコミ〟の威力

昨今では、インターネットという新しい通信手段の登場で、五番目のメディアの台頭を語らずして顧客とのコミュニケーション手法は説明できません。

ブログやフェイスブックに代表されるＳＮＳ（ソーシャル・ネットワーキング・サービ

ス）といったツールを活用したソーシャルメディアが一般的になり、２００４年にはラジオを抜き、「ネット広告の時代」といわれるまでに大躍進しています。こうした時代の流れを背景として、プロモーションも、マスメディアからインストア・プロモーション（第五章で詳しく説明します）へと移ってきています。

ソーシャルメディアの発展に伴い、古くから行われていた**「クチコミ」**が威力を発揮しています。特に大衆に流されやすい日本人には有効な手段です。もともと「クチコミ」にはパブリシティと同じ効果があり、個々の影響力は強いものがありましたが、最近では伝達の範囲、スピードがまさに異次元です。

これからは消費者が主役となり、フェイス・トゥ・フェイスで双方向型のコミュニケーションが主流になるのは間違いのないところです。

チャネル戦略

一．チャネル（流通）経路の基本

メーカーが製造した商品は、卸売業を通じて小売業に移り、店頭で消費者の手に渡ります。

M（メーカー）**↓W**（ホールセラー：卸売業）**↓R**（リテイル：小売業）**↓C**（コンシューマー：消費者）という経路です。

商品（モノ）は、M↓Cへと流れ、お金は逆にC↓Mへと流れます。

メーカー側を「川上」、消費者に近い小売業側を「川下」と呼びますが、昨今の消費者志向マーケティングにおいては、大切なお客様（消費者）を「川下」だなんてとんでもない、という風潮があります。

「大事なお金は床に落ちているから、それを拾うのに頭を下げるのは当たり前じゃ」といっていたであろう昔の商売人からすれば、別に目くじらを立てることではないと思うのですが（要するに気持ちの問題）、上か下かで大議論になってしまうことがあります。

メーカーが卸売業を通して小売業に商品を販売し、消費者の手に渡るというのが一般的な流通経路です。ちなみに、日本に全国的な流通網が出来上がったのは、江戸時代における「参勤交代」のおかげだそうです。

二．チャネル戦略は「排他的」から「開放的」へ

メーカーが自社商品を販売する際のチャネル戦略としては、①開放的　②排他的　③選択的チャネル戦略があります。

かつて、メーカーが流通において主導権を握っていた時代には「特約店制度」などということで、メーカーによって販売先の卸売業（問屋）を指定するという「排他的」チャネル戦略が主流でした。しかし近年のモノ余り時代では、商品の販売先を選別することなく、どの小売業にも供給せざるを得ないので、自然と「開放的」チャネル戦略となっています。

したがって「排他的」は死語状態ですが、過去を知ることは今後を予測するうえで役立つこともありますので、一つ事例を紹介しましょう。

時代は昭和の高度成長期、メーカーが流通の主役に君臨していた頃、電器業界において

天下の松下電器産業が傘下に収めていたナショナルの店舗数は、なんと！　約3万店だったといいます。

現在、超オーバーストア化といわれているコンビニの店舗総数が5万店超です。コンビニは昔でいう「よろず屋」の品揃えですから、食品から雑貨、雑誌に煙草まで約3000アイテムが店内に唸《うな》っています。しかも、セブン-イレブン、ローソン、ファミリーマート、デイリーヤマザキ等々それぞれが個性を発揮している業態です。それと比べて、ナショナルは電器製品の専門店ですよ。改めて、高度成長期が凄まじい時代だったことを再認識させられますね。

三．メーカー同士、小売業同士の統合

松下電器産業というメーカーが小売業まで組織化していたことを**「垂直統合」**といいます。

山崎製パンがデイリーヤマザキを運営していた（2013年7月に吸収合併）ことも同じで、メーカー（M）が流通経路の卸売業（W）や小売業（R）へ近づいていくことを「前方統合」といいます。

逆に、小売業が自社の弁当や惣菜の工場を持ったり、メーカーが原料や資材の購買まで行うことを「後方統合」といいます。

昨今話題になっているＳＰＡ（Speciality store retailer of Private label Apparel）という業態は、アパレル業界から登場しました。原材料の調達から製造・物流も自社で手がけるという、小売業でありながらメーカー機能も担う「製造小売り」という業態です。日本では、ユニクロを展開するファーストリテイリングの成長によって認識されるようになってきました。

ＳＰＡは、生産と消費を可能な限り同期させ、両者のズレから生じる売り残りの不良在庫を激減させるという、経営上の課題解決に極めて重要な意味を持っています。

チャネルの川上から川下のタテにある統合を「垂直統合」というのに対して、流通の同じ段階、ヨコでの統合を**「水平統合」**といいます。最近でも数えきれないくらいあるメーカー同士の統合、あるいはイオングループがダイエーを資本下に置くなどの小売業同士というように、流通経路の同じ段階での業務提携や資本統合などを指します。

四．なぜ卸売業（問屋）が必要なのか

なぜ卸売業（問屋）が介在する必要があるかについては、社会学者のマーガレット・ホールによる**「取引総数の節約」**という考え方が有名です。

メーカーが最終ユーザーである消費者へ商品を販売するのに、卸売業（問屋）や小売業者といった流通業者を介しているのはなぜかということですが、これは言葉で説明すると難しいのですが、絵にすると超カンタンです。

２７９ページの図21をみてください。……ということです。

もっともインターネットの普及によるネットショッピングといった取引では、取引総数は無限大に対応できるようになってきています。

また、複数の小売業者がメーカーの商品を欠品しないように在庫を持つとすると、流通業界における総在庫数＝小売業者の数×それぞれの在庫量となってしまいます。ここに卸売業が入れば、卸売業で必要な在庫を抱えることで、小売業個々の在庫量は減少し、流通業界全体の在庫量も劇的に減少し、総コストを抑えることが可能となります。

これを**「不確実性プールの原理」**といいます。

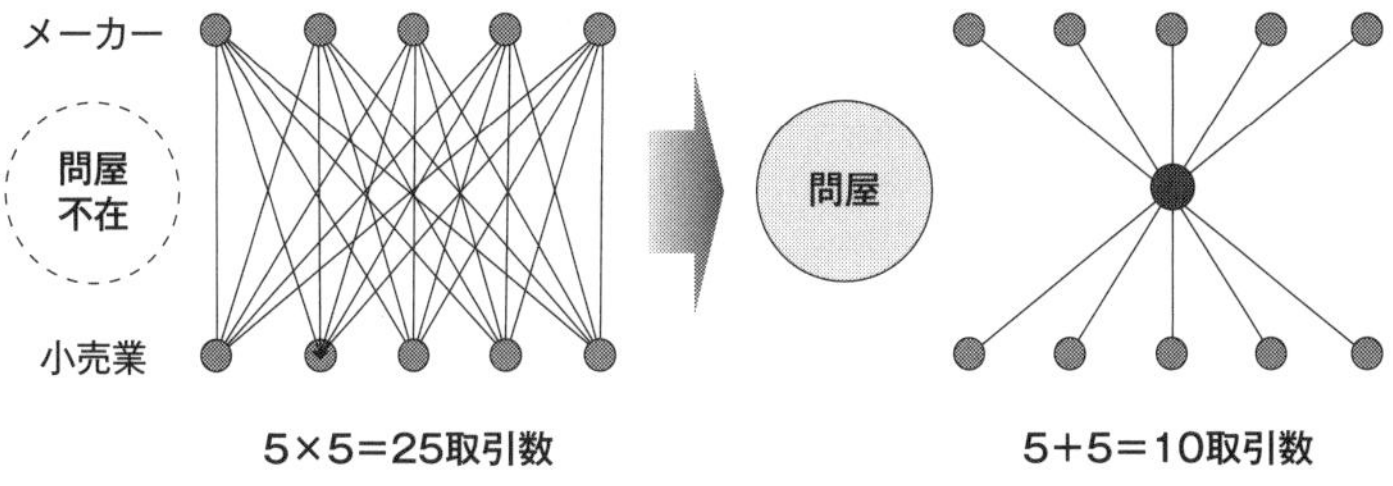

図21　取引総数の節約（マーガレット・ホール）

何やら小難しい名前がついていますが、「需要量が読み切れないという不確実性を、卸売業が集中して在庫、つまりプールしておきます」という意味に解釈しておけばいいと思います。

五．問屋無用論――しかし〝機能〟は残る

かつて、小売業のダイエーやイトーヨーカドーが急成長した時期に、**「問屋無用論」**ということが叫ばれました。

ここで留意しなければならないことは、現行の問屋が不必要になっても、「問屋（卸売業）の機能」は流通段階のどこかに残る、つまりどこかで請け負う必要があるということです。問屋がなくなっても、流通業界において問屋の「機能」は残るのです。

これを勘違いして、問屋を排除すれば、その分が利益の改善になると早とちりする解釈がありますが、調達・販売機能、物流機能、金融機能、情報提供機能なども含めて、もし問屋が無用になっても、問屋が担っている機能は、流通業界の誰かが請け負う

必要があります。その分のコストは確実に発生します。しかも実際の業務をやっていると、商品や競合の動向など、問屋（卸売業）の持つ情報がホント役立つことが結構ありますよ。〝できビジ〟はこの辺りのことを、しっかりと理解しておきましょう。

今日の流通業界は、大手では国分を除いてほとんど商社系が権限を握っています。チルド・フローズンでは圧倒的な強みを持っていた雪印アクセスが親会社（雪印乳業）の不祥事で、菓子業界の両雄である山星屋とサンエスが本業以外の投機で経営悪化し、結局は資本力のある商社の手で再建という道を取らざるを得なくなっています。

あくまでも私見ですが、商社系の考え方は採算ベースを最重視している印象を受けます。ビジネスですから当然なのですが「損して得取れ」的な昔から培われてきた商売人的発想は鳴りをひそめています。少し寂しい感じがしているようでは、厳しい競争社会を生き残ることができませんかね。

流通におけるモノの流れをみると、前述のように、メーカー↓卸売業（問屋）あるいはベンダー（直訳は売り手。小売業が商品を確保するための組織）↓小売業↓消費者となります。メーカーから出発して、現在におけるマーケティングの主役である消費者は最後になります。

つまり、マーケティングが生まれた初期の段階では、「メーカー」が主役だったのです。時代劇をみているとわかりますが、江戸時代のように「問屋」が流通において幅を利かせていた時期もあります。

かつてモノが売れた時代は、メーカーは問屋に商品を卸して、商品を仕入れた問屋が小売業へ商品を売って（流して）いればよかったのです。ところがモノが溢れてくると、問屋へ売った商品がスムーズに小売業へ流れなくなります。そこで、メーカーが小売業に対して直接アプローチする動きが出てきました。それが「プロモーター」という仕事で、私が所属していた雪印乳業は業界の中でもその先駆者的存在でした。

M→Wはセールス、M→（W）→Rはプロモーターという業務になります。

建前からいうと、メーカーが小売業と直接交渉を行うことは、お金の流れなどを考えるとおかしいことです。たとえば、AメーカーがC小売業と商談をして決めた特売企画で1000万円の売り買いが生じたとします。万が一、C小売業が倒産した場合、不良債権を被ることになるのはAメーカーでなくB問屋（卸売業）だからです。

まあ、これが正論なのですが、こうしたことを盾に硬直的な取引きを行っている業界は、どの分野とはいいませんが伸び悩む傾向にあるようです。問屋（卸売業）が強い業界は、なんといっても酒と菓子の業界でしょう……あ、いってますね（苦笑）。大手問屋がメーカーと比べて相対的に強い力を持っているので、メーカーも小売業も頼りがちになっているのでしょうか（あくまでも私見です）。

ところで、お金のやり取りは、それぞれの間にある矢印の逆の流れで発生します。

メーカーからみて小売業に商品を売るためには卸売業を通じるわけですが、このことを「帳合《ちょうあい》をつける」と表現します。問屋を排除して、メーカーと小売業が直接取引をする場合は、通称「直取《ちょくとり》」といいます。

かつては帳合を「つける」際にはメーカーが主導権を握っていましたが、現在では主導権は小売業側に移って、事実上、小売業が帳合先を指定するようになっています。

六．ロジスティクス――物流コストの削減

商的流通に対して、商品の配送・納品・検品などは、物的流通となります。物流は経営コストの固まりです。

利益を増すためには、売上高（収入）を上げると同時に、コストを下げる必要があるので、物流合理化によってコストを削減することは大きな経営課題となります。

物的流通はロジスティクスとして論じられ、その担い手として卸売業に期待が集まります。

今後の卸売業は、**フルライン化**を基本に、この**ロジスティクス戦略**を磨くことで、流通業界で発言力を高めていくことになると思います。

七．インターネット時代のチャネル戦略

チャネル戦略の最後に触れておかなければならないテーマが、やはりインターネットなどのＩＴ技術です。

この技術革新によって、従来は多大な労力をかけなければ手に入らなかった商品情報や、実際に商品を購入する店舗へのアクセスなどが簡単になりました。

現在では、企業のホームページなどによって、商品に関する情報が溢れ、「価格.com」では同じ商品の価格比較ができ、「amazon」などのネット通販では、パソコン1台あれば自宅にいながら自由に買い物ができます。

小売業は**立地産業**といわれ**「商圏」**によって経営状態が大きく左右しますが、この技術革新で「商圏」という概念がなくなりました。極端にいえば世界中の不特定多数の顧客を

相手にできるということで、チャネル戦略も不要になりつつあるということです。

さらには、オムニチャネルのように、リアルとバーチャルを融合させたシステムの構築により、商品の供給の仕方と消費者の購買行動を劇的に変化させるチャネル開発が進展しつつあります。

〝できビジ〟は経営環境の変化をしっかり肌で感じて、時代の流れについていきましょう。

マーケティング・ミックスの重要性――4Pの組み合わせを考える

今まで話してきたことが、マーケティングの中心的な内容であり、基本的な知識は本書の内容で十分だと思います。

このあと〝できビジ〟としては「実践」が重要となりますので、本書を教科書として、いくつかのケーススタディの経験を積めば自ずと力がついてきます。ただし、それぞれのファクターは別々に考えるのではなく、あくまでも総合的に、つまり**「ミックス」して検討**することが絶対的に必要となります。

ここで苦言を呈しておきます。日本人は水戸黄門型、つまり悪いのはすべてお代官で、黄門様はすべて正しいという描き方が大好きです。私はいつも不思議に思うのですが、日本人は日常会話ではYESとNOをはっきりさせないのに、ドラマの世界ではオールorナッシングを好みますよね。ちょっと単細胞だな（失礼！）という印象を受けます。

まあ、時代劇は単純に楽しめばいいのですが、ビジネスの世界ではそうもいきません。

「どうして売上げが悪いんだ」

という問いかけに、よく耳にする答えが、

「いやぁ、我が社の商品が今イチなのでダメなんです」

「とにかく売価が高いので、安くないとダメです」

他に頻繁に出てくるのが、

「いやぁ、テレビCMがないので、知名度が低くて売れません」

という感じです。しかしこんな短絡的な意見では、いささか心許ありません。「こいつ、わかってないなぁ」と思う時は、どこか偏った見方しかできていないと感じる時です。

本書を読んだ〝できビジ〟の皆さんなら、今後は「マーケティングの4P」四つの領域である、「商品開発戦略」「価格戦略」「プロモーション戦略」「チャネル戦略」をバランスよく考えてコメントしてください。

それと補足しますが、例として出した「テレビCM云々」をいうのはやめておきましょうね。確かに、メディア戦略がマーケティングの中核的な要素となり、社運を大きく左右する企業もありますが、通常の場合は、コスト・パフォーマンスが極めて低くなります。テレビCMにはタレントとの契約金など莫大なコスト（費用）がかかるわけで、それに見合った成果（パフォーマンス）を上げるまでには、なかなかいかないということが多々あります。

まあ、実際に試算してみれば明確ですが、これを知らないと「**経営資源は有限**である」という経営の根幹がみえていない「かなりの素人」と思われますので注意しましょう。

たとえば、「今度発売になるA商品の売上げを上げる方策には、どのようなことが考えられますか？」という命題があった時、「今トレンディな○○を使った斬新なテレビCMを投入して話題作りをすれば、売上げが上がるのは間違いないっす」なーんていう、ド素人丸出しの答えは控えておいた方が賢明です。

要するに、**コストパフォーマンス（生産性）**という基本的な考え方が身についていれば、どのような投資選択をしていくべきかがわかってきます。

マーケティングを進めるうえで投資する要素は、ある特定のものではなく、最大の成果となるように四つの大項目における様々な要素をミックス（組み合わせ）して、適正に利益を上げていくことが重要だということです。

数式で表すと論点が明確になります。

「F（マーケティングの総合力）＝a×商品戦略＋b×価格戦略＋c×プロモーション戦略＋d×チャネル戦略」

経営資源は有限ですので、a＋b＋c＋d＝100％として、どの分野にプライオリティ（優先順位）をつけていくかが勝負の分かれ目となります。したがって、この四つをどう組み合わせるかが極めて重要なテーマになります。これが**「マーケティング・ミックス」**という考え方です。マーケティング・ミックスとはどんなことを意味するのかを、十分に理解しましょう。

さて、様々な知識が出揃ったところで、最後に「マーケティング戦略」を私流に定義すると、

「企業が継続する**（ゴーイング・コンサーン）**ために必要な**適正利益**を得ることを目標に、①**お客様の価値**を向上させ、②**競合相手**に対して差別化するために、**マーケティングの４Ｐ**を駆使して、売れる仕組みを作るという、企業にとっての**中核的な経営戦略**」

ということになります。

〝できビジ〟となる読者の皆さんならどう定義しますか。ぜひ考えてみてください。

第五章　マーチャンダイジング戦略

マーチャンダイジングとマーケティングはどう違う?

マーケティング戦略の次は「マーチャンダイジング戦略」です。

この言葉を初めて聞いた時、実は私も違和感を覚えましたが、今では頭文字を取ってMD（エムディ）なんていうのが小売業の役職名（マーチャンダイザー）に使われるほど一般的になっています。

とはいっても、マーチャンダイジングはマーケティングに比べるとわかったようでわかっていない方も結構いるのではないかと思いますので、この概念の正体を私流に解説していきます。

まずは、権威あるアメリカ・マーケティング協会（AMA）の定義がどうなっているかを確認しておきましょう（1961年に定義改正）。

「マーチャンダイジングとは、企業のマーケティング目標を実現するために最も適する**場所、時期、価格、数量**で、特定の**商品またはサービス**を市場に提供する計画と管理である」

お客様に対して五つの適正を実現するということで、**「5Rights（ファイブ・ライツ）」**と呼ばれています。

まあ、なんとなくわかる感じはするけれど……というのが正直なところでしょう。なんでかな？　と考えると、結局のところマーケティングとどう違うのかがわかりづらいからだと思います。

この種の概念を理解する時、我々は「今」を基準にして考えますよね。しかしこうした概念は、時代の「背景」によって変わってきます。ところが、学者さんや専門家といった権威ある人たちは、その前提を教えてくれません。わかっているものとして話を進めるのです。だからなんとなく煙に巻かれてしまいます（笑）。

では「マーチャンダイジングの正体は？」ということですが、マーケティングがメーカー側からみた戦略・考え方だとすると、マーチャンダイジングは小売業からみたものということです。随分と乱暴な解釈だというご批判をいただきそうですが、そのように捉えると、とても理解しやすくなります。

第三章内の「マーケティング・コンセプトは時代によってこう変わってきた」の項でも触れたように、かつてはモノを作れば売れる時代があり、この時には、いかに大量にモノを作って消費者に供給できるかが論点になっていました。したがって、大量に生産できるメーカーが流通全体の主導権を握ることになり、市場の情報もメーカーに集まり、小売業もメーカーの情報を信じていました。ということで、時にはメーカー側にとって都合のいい話にしたりすることも当然起きていたわけです。

ところが、モノが市場に溢れ出して売れなくなってくると、実際に購入する消費者により近い小売業に流通の主導権が移っていくことになります。

この時、どういうことが起きたかということで重要なキーワードが「POSデータ」の存在です。大げさな表現をすれば「情報革命」なんてことになります。

ＰＯＳはポイント・オブ・セールスの略で、ＰＯＳレジによって販売時点の情報を管理できる仕組みです。売れ筋・死に筋の単品情報は当然のことながら、どんなお客様が（年齢と性別）何時に何を購入したかという顧客情報もわかります。

余談ですが、コンビニのレジでは、商品をバーコードでスキャンしたあとに性別と年齢のキーを押すとレジが開くという仕掛けになっています。ですから必ずPOS分析の元となるデータは蓄積されるのです。最近は年齢がわかりにくい人も多いのですが、流行のオネエキャラでもない限り、性別については間違いが起きにくいので、データとしての信憑性はあります（注：POSレジは、どのキーでも押せばレジは開くので、打つ人がいい加減だと客層分析のデータもいい加減になることは事実です）。

要するに、かつてはメーカーのセールスが、「バイヤーさん、今売れてるのは○○ですよ」という商談を行っていたわけですが、これはメーカーの出荷段階のデータで、しかも自社に都合のいい情報になるわけです。そりゃあ商売ですから、自己に都合がいいように多少なりともバイアスをかけますよ。ところが、POSレジというものが出現して、小売業で消費者が購入したデータを直接入手することが可能になったため、流通業界の主導権が、メーカーから小売業へと移行していったのです。

話を整理すると、かつて流通全体の主導権をメーカーが握っていた時に研究されたのが「マーケティング」で、その後、チャネルの主導権がPOSデータなどの出現で小売業へ移行してくると「マーチャンダイジング」という概念に移ってきたのです。

したがって、マーケティングはメーカーの戦略、マーチャンダイジングは小売業の戦略、と割り切って捉えると、とても理解しやすいというのが私流の解釈となります。

それでは、マーケティングとマーチャンダイジングを構成している要素を関連づけてみましょう。

マーケティングは、第四章で学んだ「4P」です（294ページの図22の左側）。これに対して、マーチャンダイジングではどのように内容が変化するかというと、以下の通りになります。

①マーチャンダイジングにおける商品戦略

小売業なので、NB商品を仕入れることで**「品揃え」**を充実させ、NB商品にない領域をPB商品にて「商品開発」します。

この「品揃え」がマーケティングでいうところの商品開発と異なる概念で、これについては次の項でじっくりと説明します。

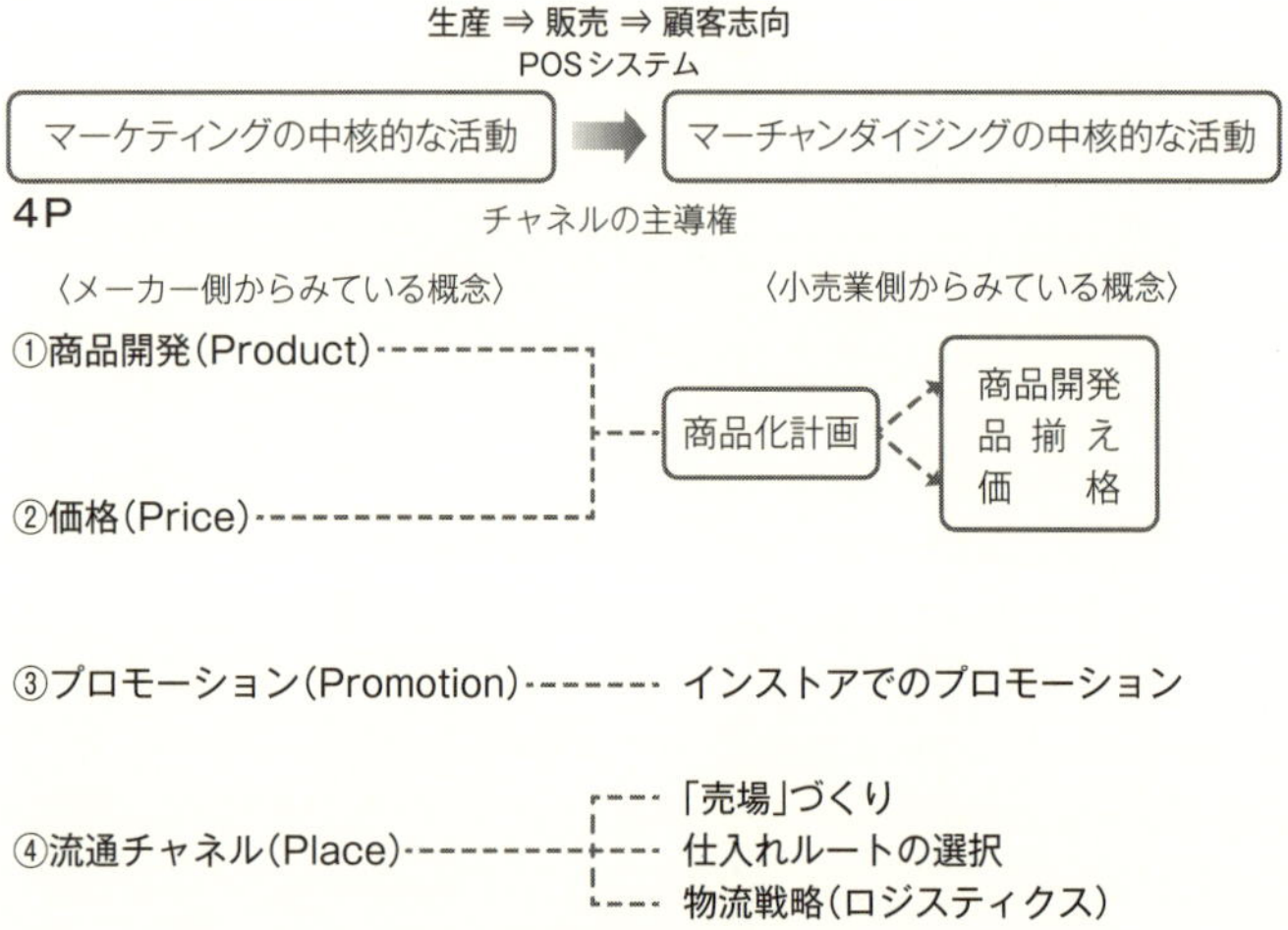

図22　マーケティングとマーチャンダイジングの相関図
※私独自の考え方に基づき作成

②マーチャンダイジングにおける価格戦略

小売業の価格戦略は、商品**プライスゾーン**や**プライスライン**がテーマになります。顧客層やストア・ロイヤリティに適合させてプライスゾーンやプライスラインを設定します。また売価の決定も、仕入価格に一定のマージンを上乗せするマークアップ方式になります。もちろん競合の動向を見極めることも忘れないでください。

①と②の領域を合わせて、マーチャンダイジングでは「商品化計画」と呼んでいます。

③マーチャンダイジングにおけるプロモーション戦略

メーカーでは基本的には4大メディア＋1を使ったマス市場を相手とした**空中戦的**プロモーションの展開になりますが、これに対して小売業は立地産業です。「売場」という、お客様と直接コミュニケーションがとれる店舗を所有しているので、インストア（店内）における**地上戦的**プロモーションの展開が主力になります。業界用語でいうところの**インプロ（インストア・プロモーションの略）**です。

④マーチャンダイジングにおけるチャネル戦略

メーカーの場合は、自社商品をどのルートを通じて「売場」を確保し販売していくかを考えるのに対して、小売業では、自分の売場に商品を並べるためにどのルートから「仕入れる」かということが課題となります。

また小売業においては、商的な「仕入政策」に加えて、物的な「ロジスティクス」ということもテーマになります。

つまり、流通チャネルは、商的流通（商流）と物的流通（物流）に分かれます。業界では、「その問題は物流マターです」とか「商物一体で提案します」というように使われます。

※マター：直訳では担当。ビジネス的には「責任を持っている」という意味で使用。

チャネル戦略はマーケティング4Pの場合「Place」と表されます。これは、メーカーは直接的に**「売場（場所）」**を持っていないため、自社商品の特性に合った場所（Place）へ流通させる必要があるからです。したがって、まさに「場所」を求める戦略が決め手になります。

一方、小売業は自社の経営資源として「売場」を既に所有しているので、「売場」そのもののあり方を考えるテーマは「プロモーション戦略」へ含めるというのが私流の解釈です。

また、物流に関する経営課題も以前から存在していましたが、消費者ニーズの多様化による商品数の増大、多頻度少量配送という小売業の要請から、要求される質が高度になってきました。

本書では、メーカー主導時代がマーケティング、小売業主導時代がマーチャンダイジングという捉え方で進めていますので、あくまでも私流の解釈で、物流戦略（ロジスティクス）はマーチャンダイジング（ＭＤ）領域に位置づけています。

なお、「経営全体を論じるのがマーチャンダイジング」という説明をしている書籍などもありますが、「経営戦略の中枢がマーケティング戦略」という説を考えれば、同様のことはいえます。

諸説あると思いますが、そこまで話が飛躍するとわかりにくくなってしまうので、本書では、先ほどの「マーケティングとマーチャンダイジングの相関図」にて整理した内容で話をすすめていきます。

〈コーヒータイム〉ポイントカード――顧客の購買行動情報を赤裸々に暴く

先ほど述べたように、流通の主導権がメーカーから小売業に移っていった要因は、顧客情報であるPOSデータにあるということが理解できていると、昨今の「ビッグデータ」の存在についても、〝できビジ〟はしっかりとした見方ができます。

FSP（フリークエント・ショッパーズ・プログラム）に始まったシステムは、ポイント還元というプロモーションの要素に目がいきがちです。また、投資するコストも莫大なものになるので、コスト・パフォーマンスは十分に考慮するべきということはいうまでもありません。

しかし、マーチャンダイジングから考えると、それに余るだけの顧客の「購買行動情報」に魅力があります。ＰＯＳデータでは大雑把な年齢層しかわからなかった顧客情報が、ポイントカードでは、たとえば「47歳・男性」と特定できるのです。

実際、糖質やプリン体オフあるいはゼロといった発泡酒を中心とした機能性ビールは、40歳台の男性に支持されているというデータがあります。ここまでのピンポイント情報は、従来のＰＯＳデータでは明らかになりません。

また、ポイントカードであれば、「○○県△△市在住」といった商圏の範囲もわかるし、ビジネス街のＯＬは、おにぎり一個にサラダとスイーツを買い合わせていることも簡単に判明します。

もっと凄いことは、「ちょっとハードなアダルトビデオをレンタルする客層は、刺激的な激辛ラーメンの購入率が高い」（あくまでも推測です！）というレベルのことまで、顧客情報として入手できるのです。

まさに、ビッグデータを使った品揃えや売場づくりは、マーチャンダイジングを大きく変化させていくことになります。

　顧客情報をマーチャンダイジングに十分活用できれば、ポイント還元セールでお客様に提供するディスカウント分を合わせても、費用対効果の高い投資となるのです。

マーチャンダイジング・ミックス①品揃え戦略

一・「品揃え」の原点を確認

　品揃えの原点は、お客様が、①欲しい商品を　②欲しい時に　③欲しい場所で　④欲しい数量だけ　⑤欲しい（適正な）価格で、購入できるという、マーチャンダイジングの「5Rights（ファイブ・ライツ）」の考え方に則して行うことです。

　品揃えは、コンビニ1店舗で約3000SKU、量販店といわれる店で約3万SKU、百貨店では10万SKU以上が店頭で扱われているといわれています。しかしここで課題となるのが、品数がたくさんあっても、お客様が望んでいる商品が一体いくつあるのか、ということです。

もし、定食屋にA定食～Z定食まであったら興醒めですよね。また特に昨今のようなモノ余り現象に加えてデフレ不況下では「欲しいものでも買わない、必要なものしか買わない」といった傾向もあります。コンビニでも、3000アイテムのうちおよそ2000アイテム、つまり7割近くが1年のうちに棚から消えていくといわれています。

これだけ多くの商品について考えていくわけなので、これからお話しする「品揃えの基本」をしっかり理解して検討することが求められます。

二．カテゴリー・マネジメント

(1) 品揃えをカテゴリーで考える

お客様は、最終的には「単品」を購入することになりますが、売場で選択する時は、ある程度の「カテゴリー」で購入を決定します。

店に入る前から「赤城乳業のガリガリ君ソーダを買おう！」というお客様ももちろんいますが、「うわー、今日も暑いな！　アイスクリームでも買うか」というお客様がほとんどだと思います。あるいは、「明日の朝食はパンにしようかしら」という主婦は、食パン、マーガリン、ハム、チーズ、サラダにスープやコーヒーなどの食材が同時に頭の中をよぎることになります。

ということで「単品ごとの管理」は重要なのですが、品揃えの全体像を捉える時に便利なのが**「カテゴリー・マネジメント」**なのです。

カテゴリー・マネジメントも、学術的な定義を確認しておきましょう。

「カテゴリー・マネジメントとは、メーカーと小売業者が協力して、戦略的な事業単位であるカテゴリーを管理するプロセスであり、最高の消費者価値を提供することに焦点を合わせることによって、より大きな事業成果を生み出すものである」（カテゴリー・マネジメント社のシェリー・シンより。『マーチャンダイジングの知識〈第2版〉』田島義博著・日本経済新聞社）

メーカー（製）との協力は、卸売業（配）・小売業（販）が連携して流通システム全体を効率化することで、消費者の満足度を高めるＥＣＲ（efficient consumer response）のレベルまで求められており、流通在庫の削減や物流の迅速化によるＱＲ（クイック・レスポンス）、あるいは商談や販売促進コストの削減などを、製・配・販を一つのチェーンとみなし、その全体での取り組みとなります。

つまり広義のそれは、店舗全体のレベルで「経営管理手法」をどうするのかということになります。

カテゴリー・マネジメントは、アメリカのブライアン・ハリスが提唱した概念で、彼による定義は、

「カテゴリーを戦略的ビジネス単位として管理していくことであり、消費者に価値を提供することに集中することによって、業績を改善していくこと」

とされています。

これに対して狭義な意味では、「ある特定のカテゴリー」に対して品揃えや価格などを検討するマネジメントを表しています。

もともとカテゴリー・マネジメントは、カテゴリー・キラーの出現によって、GMSにおいて撤退を余儀なくされたカテゴリーを、今後どのようにしていくのかを問われた時に出現しました。したがって、経営レベルでは極めて重要な検討テーマになりますが、現実的には課題の範囲がとてつもなく大きいので、非現実的な話になる危険性があります。

本場アメリカから持ち込まれた「カテゴリー・マネジメント」の概念には様々な解釈があり、学問的には極めて高度で、一般人にはようわからんのです。したがってここでは、「品揃えを単品として捉えるのではなく、カテゴリー単位で考える手法」という狭義のレ

ベルで話を進めます。

まずやり方ですが、多数ある単品を「一定の基準」を設けて分類します。

ここで超重要なことは、**分類の基準が「お客様視点」**になっているかどうかということです。

そんなの当たり前じゃないかと思われるかもしれません。ところが現実にはほとんど「なってない！」と声を大にして強調したくなるくらいの状態なのです。学者の先生からみれば、「お客様不在なんてとんでもない！」ということになるのですが、実際には、大金を投じて作り上げた企業のシステムやら、長年にわたってデータを蓄積してきた業界における切り口を、そう簡単には変えることはできないのです。

そこで、登場するのが〝お手手メーション〟ということになるのですが、人間は機械と違って怠け者ですので、なかなかタイムリーに集計しないのです。

私がコンビニ本部でアイスクリームのＭＤ（マーチャンダイザー）をやっていた時、実際に行っていた方法をご紹介しましょう。

当時は「味種（フレーバー）」と「形態」によるマトリックス分析を行っていました

	形態／フレーバー	フレーバーの定義	1 紙カップ	2 プラカップ	3 スティック（バー）	4 コーン	5 モナカ	6 ファンシー	7 ミニカップ（プレミアム）	8 マルチ	9 パフェ
1	バニラ	純粋なバニラ味									
2	チョコレート	バニラ&チョコ含む									
3	和風	抹茶、あずき等									
4	ストロベリー	ストロベリー含むものすべて									
5	フルーツ	ストロベリー以外のフルーツラムレーズン含む									
6	ヨーグルト	フローズンヨーグルト含む									
7	ソーダ	清涼飲料系									
8	カスタード、キャラメル	クッキー、キャラメル等									
9	カフェ	コーヒー、紅茶等									

※ファンシー：ピノ、アイスの実等新規性のあるノベルティアイス

図23　アイスクリームにおけるカテゴリー分析マトリックス表
※私がMD時代に作成し使用していた実例

（図23参照）。紙カップに入ったバニラ味の商品（明治スーパーカップ・バニラなど）はコード11、チョコレートのモナカ（森永チョコモナカジャンボなど）は25、スティックのソーダ味（赤城乳業ガリガリ君・ソーダなど）は73といった具合です。

　そして、全部で81種類（プレミアムとマルチアイスを含める）になる分類ごとに、市場動向と見比べながら品揃えを検討していくのです。

　従来の形態別だけの分析よりは進歩させましたが、この時の方法は決してベストではありません。なぜなら、分析する要因（ファクター）は、お客様

が購入する時の「商品選択基準」になっていることが本来は絶対的な条件なのです。第三章の最後で説明した「コンシューマー・デシジョン・ツリー」の考え方です。〝できビジ〟は、この基準を常に頭において論議することを忘れないでください。

したがって、アイスクリームでは、本来ならばタイプ別（クリーム系か氷菓系）の分析が最優先されるべき基準となります。ところが、カテゴリー分析をした場合、自店の位置づけを理解するためには、どうしても業界データとの比較をする必要性が生じるので、この場合、お客様視点ではなく売り手側の視点になってしまいます。

アイスクリーム業界では、長い年月にわたって、カップ、スティック、モナカ、ファンシーという「形態」を基準に分析したデータが蓄積されています。現在ある莫大なデータを活かすためには、やむを得ないので「その基準」でも分析をしていくことになります。

もう一つ重要なことが、この分析項目は**「MECE（ミッシー）」**になっていなければならないということです。ミッシーとは、Mutually Exclusive Collectively Exhaustive の略で、それぞれが重複することなく、全体として漏れがないという意味で、物事を「ダブらず、モレなく」区分、分類することを指します。一番わかりやすい例が「春・夏・秋・冬」です。1年間をこの四つに分ければ、1日たりとも漏れはなく、ダブりもないですよね。

しかし食品業界でも、この辺りのことを軽率に扱っていることが散見されます。某カテゴリーのデータ切り口は、和風、洋風、グルメ、フルーツ、ファンシーなんていうふうになっています。これって完璧に〝反ミッシー状態〟です。他のカテゴリーでも結構、多い事例ですので、改善が望まれます。

(2) カテゴリー・マネジメントの手順

それでは、カテゴリー・マネジメント（ここでは狭義です）の手順について整理しておきましょう。

今まで述べたように、肝となるのが、単品から発想するのではなく、カテゴリーを単位としてトレンドを捉えるということです。

この際、信頼できるメーカーや卸売業のパートナーが必要になってきます。また、お互いの上層部に理解があることが大前提になります。でもこれって、意外とハードル高いんですよ。けれどここを省くと、「この売上げが不振な時に、あいつは何をやってるんだ（怒）」状態になってしまいますので、あなたの上司に「理論なき実践は無謀である」を理解させるように努めましょう。もしでくの坊上司だったら、本書をさり気なく彼の机に置いておきましょう。

こうして態勢が整ったら（ちょっと強引かな：笑）、

①売場ロケーションやスペース
②品揃えとプライス政策
③インプロおよび売場づくり
④売上げおよび利益計画

について検討していくことになります。

カテゴリー単位で、自社の現状と市場全体、同業態あるいは生々しく競合チェーンとの比較分析を行い、自社の強みを強化し、自社の弱み、課題を発見して対応策を講じていきます。

まず大前提となることとして、売場のスペースも経営資源の一つですので有限です。ビール類であれば、第三のビールが伸長すると判断することで当カテゴリーのスペースを広げ、アイテム数、フェース数を増加させ「強み」として攻めていきますが、その分、ビールや発泡酒の品揃えは縮小させざるを得ないので「弱み」の部分ともなります。

バラエティ化は諦めて、売れ筋商品を絶対に外さないように防衛策に努めることになります。つまり、何かに「強み」があれば、裏返しで「弱み」も出てくるのです。重要なことは、企業の戦略・政策として意識的に行っているかどうかです。

こうして、改善すべきカテゴリーや、さらなる強化をはかるカテゴリーなどの政策が決まったら、商品ごとに売れ行きをみながら発注を考える、コンビニの十八番《オハコ》である**「単品管理（単品分析）」**へとつなげていきます。

三．単品分析――売れ筋と死に筋を分析

カテゴリー単位による分析で方向性をつかんだら、最終的にはＰＯＳデータなどを使った単品の検討になります。

小売業がＰＯＳデータによる単品分析によって流通の主導権を握ることになったということは前述しましたが、これにも弱点があることを確認しておきましょう。

それは、ＰＯＳデータに表れない情報については、ブラックボックスになってしまうということです。平たくいえば、当該チェーンで登録していない、つまり扱っていない商品は、売れるのか売れないのかがわからないということです。ということで、競合チェーン

のPOSデータや業界全体の動向と比較することでも顧客分析を行う必要性が生じるということは、頭の片隅に入れておいてください。

そのうえで、実践の考え方を整理していきましょう。

普通に考えると、売れる商品、つまり売れ筋をみつけて品揃えすると考えがちですが、コンビニで始められた単品分析は発想が違います。まず死に筋商品をみつけ出して、それを排除することで陳列スペースを作り、そこへ新商品・話題商品・季節商品といった、お客様にとって魅力のある商品を導入する、という順番で考えます。

売れ筋商品と死に筋商品の把握には**「ABC分析」**という手法を使います。まずこの手法について簡単に説明しておきましょう。

ABC分析とは、全部の売上高の80%を占める売れ筋商品をAランクとし、次の15%を占める商品をBランク、残り5%程度の死に筋商品をCランクとする分析のことです。

パレートの法則、俗にいう2：8（ニッパチ）の原則から、全体の8割の売上高は2割の商品によって構成されています。仮に100品目で売上高100万円とした場合、上位20品目で80万円の売上げを上げているということです。したがって、上位20品目を重点的に検討して品揃えを行えば、効率の高いアプローチができるということになります。

ちなみに「ABCZ分析」といった場合の「Z」はノンアクト商品、つまり販売がゼロ、一つも売れない商品のことを指します。

実際のオペレーションでは、死に筋商品を棚から排除することで、売れ筋商品を陳列するスペースを確保することになります。やみくもに売れ筋商品を並べていくと、棚から商品が溢れ出してしまうので要注意です。

このことを数式で表すと、

「適正なアイテム数＝ −《マイナス》**既存の死に筋商品**＋既存の定番商品＋新商品」

となります。

ここで重大な留意点を押さえておきましょう。

ABC分析でCランクに評価された商品の中で、カットしてはいけない商品が存在します。それはなんでしょうか？

キーワードは、売り手側からの表現ですが**「機能強化」**です。

実例でいうと、ビールのカテゴリーにおける「黒ビール」です。スタンダードな商品と比較して、黒ビールの販売量には限度があり、コンビニで日販50万円の店でも、1日1本売れれば上出来です。これはABC分析からはBからCランクに位置づけられ、カット対象商品となります。しかし、黒ビールはお客様からは指名買いとなるので、他の商品への代替がききません。

「のどごし生」を買いに来たお客様は、「のどごし生」がなければ不満には思うでしょうが、「クリアアサヒ」か「金麦」があれば今回はそちらを買い求めるかもしれません。しかし、黒ビールの場合はノーチャンス（販売チャンス・ロス）になるのです。さらに、黒ビールとスタンダードのビール両方を買って、自宅でハーフ&ハーフを楽しもうと思っているお客様に対しても、商品供給できないことになります。この場合、黒ビール1SKUが品揃えされていないという状態は、2SKUの機能（品揃え）不足を意味しているのです。

コンビニにおいても、商品回転率が低い雑貨、たとえばマスク、爪切り、はさみなども、一機能に対して一つの商品は品揃えしておく**「一機能一単品」**という考え方があります。

このように、品揃え計画を考える際には、お客様視点に立つことが大前提です。お客様が商品を選ぶ時に選択できる幅を広げることが肝要であり、これを品揃えの**「幅を広く」**と表現します。

これに対して品揃えの**「奥行を深く」**ということもテーマとなるので、説明しておきましょう。

わかりやすい例が、文房具の鉛筆です。

一般的な文房具コーナーにある鉛筆の種類はＨＢ、２Ｂ、Ｂ、２Ｈくらいですよね。それが文具専門店で有名な伊東屋に行くと、９Ｈから９Ｂまでの種類が品揃えされています。

ホント、驚きの奥行の深さです。

注：「単品管理」はセブン-イレブンが生み出した手法。仮説を立てて発注し、ＰＯＳシステムで結果を検証して、その仮説と検証の繰り返しによって、一品ごとに常に売れ筋を把握し、死に筋を排除していく。

四．「アイテム」と「ＳＫＵ」の違い

話が多少前後しますが、現場でも結構勘違いされている用語について触れておきます。

「商品群」は「商品系列」ともいい、商品を分類するうえで最上位にあたる大項目です。

酒類の事例でいうと、ビール類、清酒、ワインなどとなります。

これはまあ問題ないのですが、次の二つは曖昧になっているようです。

「アイテム」と「ＳＫＵ」です。

アイテムは品目のことなのですが、これは単品を表したものではありません。単品を表したものは、「絶対単品」と表現されるＳＫＵの方です。

ＳＫＵは、Stock（在庫）、Keeping（保管）、Unit（単位）の略で、直訳すれば「在庫保管単位」となり、これ以上分類することができない最小の単位となります。

たとえば、アサヒスーパードライ＝１アイテム
アサヒスーパードライ２５０ml、３５０ml、５００ml＝３ＳＫＵです。

業界でもあまり意識せずに、事実上ＳＫＵをアイテムと表現していることが日常となっています。

ちなみに生鮮品で説明すると、キュウリの１本バラ、２本パック、５本パックのそれぞれが「ＳＫＵ」、キュウリすべてが「アイテム」となります。

五．様々な角度からの商品分類

様々なテーマや切り口で商品の種類を列挙すると、
①売れ行きで考えると、いつも店頭にある「定番商品」、長い間お客様に支持されている

「ベストセラー商品」
②メーカーの発売に合わせると、新しく開発した「新商品」、改良を加えて再発売する「リニューアル商品」
③販売管理からは、メーカーにとってのドル箱である「主力商品」、今後の成長のために意識的にピックアップされる「育成商品」「戦略商品」
④業界での「話題商品」、昨今の村おこしブームに乗った「ご当地商品」「エリア商品」と様々な表現になります。「季節商品」という存在もありますね。まだまだあると思いますが、とりあえずはこんなところですかね。

日本人は魚を生で食べる食文化を持っていることから**「鮮度」**、そして1年間を通じて四季があるという気候の特性から**「季節感」**のある商品に対して敏感です。「初物を食べる」とか「旬を食べる」という習慣が昔からあります。ですから、スーパーの入口には必ず季節の果物を並べますよね。私がアイスクリームのMD（マーチャンダイザー）をやっていた時は、コンビニのアイスクリーム売場にも季節感があってもいいんじゃないかと考えて、四季折々の果物を原料とした「旬のあじわいソフト（クリーム）」という商品を開発しました。

ところで、スーパーの店頭にはなぜ果物を陳列するかわかりますか？

先ほど既に答えをいったようなものですが、果物が一番「季節感」があるからなんですよ。もちろん、春キャベツや寒い冬のおでんで美味しい大根といった「野菜」や、秋のサンマに代表される「鮮魚」も季節感がありますが、なんといっても果物・フルーツですよね。

冬から春にかけては苺、初夏にはサクランボやビワ、暑い夏には桃やスイカ、食欲の秋になるとブドウや柿などが登場し、冬にはリンゴやミカンが大量に陳列されます。

以上のような商品分類は、販売分析などに使う時に役立ててください。

ただし、分析する際には、切り口の軸は「ダブらない、漏れがない」ミッシーになっていることが肝要です。

六．気温弾力性——温度帯別品揃え・ソフトドリンクを例に

価格の変化に伴って需要量が変化する度合いの指標を「価格弾力性」ということは既に述べました。

これと同じ考え方で、気温の変化に伴って需要量が変化する度合いを指標にしたものを

「気温弾力性」と、私が勝手に名づけました。

気温弾力性が高い食材は、なんといってもアイスクリームと冷やし麺です。その次のクラスに飲料がランクインされます。意外に低い（相対的に）のがビールで、あまり気温が高いとアルコールを飲む元気がなくなるのか、それとも家に帰るまで我慢できずに外で飲んでくるということでしょうか（私はもちろん後者です）。

ソフトドリンクの温度帯別に売れる味種を整理すると、３１７ページの図24のようになります。

気温25℃程度だと、コーヒーや果汁といった味の濃い飲料が売れます。

この気温を超えてくると、無糖の緑茶や、さわやかな刺激を感じる炭酸が売れ始めます。30℃を超えてくると（いわゆる真夏日）、汗とともに体内から流出してしまうミネラルなどの成分を補給するために、機能性飲料やミネラルウォーターへと需要が移っていきます。最近では塩分に注目が集まり、キリンの「世界のkitchenから　ソルティライチ」などが大ヒットしました。

というふうに、30℃を超える日が続く猛暑なら、機能性飲料やミネラルウォーターのアイテム・フェース数を拡大し、お客様への品揃えを充実させると同時に、店頭での在庫を

天候	猛暑		平年		冷夏			
温度帯	30℃		28℃		25℃	20℃		
売れる味種	機能性飲料	ミネラルウォーター	茶系飲料	炭酸	果汁・野菜	コーヒー	乳性	紅茶

図24　ソフトドリンクの温度帯別に売れる味種

切らさないようにします。

これに対して冷夏になると、全体的な売上げは下がりますが、コーヒーや紅茶など気温弾力性の低い味種の品揃えを拡充させて、少しでも売上げの逸出《いっしゅつ》を避けることが必要となります。

また秋も深まり、最低気温が20℃を下回ると、ホット飲料が急激に売上げを伸長させていきます。

七．新しい温度帯へのアプローチ

商品の温度帯別の品揃え、販売方法として、私が7、8年前から実践していた方法をご紹介します。

温度帯を次ページの表**「温度帯別品揃え」**のように、五つに区分します。

5～8℃は一番のボリューム・ゾーンで、一般的に飲料といえばこの温度帯を指します。

冷凍ペット飲料は、2003年に日本サンガリアが「氷晶シリーズ」で発売したのが最初となります。

温度帯	カテゴリー	品揃え
△18～20℃	冷凍	冷凍ペット飲料
2～4℃(3℃)	コールド	炭酸飲料
5～8℃	コールド	様々な味種
25℃	常温	新茶，ミネラル・ウォーター
50℃	ホット	コーヒー・紅茶，スープ・汁粉

図25　ソフトドリンクの温度帯別品揃え

ホット対応型ペットボトル飲料は、２０００年に伊藤園の「お～いお茶」が発売されたのが最初です。

ということで、以上の三つの温度帯による品揃えは従来からありましたが、品揃えの強化策として、私は残り二つの温度帯に目をつけました。

まずは、25℃前後の常温です。この常温による販売は、２０１３年に話題になり、6月16日付の朝日新聞、またテレビやラジオでも大々的に取り上げていただきました。

また手前味噌になりますが、この手法は7、8年前に緑茶のトップメーカーである伊藤園とタイアップして**「新茶は常温がおいしい」**というプロモーションを展開して大成功を収めました。

当時、コンビニのオペレーションでは、「飲料は必ず冷やして販売するように」というマニュアルがありました。

それは当然ですよね。お客様は冷たいジュースを買いたよく冷やした水やお茶がおいしい夏がやってきた。でも、「冷たい飲み物は好きじゃない」「体を冷やしたくない」という人もいる。そんな声を受け、飲料を冷やして売るのが当たり前だったコンビニで常温のまま売る動きが出てきた。

お茶 冷えていません

コンビニで常温飲料広がる

「体冷やしたくない」「かばんぬれるの嫌」に応え

東京都港区のデイリーヤマザキ京王品川ビル店は、弁当コーナーに「冷やさず飲みごろ。常温もおすすめ」というポップを出している。ペットボトル入りの555ミリリットルの水と500ミリリットルのお茶が冷やさないまま売られていた。

弁当と常温の水を手に取った会社員の男性(30)は「飲み物は冷たくなくても気にしない。常温の方が体にはいいのかなと思う」と話した。

全国に約1600店を展開するデイリーヤマザキは、7月1日から約600店に常温の水とお茶を並べるコーナーを導入する。

同社が参考にした大手飲料メーカーのアンケートでは、常温飲料を買いたいという消費者が4割いた。「前から常温。冷たいのが嫌」「水滴でかばんがぬれるのが嫌」「美容・健康のため」などの理由からだ。薬を服用するのに常温の水がいいという人も多かった。東京や大阪、宮城、福岡などでテスト販売したところ、東京都内の4店では飲料の販売本数が4割増え、テストをしていない店の季節変動を大きく上回った。

スーパーなどでは以前から飲み物を常温で販売しているが、家で冷やすことを想定している。同社飲料・デザート部の久我博昭さんは「コンビニでは冷えていないと商品価値がないというのが業界の常識だったが、女性や高齢者を中心に常温飲料の潜在的な需要があった」と話す。

約1万店を展開するローソンは5月末から全国の店で順次、ペットボトル入りの水とお茶の常温コーナー導入を進めている。340ミリリットルの水と300ミリリットルのお茶を用意する。東京都品川区のTOC大崎店では1日10本ほど売れているといい、「認知度が上がればさらに伸びるのでは」と蛯原隆太店長はみている。

ネット調査会社インターワイヤードが2009年に約1万人に実施した飲み物と温度に関するアンケートでは、水の飲みごろの温度について女性の31％、男性の24％が「常温」(20～30度)と答えた。理由は「体を冷やさないため」が5割を占め、「体への負担が少なそう」「体温に近い方が体に良さそう」が続いた。女性の51％、男性の12％が冷え性だと答えた。

冷え性に詳しい東京女子医科大付属青山自然医療研究所クリニック所長の川嶋朗医師は、「飲み物の温度が低くなればなるほど体に負担がかかる。内臓が冷えて血の巡りが悪くなり、不調をきたす人もいる。疲れや肩こりなど不調を感じたら、キンキンに冷えた飲み物は控えてみてはどうか。それでも改善されない場合は、常温以上の飲み物に変えたり、体を温める成分の入った飲み物や食べ物をとったりしてみてほしい」とアドバイスする。

(吉川一樹)

コンビニに設置された常温飲料のコーナー＝千葉県市川市のデイリーヤマザキ・アクティオーレ市川店

図26　「お茶 冷えていません」（朝日新聞2013年6月16日）

かったのに、生温かったのでは興醒めです。ということで、当時は「飲料を常温で販売するとは何事だ！」という指摘を受けました。

しかし、8年ほど前のことですから、今ほどではなくても団塊の世代やその上の年齢層の方々もコンビニを日常的に訪れるようになっていました。

そんな時、「味に甘味があって香りもいい新茶は、冷えてない方が美味しいよ。それに高齢者にとって冷え過ぎは体によくないしね」という、茶道をたしなむある年配の方の話を耳にしたのです。

そこで私は「新茶」に限定して「常温」の販売を展開しました。

時は流れて、２０１３年「常温」が話題になってお客様の声を聞くと、

「夏はクーラーがきいている部屋にいるから、常

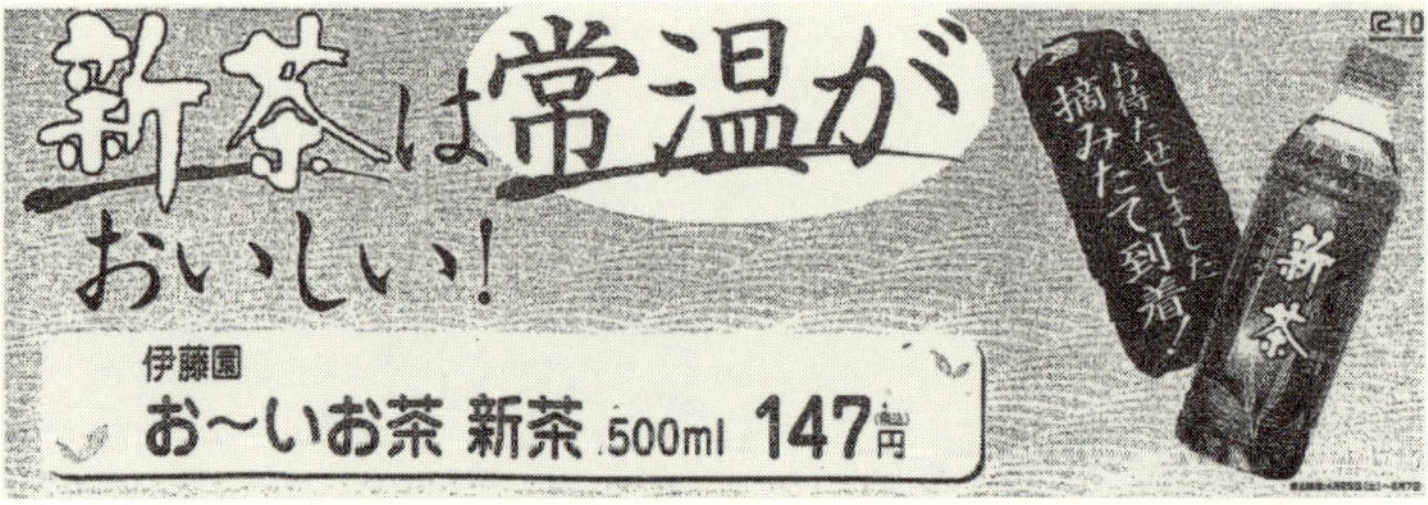

図27 「新茶は常温がおいしい！」店頭POP

温だと体を冷やさなくていい」

　という意見をはじめ、

「常温だと水滴が付かないから、鞄での持ち運びにいい」

「薬を飲む時は常温がいい」

など、当方としても「なーるほど」という想定外のメリットを再確認することができたのでした。


　さて、私がもう一つ注目した温度帯は2～4℃（厳密には3℃。理由はのちほどわかります）です。

　コカ・コーラカスタマーマーケティングの荒木副社長（当時）と話している時に、私が、

「マクドナルドのコカ・コーラはうまいですよね。やっぱりハンバーガーとコカ・コーラは相性がいいんですかね」

　と問いかけたところ、副社長がこういったのです。

「夏八木さん、マクドナルドのコカ・コーラは3℃前後に冷えて

いるからうまいんですよ」

実は、コカ・コーラの本社がある、アメリカのジョージア州アトランタでは、コカ・コーラの最適温度はパーフェクト・サーブと呼ばれる3℃というマニュアルがあるそうです。

ということで、私はコンビニのカウンターに小型の冷ケースを設置し、「キィ〜ン！と冷えたコカ・コーラ」を訴求したのでした。

アサヒスーパードライも、マイナス2℃の「エクストラコールドサーバー」、キリンビール一番搾りもマイナス5℃の「フローズンの泡」を訴求して話題を呼んでいます。

〝できビジ〟の皆さんも、現行にない温度帯での新しい品揃えを研究してみてはいかがですか？　新しい需要の掘り起こしができるかもしれませんよ。

八．温度変化と品揃え——アイスクリームが一番売れるのはいつ？

温度に関して重要なテーマには、温度「差」というものもあります。

温度の絶対値だけでなく、温度の変化率、いわゆる体感温度によって、お客様が求める商品が変わるのです。

昔からいわれているように、平均気温では春の方が秋より低いのに、冬からの季節変わりになる春は、夏から変わる秋に比べて暖かく感じます。最近は異常気象なのか残暑が厳しく、初秋もやたらと暑いですけれどね。

ということで、マーチャンダイジングで極めて重要なテーマに触れます。

これからお話しすることは、私が小売業へ転職して、最も新鮮な驚きを感じたことです。それは、暑い時に売れるアイスクリームという商品が店頭で足りなくなるのは、気温が高い時ではなく、**温度「差」**が大きい時だということです。

メーカーに所属していた時代は、アイスクリームの物量が圧倒的に売れる真夏に商品は足りなくなるという認識でした。メーカーは不特定多数の流通へ一斉に出荷するので、絶対量の不足する時期が要注意なのです。

これに対して、小売業は必要な数量分を仕入れて**（当用仕入）**、お客様へ商品を提供するので、気温の変化によって急激に供給量が変化する時が警戒態勢に突入です。

メーカーにおいては、生産ラインのマックスがたとえば1000個として、800個売れてきたという絶対「量」に着眼点がいきますが、小売業では、昨日は5個しか売れなかったのに今日は6倍の30個売れた、という**変化「率」**が注目されるという違いがありま

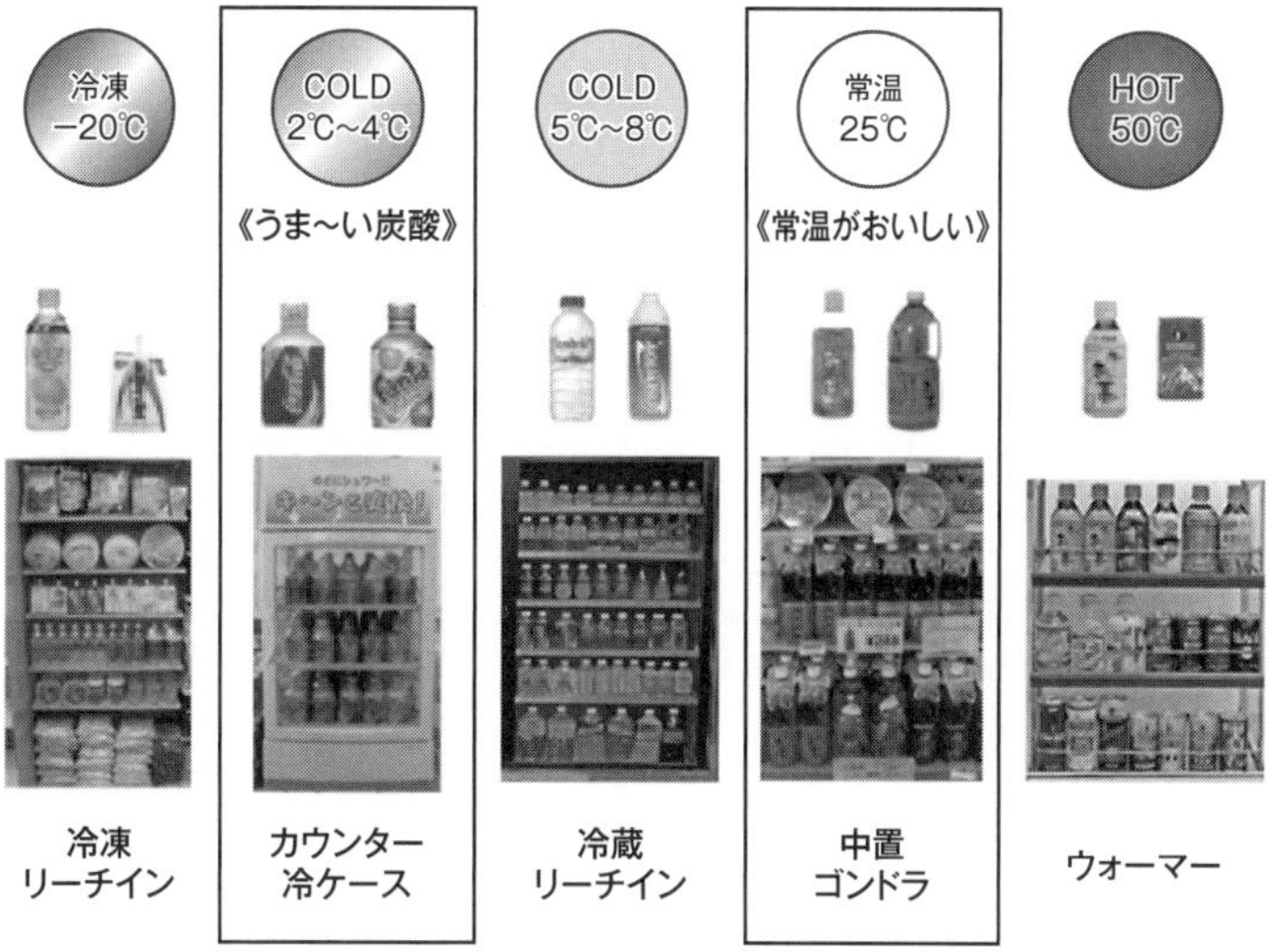

図28　ソフトドリンクの温度帯別販売方法

す。そして前述の通り、アイスクリームでは、1年間で気温の一番高い真夏ではなく、気温の変化率が一番高いゴールデンウィーク前、4月下旬が「店頭での欠品」において一番の要注意時期となるのです。

この時期は直前まで肌寒い日もあるので、ついつい寒い時期の発注モードでいると、突然の変化についていけないという課題に直面します。店頭における欠品は、販売側からみれば**「販売チャンス・ロス」**であり、お客様にとっては不満足要因ということになります。

第二章「経営戦略——戦い方を知る」で学んだ「環境変化への対応」ができる

企業が生き残れるということを、〝できビジは〟こうした事例においても、しっかりと確認しておいてください。

九．年・月・週・日で時間帯別品揃え

「温度」の次は**「時間」**軸です。

時間とは、年間のスパンから月→週→日という単位になります。

まず、1年間の四季を考えた場合、その季節の旬の商品が品揃えの中心となります。昨今では、年間の催事に合わせた52週カレンダー・プロモーションも定着しており、正月→受験→ひなまつり→入社・新学期→ゴールデンウィーク→夏休み・お盆→秋の行楽→ハロウィン→ボジョレー解禁→クリスマス→年末、といった毎年繰り返されるイベントに合わせた品揃えが行われます。

ダイエット商品は、肌の露出度が高くなる夏場前の5～6月に売れます。

高齢化社会を反映して、偶数月15日の年金支給日には、和菓子やちょっと贅沢なお酒が売れます。ちなみにこの日は、パチンコ屋の売上げも2～3割増すという噂を聞いたことがあります。

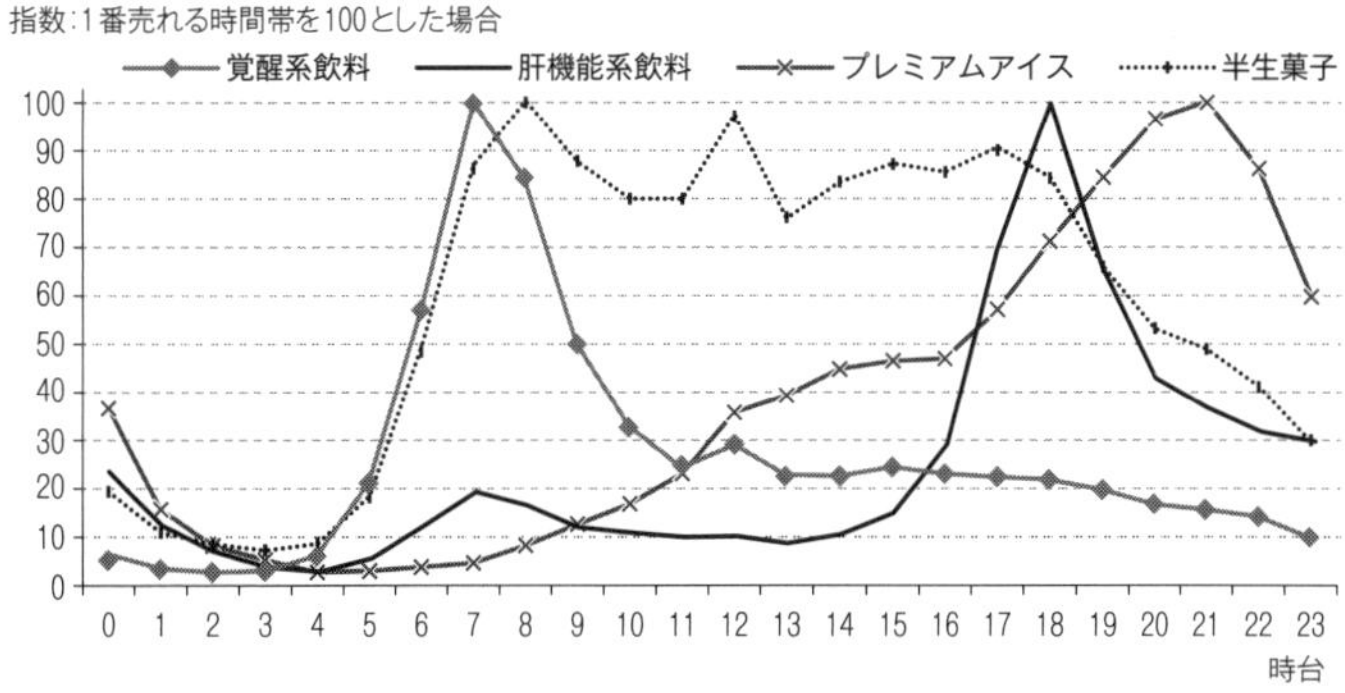

図29　商品の時間帯別販売推移

週単位では、平日は安い第三のビールで我慢して、週末にはプチ贅沢にプレミアムビールを楽しむ人が増えています。

時間での最小単位は「1日」で、この1日の中でも、店内の品揃え、プロモーションを変えていく必要があります。

朝食代わりの半生菓子は朝の7～8時に、ハーゲンダッツに代表されるプレミアムアイスは夜の8～9時に売れます。

サラリーマンが出勤前に飲む「覚醒系飲料」は朝に、飲酒の前に飲む「肝機能系飲料」は夕方に売れます。

インスタント味噌汁のトップメーカーである永谷園は、もう40年近く前から「あさげ」「ひるげ」「ゆうげ」を市場導入しています。

東日本大震災後は消費者の購買行動にも変化が表れ、

〝家飲み〟などという需要も増えて、コンビニでも夕方から夜にかけての時間だけ値引きをするといった販促も登場してきました。

1日単位という超短いサイクルですので、オペレーションでは最高水準のレベルが要求されます。つまり、朝売れるものは朝に、昼売れるものは昼、夜売れるものは夜と、それぞれの時間帯に合わせて、お客様の目につきやすい場所にボリューム感のある品揃えを提供することで、売上げは飛躍的に伸長していくことになります。


〈コーヒータイム〉死に筋商品のカットは想像以上に難しい

ここで、超現実的な話をご披露しましょう。

新商品を導入する際に、まず確認しておきたいのは、死に筋商品を店頭から排除しないと売れ筋商品が店頭化（店頭に陳列）されないということでしたよね。

これは当然のことで、場所（スペース）がなければ新規の商品を並べることができません。特に、売場面積が限定されているコンビニなどでは致命的です。

実際にやったことがない方は実感がないと思いますが（当たり前ですよね）、仕入れ担当者（マーチャンダイザー、バイヤー）にとって、売れ筋商品の導入は難しいことではありません。ところが、販売を中止する商品を指定することは想像以上に難しいのです。

2003年3月、当時45歳だった私はメーカーから小売業へ転職したのですが、若手の優秀な女性マーチャンダイザー（MD）に仕事を教わりながら、アイスクリームのマーチャンダイジングに携わっていました。

ロッテスノー（現ロッテアイス）という、かつて私が所属していた雪印乳業が分社化した企業に「ウェーブ」という商品がありました。これは、大リーグに移籍した松井秀喜選手を使ってテレビCMを打つという、メーカーとしては超大型新商品でした。

ところが、そこそこには売れるものの、ベスト20位からは外れるという、当落線上スレスレの状態……。そんな状況の中、私が品揃えを考えていた時、先ほどの女性マーチャンダイザーに、

「新商品を入れるにあたって、何をカットすればいいですかね？」

と聞いたところ、彼女はきっぱりと、

「当然、ウェーブです」

といいました。

「でもこのウェーブは、ロッテスノーがシェア奪回のために社運をかけて取り組んでいる戦略商品ですよ」

と説明しましたが、彼女は私の目をみつめて、こういったのです。

「夏八木さん、考え方を改めていただけませんか」

「…………」

今思うと、本当になんて考え方が甘かったのだろうと顔が赤くなりますが、当時の私には衝撃的な出来事でした。最初にカットするのが、よりによって自分の古巣の商品とは皮肉な話です。

このように、現実的には、商品カットは導入よりはるかに難しい業務なのです。

ちなみに、石川県で生まれた私の長男は「喜大《よしひろ》」と名づけました。郷土の英雄・松井秀喜選手の一文字「喜」を勝手にいただいております。

私がまだ若かりし頃、某チェーンの方に「小売業のバイヤーをやりたい」と相談したことがありました。するとその時いわれたのが、

「一度メーカーに入った人間がバイイングをやるのは無理だよ。メーカーのことがわ

かるから情が入ってしまって、割り切った仕事ができない。諦めた方がいいよ」

ということでした。

時が経ち、実際にバイヤーをやることになったわけですが、やっぱりメーカー出身者の甘さが出ていたということなんですかね。

しかし、さらに時が経ち、

「トップブランドの商品が棚から1本もなくなることをイメージして買い叩け！」

と指導したこともあります。

もっとも、若いMDからの返答は、

「そりゃあ、無理ですぅ～」

とのことでしたが。

マーチャンダイジング・ミックス②
ISM（インストア・マーチャンダイジング）

一・ISM――お客様の非計画購買を喚起するために

品揃え戦略が中核となるマーチャンダイジング戦略を、店頭において実現させる諸活動を「インストア・マーチャンダイジング（ISM：イズム）」といいます。

消費者の商品購入には、「計画購買」と、「非計画購買」があります。カテゴリーによりバラつきはありますが、あらかじめ買うものを決めている**「計画購買」**ではなく、店に入ってから意思決定を行った（あらかじめ買う商品を決めていない）**「非計画購買」**がほとんどで、あるデータによると、コンビニで約45%、スーパーマーケットでは約80%の人が非計画購買というのが実態です。

この非計画購買は、店内でのマーチャンダイジング活動によって実際の購入につながったということですから、いかに店内における諸活動の重要性が高いかを物語っています。

ISMは、消費者が買いやすいフロア・レイアウトや棚割りといった売場を設計する

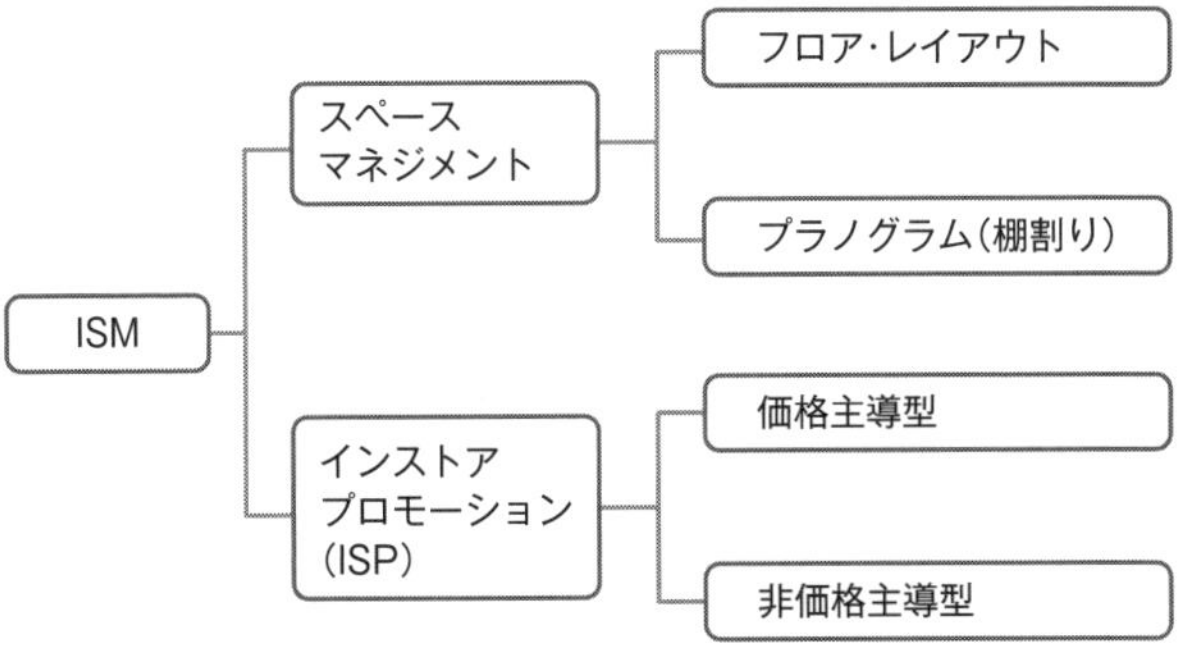

図30　インストア・マネジメント（ISM）の構造

「スペース・マネジメント」と、店内で消費者に刺激を与え買上げ点数が増える売場を作る**「インストア・プロモーション（ISP）」**の領域から構成されています。

前者は、顧客（消費者）視点で商品を分類（グルーピング）し、どこに配置（ゾーニング）するかというフロア全体のレイアウトと、カテゴライズされた個々の売場の棚割り（プラノグラム）策定が主要なテーマとなります。

後者の「インストア・プロモーション（ＩＳＰ）」については、大きくは価格主導型と非価格主導型に分かれます。

具体的な方策は多岐にわたるので、順に説明していきます。まずは、お客様とのダイレクトな接点である「売場」について考察していきましょう。

二、フロア・レイアウト――お客様の誘導と動線を考える

フロア・レイアウトを考える場合は、お客様の実際の買い物行動を思い浮かべ、売上高が増加する要因を検討しながら行う必要があります。

まず、お客様に店内へ入ってもらう（入店率）ために、店頭は解放感を高め、看板やのぼりなどを使って店内へ誘導します。余談になりますが、昔からいわれる鰻屋の蒲焼きの匂いと煙は、入店率を上げるためにものすごい威力を発揮していますよね。

入口の店頭には、店内への誘導を促すために、果物など季節感のある商品や、チラシなどによる目玉商品を、壁面には鮮度感のある生鮮品や惣菜といった商品を陳列します。

お客様の購入順序に合わせて、スーパーマーケットなら、生鮮品（青果→鮮魚→精肉）→日配品→一般食品→菓子などの嗜好品→日用雑貨品といったカテゴリーの連続性が基本となります。

通路の設計は、**ワンウェイ・コントロール**が原則です。もっとも、杓子定規《しゃくしじょうぎ》に一方通行ということではなく、主通路を中心に、適度に副通路に行けるような、ストレスがかからず買いやすい経路にすることが大切です。

そして、お客様に店内に少しでも長く滞在してもらう、少しでも長い距離を歩いてもらうために、客導（動）線は長くすることが重要です。露骨にチラシ特売の目玉商品などパワーカテゴリーを店奥に持っていくのでは、お客様が不満を抱きますが、マグネットと呼ばれる買上げ率の高い売場や酒類や惣菜といった目的買いの高い商品を適切に配置することで、客動線を長くするといった工夫が必要です。客動線が長いということは、店内滞留時間が長くなるわけで、その分「非計画購買」「衝動買い」が増えることを狙っています。

ちなみに、客動線は長くですが、従業員の動線は可能な限り短い方が、店内での作業効率は向上します。

ところで、店内におけるお客様の動線は左回りが基本ということをご存知ですか？**「人間はなぜか左に回る習性がある」**という人間工学に基づいた考え方から、スーパーマーケットも正面に向かって右側に入口を設ける左回りの動線が主流になっています。

なぜ左に回りたがるのかというと、右利きが多いので左回りの方が商品を取りやすいとか、左側にある心臓を守るために左に傾くとか、右側に重たい肝臓があるのでバランスをとるために左に傾くなどの説が有名なようですが、真実はわかりません。しかし、人間が左に向きやすいことは事実なので、こうした特性を考えて様々な戦略を決定することが重要となります。

そして、お客様に商品を買ってもらうためには、商品に気づき売場に立ち止まってもらう（立寄率）必要があります。

そのためには、大量陳列や売場パネル、天井から吊るす通称ふんどしＰＯＰ、あるいはラジカセや液晶ビデオによる音の効果を狙った方法など、インストア・プロモーション（ＩＳＰ）策をどのようにすれば効果的であるかも考える必要があります。

こうして店内のレイアウトが決定されたあとは、商品カテゴリーのゾーニング、つまり棚の配置を決めていくことになります。この時、

①お客様が商品を探しやすくするために、関連性の高い商品は近づける

②棚の高さ調整や、カラーコーディネートによる視認率の向上を考えることは当然ですが、やはり経営という観点からは、

③棚数と売上高を照らし合わせてスペースバランス、さらに、棚ごとの利益（値入額）も考慮して、ゾーニング検討時におけるＰＰＭ（商品の適性配分）に照らし合わせて決めていくことが求められます。

暮らしサプライズ

時計回りと逆回り、どちらに動いてもいいと言われたら? 人は無意識のうちに、左手が内側にくる反時計回り(左回り)を選ぶという説がある。

なぜか人は左に回る

カギは体の構造　店作りに応用も

図31　「なぜか人は左に回る」（日本経済新聞2007年10月27日）

３３６ページの図32は、標準的なコンビニのPPMを表したものです。たて軸に「販売量（構成比）」、よこ軸に「値入率」とすると、○印の大きさがこの二つのファクターを乗じた**「相乗積」**ということになります。

したがって、この○印の大きさも考慮しながら棚のスペースなどを決めていくことになります。

ソフトドリンクがドル箱の存在であることは一目瞭然で、このカテゴリーのスペース配分は自ずと広めにとられることになります。

もちろん、店頭加工品や生デザート、あるいは惣菜といった、現行は利益額が

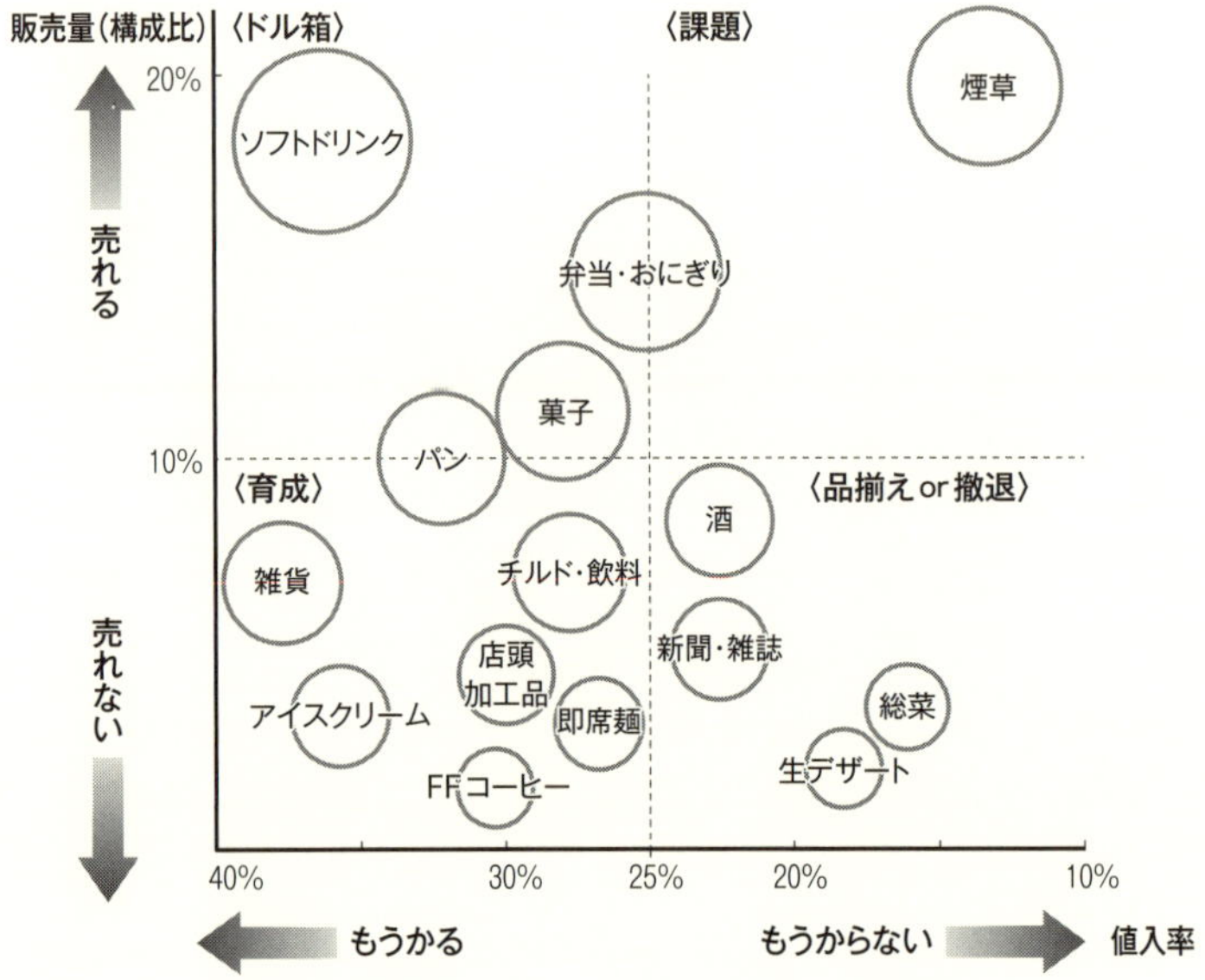

図32　標準的なコンビニのPPM分析（概念図）

少なくても、将来へ向けて育成する、あるいはお客様から話題性なども含めて品揃えを求められるカテゴリーについては、戦略的に決定していくことが求められます。

三．棚割り（プラノグラム）――商品のグルーピングとお客様の目線を考える

ゾーニングが決定したら、次は売場ごとの棚割り（プラノグラム）となります。

棚割りの基本は、お客様が、

①商品を探しやすく、選びやすい

②個々の商品の場所や、商品情報がわかりやすい

③商品の比較がしやすく、買いやすい

そして、お客様に語りかけるワクワクするような売場づくりが目標となります。

①の、お客様にとって探しやすく、選びやすくするには、お客様の購入基準に基づいた商品のグルーピングが求められます。

グルーピングの基準としては、味種、容量、価格、容器、ブランドなどが考えられます。もちろんカテゴリーによって異なりますが、ソフトドリンクなら、そうです**「温かいか、冷たいか」**で、その次に基準となるのは、容量やパッケージ、コーヒー、緑茶、炭酸、果汁といった味種・フレーバーになります。ビールならグレード別、アイスクリームならクリーム系・氷菓系のタイプ別の基準で分けられることが理想です。ところが、アイスクリームは形態別になっていますね。やはり、陳列した時の見た目の美しさも求められるということです。

この辺りのさじ加減は、いい意味で臨機応変に対応することも必要ということかもしれません。ただし、わかってやっているのと、結果的にそうなったのとでは大違いということを理解しておくことが超重要です。

グルーピングされた商品群を陳列する手法には、水平（横割り）に陳列する**「ホリゾンタル陳列」**と、垂直（縦割り）に陳列する**「バーチカル陳列」**があり、基本的な陳列は後

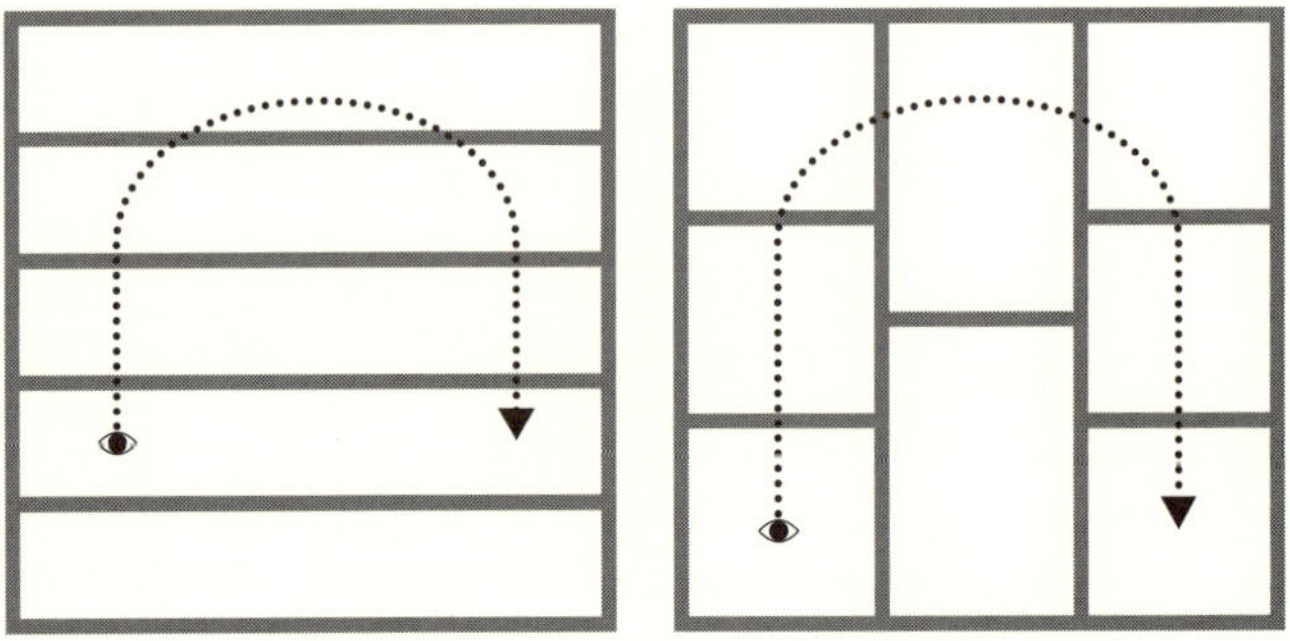

図33　ホリゾンタル陳列とバーチカル陳列

者となります。なぜなら、

①お客様が売場を左右に移動しないで商品を探すことができる

②人間は動きながらだと目線はヨコに動き、立ち止まると上下に動く習性があるので、タテ陳列の方が商品を選びやすい

③ゴンドラを目でヨコに追った時、様々なカテゴリーの商品が目に触れるので、衝動買いも誘発することができる

というのが理由です。

さて、次なるテーマは、お客様がみやすく、最も購入率が高くなる場所である**「ゴールデンゾーン」**についてです。

通常、店内を買い回るお客様の視線は、静止状態の時に比べて、やや下方になります。したがって、身長

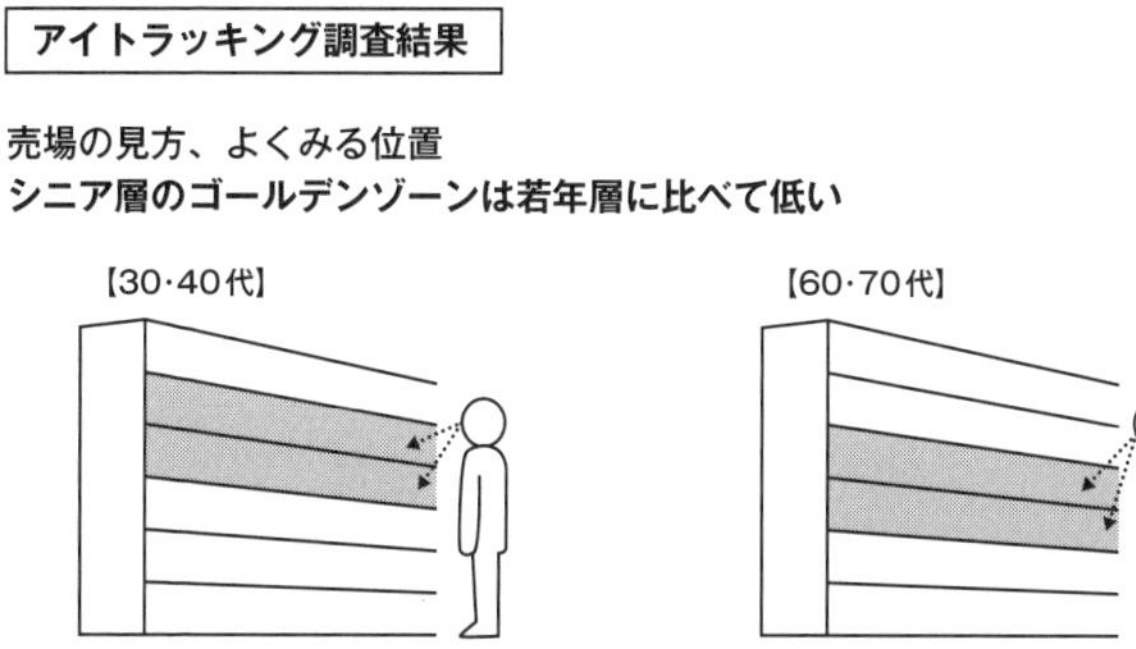

図34　年代層の違いによる目線の違い

160cm前後の主婦にとってみやすい高さは、約80～130cmの範囲で、ここがゴールデンゾーンとなり、この場所に売れ筋商品や新商品など、お客様へのおすすめ商品を陳列することになります。

ただし、量販店における冷蔵ショーケースでは、ゴールデンゾーンは最下段です。床からの高さがゴンドラ什器に比べて高く出幅も大きいので、牛乳などの特売品も大量陳列が可能で、お客様の目につきやすい売場になっているからです。

また、最近の高齢化社会に伴って、ゴールデンゾーンも変化させていく必要があります。どういうことかというと、人間は年齢を重ねてくると自然と目線が下がってくるという事実があるということです。実際、某トイレタリーのトップ企業で、当時55歳だった私が「アイトラッキング調査（売場での目線動向テスト）」を受けて実体験したところ、確実に平均より目線が下がっているという記録になりました。

POPの文字を大きくするなどに加えて、こうしたことも今後の超高齢化社会におけるマーチャンダイジングでは気配りする必要性が増えてきます。お年寄りを大事にするといいこと（店の利益が上がる）があるということです（笑）。

四．フェイシング——どの商品をどう陳列するかを考える

フェイシングとは、陳列する商品と、その商品の最前列（フェイス）を決定することです。フェイシングに関する原則はいくつかありますので、順序立てて整理していきましょう。

まず、基本中の基本の考え方が**「バスタブ理論」**です。

商品には、売れ筋で商品回転率が速いものや、あまり売れない回転率の遅いものと様々です。当然の話ですが、回転率の速い商品は欠品、遅い商品は過剰（不良）在庫にならないように、店頭在庫を考えたフェイス配分をしましょうということになります。

バスタブ（浴槽）のお湯が等しく減るように、ということで、売れる商品ほど多フェイス数にするという原則①があります。裏返していうと、フェイス数は、多くとればとるほ

ど売上高が増加（原則②）するということです。加えて、商品力（ＰＩ値）が高い商品ほどフェイス効果は高く（原則③）なります。

※ＰＩ値：Purchase Index の略で、レジ通過客１０００人当たりの購買指数のこと。来店客数に左右されず、当該店舗における「品揃え」力を判断できる数値。ＰＩ値が高いほど、購入客数の高い商品ということになる。

通常、フェイス（Ｆ）数を2倍にすると売上高は20％伸びる（原則④）といわれています。ただし、２Ｆを倍の４Ｆにすると20％伸びますが、４Ｆを8Ｆにしても20％も伸びません。１Ｆ増すごとに得られるフェイス効果は徐々に減ってくる（原則⑤）ことを、「フェイス効果逓減の法則」と呼びます。物事には限度があるということです。

もっとも意図的な方法もありますので、紹介しておきましょう。

フェイスを広くとると「衝動買い」を誘発できるという経験を、我々実務者は実感しています。ですから、飲料の話題商品が新発売されると、冷蔵ケースの一段をすべて対象商品で埋め尽くすという売り方をします。裏事情を暴露すると、メーカーからの条件も導入時に分厚く出ますので、利益もがっちり稼ぐことができるのです。

某チェーンのトップは、新商品をお客様がみて、手に取って買わなかった行為を「〇」

評価としています。店の売上げにはなりませんが、お客様へ商品情報を提供したわけですから、またの来店を期待できるというのがその理由ということです。新商品は、その役割を担っているのです。

これとは逆の見方で、フェイスを店頭の「在庫管理」と考えると、ほとんど1Fで事足りてしまうので、スペースが限られた売場では、同じ商品を2、3F置くよりも、1Fずつ少しでも違った商品を陳列する方が売上高も向上するという議論があります。

さらに、売場スペースが狭いコンビニでは、少しでも品揃えの数を増やそうと、商品をヨコにしたりタテにしたりする試みもあります。しかし、商品の陳列という観点からは、パッケージの正面であるメインフェイスが商品の顔ですから、これがみえないのは陳列されていないのと同じ（原則⑥）です。商品のパッケージ・デザインには広告宣伝効果もあるのです。お客様の目に入らなければマーケティングになりません。

人間工学的には、視線は出始めが見過ごされやすく、一般的には左から右に動き、そこで止まります。そのため、同じ棚段では右側の方がより視認性が高い（原則⑦）という**「ライトアップの原則」**があります。したがって、新商品や売り込みたい戦略的商品は、売れ筋商品の右側に陳列するということも基本となります。右利きの人が多いので、商品を取る際にも左側より右側の方がスムーズという効果もあります。

また、人間は立ち止まると目線が上下に動き、やや上目づかいになるので、経営の観点からは、値入額の高い商品は上段に、低い商品は下段に置きます（原則⑧）。ビジュアル的には、カラーコーディネートなど見た目の美しさを考慮する必要もあります。統一感を演出するには、デザイン・ロゴの基調が同じトーンである同一ブランドや同じ企業の商品を集合させることになります。

商品群ごとには、一定の基準を設けて統一感のある陳列をします。缶コーヒーを例にすると、甘さやカロリーを基準にすると、砂糖の入ったスタンダード→微糖→ブラックと商品が並んでいると、お客様にとってわかりやすい売場といえるでしょう。

また、商品を重ねて陳列する場合、二段を超えて陳列しないことや、割れやすい瓶物や大きい商品は下段に陳列した方が、お客様の心理的不安定感を取り除くことになります。

すべてはお客様視点ですから、お客様が選びやすい「売場」が基本なのです。

そのうえで、コンビニなどは毎週約150アイテムの新商品が登場するので、商品の入れ替えがスムーズになるようなメンテナンスを考えることが必要となります。市場の激しい変化に迅速に対応できる体制が不可欠なのです。

こうして、棚割りや売場演出によって、お客様が最終的に商品を購入するか否かの買上率が決まります。

以上、フロア・レイアウトから棚割りをみてきますと、

「売上高の増加＝入店率×客動（導）線×立寄率×視認性×買上率」

という数式でまとめることができ、このファクターのどれかに問題が生じれば売上げは落ちるし、逆に強化されれば売上げの増加が期待できます。

それぞれの**「段階ごとに考察」**していくと、思わぬことに気づいたり、アイデアが湧いてきたりします。漠然と捉えている時より、集中力が増して論点となる事項が明確になりますので、ぜひ試してみてください。

マーチャンダイジング・ミックス③価格戦略

一．プライスゾーン、プライスライン——高級路線か大衆路線か

価格をテーマに品揃えを分析する際は、

①中心となっている価格帯（プライスゾーン、プライスライン）
②平均販売価格

という二つの切り口で行います。

百貨店と量販店という業態を比べた場合、グループ企業のPB商品をどちらでも扱う時代とはいえ、やはり百貨店の品揃えの方がプライスゾーン、ラインは高いですよね。また同じ業態でも、成城石井やクイーンズ伊勢丹などは他の量販店より高い価格帯の商品が並んでいます。所得の高いエリアではプライスゾーン、ラインを上げて高級路線、平均的なエリアでは下げて大衆路線のプライス戦略となります。

サッカーで例えるなら、バックラインを上げて高い位置で闘う攻撃的な布陣とするか、ラインを下げて守備的とするかで勝敗は変わります。チーム（自社）の特性（強み、弱み）と、対戦相手（競合）の戦力分析、さらには、本日グラウンドに足を運んでいただいている観戦客やサポーター（顧客）がどんなサッカーを望んでいるのかなどを考えて、試合の戦略を構築するのです。

平均販売価格という切り口は、マーチャンダイジングというよりは、販売管理という領域で役立ちます。

ある分野の売上高が不振に陥った場合、様々な理由が考えられますが、〝できビジ〟はまず平均単価の下落を疑ってみてください。

平均単価100円の商品を100個販売すれば、100円×100個＝1万円ですが、単価が80円に下落すると、2割増しの120個販売しても、80円×120個＝9600円の売上げで、4％の減収になってしまいます。

ちなみに、①の中心となっている価格帯が100円で、②の平均販売価格も100円となるのが、ダイソーなどの100円ショップということになります（最近は異なる価格の商品も扱っていますが）。

二．値入額を向上させるには

続いて値入《ねいれ》（マージン）について説明します。

小売業ビジネスの基本は、商品を仕入れ、売価をつけてお客様に販売して利益を得ることです。仕入原価に値入をプラスして売価をつけることを「マークアップ」といいますが、これについてはのちほど解説します。

販売価格から仕入価格を差し引いた金額が値入額となり、これを販売価格で除した率が値入率となります。

「利は元にあり」で、値入額は小売業経営にとって極めて重要な経営指標となりますので、基本的な知識を確認しておきましょう。

値入額が増えれば、経営にとってはプラス要因になりますから、これを向上・改善させるためには、

①販売価格を上げる

②仕入価格を下げる

という二つの方法しかないことは誰にでもわかります。しかし、既に本書を読み進めてきた〝できビジ〟の皆さんは、①の方法はマーケティングからは無理筋だということはおわかりですよね。

マーケットに競合が存在する以上、その存在を無視して勝手に販売価格を上げれば、当然のことながらお客様からソッポを向かれます。したがって②の方法を駆使しなければなりませんが、これも交渉相手であるメーカーや卸売業がいますので、簡単にはいきません。もし簡単にやろうとすると、売れ筋ではない商品を押しつけられて、店頭での品揃えが一気に悪化してしまいます。それでは元も子もありません。

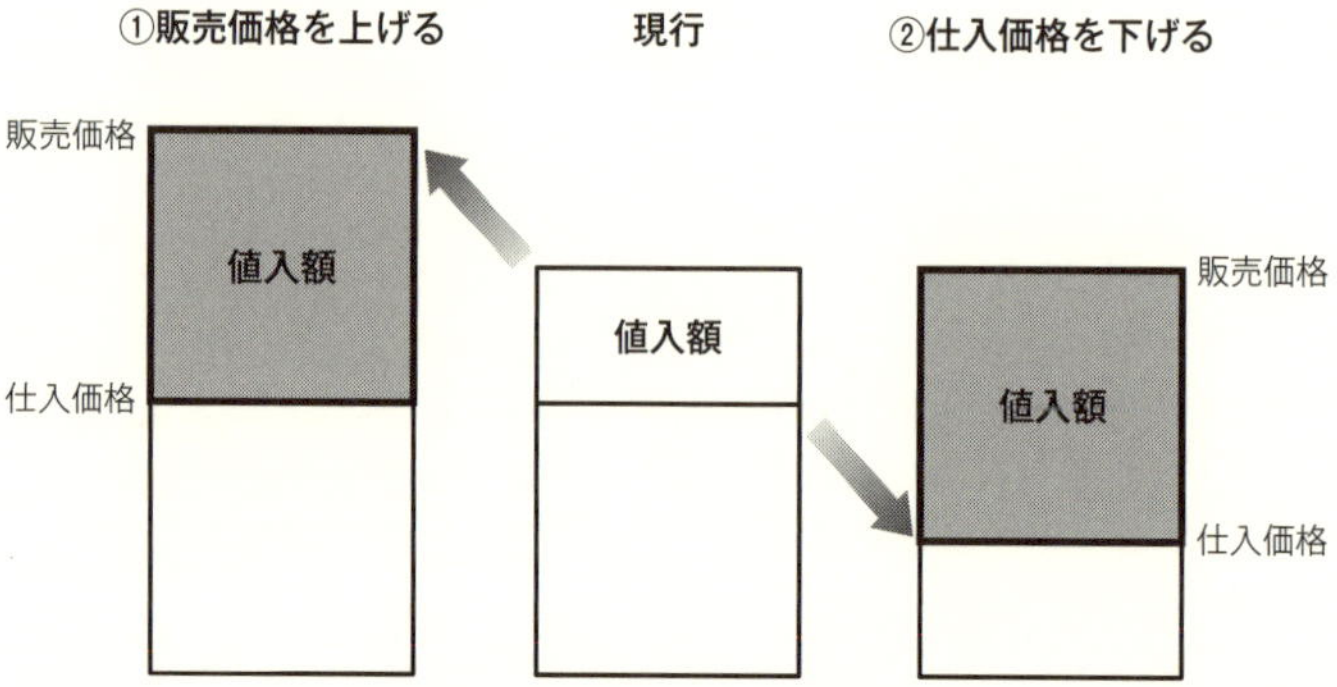

図35　値入額向上・改善策

お客様にとって魅力のある品揃えを保ちながら値入を改善するためには、

①カテゴリー別にトップブランド商品にアイテムを集約し、取引量を拡大することで納入価格を下げる

②逆転の発想で、思い切って店頭売価を下げることで、販売量を拡大し納入価格を下げる

この際、買い手である小売業側が在庫リスクを抱え、一括で大量に買い取ることを**「一括仕入」**といいます。一括仕入れをすれば、**在庫というリスク**を取りにいった分、値入額の向上というリターンを得ることができます。もちろん売れ残った場合は不良在庫を抱えるというリスクが発生します。

これに対して、必要な時に必要な量だけを買うのは「当用仕入」です。当用仕入は、小売業側に在庫リスクは発生しないので、その分、儲けは少なくなります。もちろん、在庫処分などでムダな資金、労力の流出は避けられますし、資金繰りにおいてもメリットがあります。

③メーカーにとって、新商品を市場に素早く導入することは経営の重要な課題なので、「納入初日対策」などと大義をつけて、発売の直後に特別条件を引き出す方法

④どうしても二番手以下の商品になる可能性が大ですが、ＰＢ商品あるいは留め型商品という形で商品開発し、値入額を確保する

などが考えられます。最後に、実践的な手法としては、

⑤**商品ミックス**によって、トータルの値入改善をはかる

というものがあり、これには二つの方向性があります。

一つは、値入額（率）の高い商品カテゴリーの販売構成比を意図的に高めることです。たとえば、商品カテゴリーＡ（値入率：50％）、Ｂ（30％）、Ｃ（20％）の三つがあった場合、カテゴリーＡの販売構成比を10％上げて、Ｃを10％下げることで、全体の値入率は3％改善できます。

カテゴリーＡの商品は、量販店なら店頭やゴンドラエンドに大量陳列、コンビニなら棚一段とってフェイスアップを行ったり、銀座通りといわれるレジカウンターに陳列するこ

とで露出度を上げます。

値入率の高い商品の購買比率を意図的に高めることで、ある程度は改善することはできます。

もう一つは、メーカーや卸売業にとっても、売れて儲かる商品もあれば、イマイチ儲からない商品もあるので、これらを組み合わせて仕入れることで、トータル的な利益を合わせるという方法です。

テレビ業界などでもよくある話で、タレント事務所が新人タレントを売り込むために、既に人気のあるタレントと「抱き合わせ」で出演交渉するようなイメージです。世の中すべてがこちらにとって都合のいいようになるわけではありません。近年は少なくなった取引ですが、Give and Takeです。Take Take Take では話が進みませんからね。

他にも、強引に押したり、押してもダメなら泣きを入れる、なんて方法もあります。

おっと、話が少し下品になってしまいました（笑）。

価格について〝できビジ流〟のアカデミックな手法に話を戻します。

そのためには「価格の建値構造」についての理解が必要です。このテーマは少し難解ですが、辛抱してついてきてください。

単位：%

カテゴリー	値入率	販売構成比
A	50	30
B	30	30
C	20	40
全体の値入率	32%	

→

販売構成比	増減
40	＋10
30	—
30	▲10
35%	3%アップ

図36　商品ミックスによる値入率改善策

三．価格構造の基礎知識

(1) 建値制とメーカー希望小売価格

通常販売されている商品の価格を定番価格といいます。この価格はどの店もほぼ一緒ですよね。厳密に比べると違いはありますが、全般的にはほぼ一緒です。

オープン・プライスなんてコジャレた概念が登場しましたが、横並び志向の強い日本の市場にはなかなか馴染みません。なぜかというと、かつてメーカーが流通の主導権を握っていた時代に**「建《たて》値《ね》制《せい》」**という制度を導入していたからです。これは、メーカーが卸売業や小売店の利潤をあらかじめ見込んで、最終小売価格も含めて流通段階での価格を決めておく制度です。

この際、メーカーが小売業に対して、最終小売価格の値段変更を認めず定価で販売させることは「再販売価格維持行為」といいますが、自由で公正な競争を阻害し、消費者の利益を損なうために、独占禁止法で原則違法とされています。

本書の第一章で学んだように、コンプライアンスという概念から法律は守らなければなりません。法律は守らなければなりませんが、長年の商慣習も続いていますので、メーカーが最終小売価格を強制ではなく「希望」という形で数値を提供することになります。

これが「メーカー希望小売価格」です。

(2) メーカー希望小売価格の建値構造

354ページの図37は、メーカー希望小売価格(実際に販売されている店頭売価)がどのような構造になっているかを示したものです。

まず最初に、大前提となる質問ですが、

「この商品のお金(メーカー希望小売価格)は誰が出していますか?」

もちろん正解は「消費者(お客様)」です。

お客様が店頭で100円の商品を買う時、お客様がレジで100円を支払うのですから当然なのですが、やれ値入だリベートだと話しているうちに、これがわからなくなってくる人が結構います。

消費者が出した１００円というお金を、メーカー、卸売業、小売業が分け合っているのですが、そこで、１００円をどうやって分けるかが問題となります（もちろんマーケットには競争があるので、メーカー希望小売価格の１００円は80円や70円に減りますし、滅多にないことですが１１０円に増えることもあります）。

ある商品の、メーカーが製造する原価は、どこに売ろうが誰が買おうが、すべて同一価格です。この製造原価には、原材料、労務費などが含まれています（販売管理費なども発生しますが、便宜上割愛します）。

そして、ここから先で、消費者からいただいたお金を流通三者によって分け合う（奪い合う?）ことになります。

まず、メーカーは売り先によって利益の幅を変えます。卸売業も同様で、より利益を拡大、図37でいうと「上へ押し上げよう」とします。もちろん小売業も黙っていません。買い手という立場を使って交渉力を高め、利益（値入額）を拡大させる、つまり「下へ押し下げよう」とします。

お金は空から飛んできませんので、ゼロサムの原理で、誰かが利益を拡大（得をする）すれば、誰かの利益が圧縮（損をする）されます。

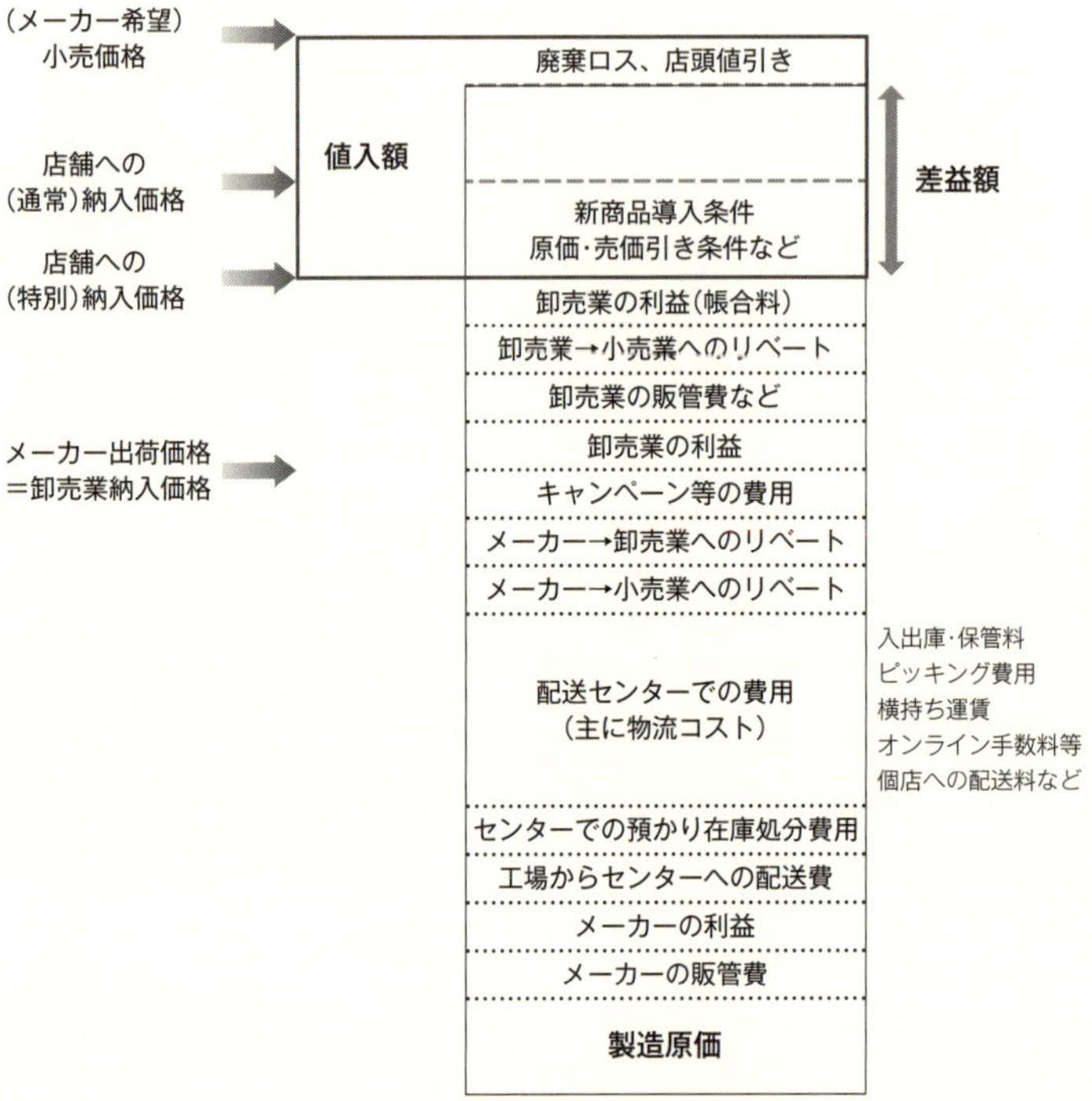

図37　メーカー希望小売価格の建値構造（例）

（3）SCM（サプライチェーン・マネジメント）——みんなで利益を生み出そう！

図37のメーカー希望小売価格の建値構造には、メーカー、流通業（卸売業・小売業）の利益だけでなく、様々なコストが含まれています。

そこで、三者が相対して限られた利益を奪い合うのでなく、協力して流通のトータル・コストを引き下げることで利益を生み出していこうということで登場してきた考え方が、**ＳＣＭ（サプライチェーン・マネジメント）**です。

これは、供給業者から最終消費者までの一連の流れを見直し、プロセス全体を効率化、最適化する経営管理の手法で、もう少し噛み砕いていうと、メーカーへ原材料などを供給しているサプライヤー↓メーカー↓卸売業↓小売業↓（消費者）までを一つのチェーンと捉えて、この全体の利益を最大化しようとする考え方です。具体的には、ＩＴによる情報技術によって、小売業のＰＯＳデータなどで需要を予測し、発注・生産・物流・販売などを計画的に遂行していきます。

これが実現できれば、まさにＷＩＮ‐ＷＩＮの関係が出来上がり、三者の分け前（利益）も向上していくということです。

１９８０年代にアメリカのウォルマート社とＰ＆Ｇ社で構築したＥＣＲ（Efficient Consumer Response）という、メーカー・卸売業・小売業が連係して流通を効率化することにより、消費者の低価格志向に対応するという手法もあります。

日本では、独自の商慣習や取引ルールの不透明性から、ＳＣＭの方が一般的になっているのが現状のようです。

ところが、東日本大震災の時は、日本全体のサプライチェーンに影響が出ました。その一例として、食料不足の状況に対して、カップ麺の供給が思うようにいかない事態が発生したのです。これは、超近代化された配送拠点の自動倉庫が動かなくなったことに加えて、今まで効率化を求めて集約化をはかってきたことが裏目になり、原料供給が完全にストップしたことが要因でした。

私もカップ麺のオリジナル商品供給に携わる立場にありましたが、カップ麺に使用する乾燥かまぼこは、福島にある企業で集約して製造していたため、震災の影響でこの原料がなくなり、カップ麺が製造できないという事態が生じてしまったのです。

「かまぼこは中国に生産依頼していますが、今少し時間がかかります。かまぼこ抜きならできますが、いかがいたしましょうか？」

という取引メーカーの声が、今でも生々しく私の耳に残っています。

合理化という命題から集約一本槍で進めてきた生産・物流拠点も、リスク管理という点からは分散する必要性も検討するべきだということが、この時はいわれました。

四．販売価格の実践——値上げ策と値下げ策

価格に関する実践的で重要なテーマとして、「値上げ策」と「値下げ策」があります。

どちらも、消費者が購入する店頭での価格ということですが、実際に販売されている価格には、「定番価格」と「特売価格」があります。

お客様が通常いつでも買えるのが定番価格です。これに対して、チラシ特売価格や月間中目価格などで、お客様に定番価格より安く商品を提供するのが「特別」に売る価格、つまり特売価格です。

さらに、従来型のハイ&ローの特売に対して、「Every Day Low Price（エブリデイ・ロープライス）」通称ＥＤＬＰの登場です。何かコジャレた感じに体裁を整えていますが、この名目で安く販売している価格は、紛れもなく定番価格です。特売価格というのは、特別な価格の略ですから、いつ訪店しても買える販売価格は、つまり「定番価格」なのです。

ＥＤＬＰの話が出てくると少し複雑になるので、ここではこの程度に留め、一般的にいわれている定番価格、これを上げるのが「値上げ策」、下げるのを「値下げ策」と捉えて話を進めます。

①値上げ策

「消費者の価値＝品質÷価格」という公式を思い出してもらうと理解しやすいのですが、

値上げ策は慎重に行う必要があります。世間では結構都合のいいようにいっている人がいますが（失礼）、〝できビジ〟の皆さんは騙されてはいけませんよ。公式をよーくみて考えてくださいね。

値上げは、品質の数値が同じ状態で価格を上げることですから、確実に消費者の価値は下がります。消費者の価値が下がれば、購買量は減ります。値上げによって単価は上がりますが、競合にお客様を奪われたら、企業にとっての収入は減少してしまいます。

お客様を大切にしなければ、ソッポを向かれて収入が減少する。つまり、消費者価値を安易に下げることはできないのです。

だからといって価格を据え置くと、原料の高騰などがあった場合、経営の公式「利益＝収入－コスト」から、利益が確保できずに企業の存続が危うくなってしまいます。

そこでひと工夫したのが、実質上の値上げ策です。

具体的には、売価を据え置いて容量を減らす方法です。一容量（g、㎖）単位の価格である**ユニットプライス**の値上げということになります。

消費者からすると、前回買った購入金額は記憶に残りやすいのですが、容量までキッチリ覚えていることは滅多にないと思います（昨今の消費者はそう甘くないですかね）。

もっとも、この方法はメーカーにとってもあくまでも苦肉の策です。商品開発に携わったことのある人なら知っていますが、容量を減らして原材料を削減しても、開発費用や資材のロットなどで、一単位当たりのコストはそれほど下がらないのも事実です。

やはり、品質を向上させて価格も上げていく方策が、ハードルは高いですが王道です。

ではここで、簡単な質問をします。

「同じ農園で同じ時期に収穫されたリンゴをかご盛り販売で、3個で80円と、4個で100円で販売した場合、どちらが売れますか?」

もちろん、4人未満の家族でそんなにたくさん必要ないという主婦は前者を買うと思いますが、どちらかというと、20円プラスするだけで4個買える後者を選びますよね。

つまり、価格は「ユニットプライス」で考えるべきだということです。

ユニットプライスの算出方法について確認しておきますが、たとえばリンゴ1個が10gとしたら、

前者は、80円÷30g＝2円67銭／g

後者は、100円÷40g＝2円50銭／g

となります。

食品はユニットプライスで考える場面がしばしば登場してきますので、しっかりと頭の中で整理しておいてください。

②値下げ策

値下げ策は、諸刃の剣となります。

競合相手と同じ程度の品質のものであれば、1円でも安い商品が消費者価値を上げますから、その分、販売数量は向上します。しかし単価は下がるので、値段を下げた比率以上の数量が売れなければ収入全体は増えません。

実際よくあるケースが、10%価格を下げて、5%だけしか数量が増加しないパターンです。当然、値下げ前の売上高、利益額まで確保できませんよね。

もっとも、競合相手も利益が減っているので、これをどんどん進めて相手を完全にノックアウトさせれば、すべて奪い取ることができて数量も飛躍的に増加します。まさに「肉を切らせて骨を断つ」って感じですかね。

ところが、敵も肉を切らせてきますし、市場には第三、第四の敵が参入してくるので、現実的には単なる値下げ策はおすすめできません。

そこで考えられる秘策があります。

まあ〝秘策〟というのは大袈裟ですが、単品の単価は下がったとしても、買上げ点数を上げることで、お客様1人当たりの購買単価を上げようとする方法です。具体的には、**クロス・マーチャンダイジング**や衝動買いの誘発などがありますが、詳しいことは次の「インストア・プロモーション」の項で説明します。

マーチャンダイジング・ミックス④―ISP（インストア・プロモーション）

一．値引けばいいってもんじゃない

プロモーションは日本語にすると「販売促進」ですから、お客様の購入（売り手からすれば販売）を促す策ということです。

プロモーション戦略は、メーカーがマスメディアなどを使って行うのに対して、小売業の場合は自前の店舗があるので、店内つまりインストアのプロモーションが中心となります。テレビＣＭ投入なども行いますが、お客様との接点である「売場」を持っているわけ

ですから、投資効率も考えあわせると、断然インストアに力点を置くべきです。

それでは、具体的な内容をテーマごとにみていきましょう。

インストア・プロモーションは、大きく分けると「価格主導型」と「非価格主導型」になります。

前者の代表的なものには、チラシ特売やエンド特売などがあり、後者はデモンストレーション販売（通称デモ販）、消費者プレミアム、ＰＯＰ、様々な陳列による売場演出などが挙げられます。

価格主導型は、文字通りお客様へ「価格」の魅力を訴えて購入を促します。手法としては、チラシ特売が主流で、掲載した商品を店頭や店内のゴンドラ・エンドなどに大量陳列してＰＲします。

アメリカのウォルマートが始めたＥＤＬＰ（エブリデイ・ロープライス）は、ハイ＆ローのチラシ特売と違って、いつ訪店しても魅力ある価格を売りにしています。いずれにしても、ＮＢ商品であれば、どの店でも品質は同一（同じ商品ですから当然ですが）ですので、競合店より１円でも安いことが、「価格」面だけ捉えれば勝負の分かれ目になります。何度も顔を出すお馴染みの公式、「消費者の価値＝品質÷価格」を思い出してくださいね。

十数年前に私がメーカーから小売業へ転職した時、ある商品の売価を125円にするか128円にするかの論議がありました。私は3円の差であれば価格弾力性はほとんどなく、3円の利益を享受できる128円の方が得策であることを主張しました。すると、流通業界でも有名だった私の上司である商品本部長から、

「おまえの考え方はやっぱりメーカーやな。いいか、競合相手より1円でも安く売るのが小売業や！」

と一喝され、長年にわたってメーカーに所属していた私は、少なからず流通業の厳しさを痛感したのでした。

ただし、価格競争は体を止めての打ち合い状態という体力勝負になるので、最終的には両者共倒れになる危険性もあります。

現実的には、背に腹は代えられない局面は確かにあります。しかし、企業を維持していく（ゴーイング・コンサーンです。覚えていますか？）ためには、一定水準以上の利益を確保することが必要となるのです。

顧客にも様々な人がいて、チラシ特売品だけを買い漁るチェリーピッカーだけでなく、

お店をいつもひいきにしてくれるロイヤルカスタマーもいます。利益の源泉は、そうしたお客様に買っていただく売価の中にあるわけなので、無策に値引き販売に頼り過ぎることは避けるべきです。

二．非価格主導型インストア・プロモーションは工夫が大事

①POP

というわけで、価格主導型よりも非価格主導型のインストア・プロモーションが重要となってくるわけです。

非価格主導型のインストア・プロモーションで頻繁に行われる手法に、ＰＯＰがあります。「Point of Purchase（購入する）」の頭文字をとっての略で、ＰＯＰは店頭でのお客様の購買意欲を喚起するために、各種の商品情報を提供する役目を持っています。お金をかけずに即効性があるということではＰＯＰは絶大な威力を発揮します。

最近は、無機質な全国統一のＰＯＰではなく、個店レベルで手作りにより作成する、ぬくもり感のある〝コト情報〟を盛り込んだＰＯＰがトレンドです。もちろん、売場に立ち止まってくれたお客様が、実際に商品を購入して初めて売上げとなるので、商品特性、品

質の安全性や賞味期限、使い方、本日の売価など「基本となる商品情報」がわかりやすく表示されていることが重要です。

加えて留意しなければならないのは、いくら情報提供が大切といっても、ものには限度があるということです。

小売業の販売会議で、

「この商品はどうやって売り込むんだ」

という問いに、

「商品の機能を明確にした、お客様の心に響くコト情報ＰＯＰで対応しまーす」

なんて答えて、売場がＰＯＰだらけになってしまうことがあります。

そのような状況の中、メーカーが投入するテレビＣＭの内容と連動したＰＯＰは絶大な効果があります。私はこれを**「テレビCM連動POP」**と名づけました。この手法を使えば、メーカーが数億円単位で投資するコストを享受することが自然と可能になります。こんなチャンスを活かさない手はないのですが、売場を持っている小売業側はそれに気づいていません。

私はこの手法を今から数年前に導入し、実施前に比べて２割近く売上げを上げることができました。当時、絶大な人気を誇っていたあやや（松浦亜弥）がイメージキャラクターになっていた、キリン「午後の紅茶」が最初でした。

POPの作成代は数十万円のコストで収まります。あとは、数億円の費用をメーカーが投入するテレビCMに乗ればいいだけです。これを使わない手はありませんよね。メーカーとしても、店頭想起の観点から大歓迎の手法です。

ところで、高齢化社会に対応するために、POPの文字は大きくしましょう。特に売価は、商品情報の中でも最も重要な要素なので、パッとみてわかることが必須です。

コンビニでのお客様の滞在時間は、平均して約2分30秒といわれています。この短い時間で、お客様は最終購買までを行うわけですから、当然のことながら**「わかりやすく、選びやすい」**売場でなければなりません。「3分一本勝負！」ですから、一発でわかることが必要不可欠です。

②メニュー提案

主婦の方々がスーパーで買い物をする際、2〜3割の人たちしか、店内に入る前までに夕飯のメニューを決めていません。言い換えると、7〜8割の人たちが店内でメニューを決めていくということになります。

毎日毎日、食事のメニューを決めていくことは、主婦にとっては大仕事だと思います。ですから「メニュー提案」という手法はインストア・プロモーションの中でも基本中の基本だといえるのですが、この手法は売上高を即効的に拡大できないために、チラシ特売に押されているのが実態です。

私がメーカーに入社した三十数年前、工場の合理化で営業部門に配属異動になってきた方が、「手作りボード」を作成し、メニュー提案を企画しました。営業歴が長い大先輩たちは、チラシ特売と比べて効果性は低いとして、最初は冷ややかにみていました。ところが、この手法が取引先から大好評で、売上実績も伸ばしたのです。

「お客さんは店でメニューを決めているのだから、そこ（店内）でメニューを提案すれば、売上高は伸びるべぇ」

と平然といっていた佐藤先輩の言葉が昨日のことのように思い出されます。

ちなみに、メーカーがテレビＣＭなどの限られた時間でメニュー提案をすることはハードルが高いことでしたが、最近では永谷園の「松茸の味お吸いもの」を使ったパスタをはじめ、ホント上手に提案をしていますよね。こうした需要は、東日本大震災後の「内食が増加した」という背景でさらに強まっていると思います。

ところで、この「メニュー提案」というテーマでテレビCMに初めて登場したのはなんだったと思いますか？　私が記憶している限りでは、サントリーの、

「ブランデー、水で割ったらアメリカン」

です。今から40年近く前の話なので〝できビジ〟の皆さんは知っているわけありませんが、当時ブランデーはストレートかロックで飲むのが常識で、水割りは「超カッコ悪い、邪道」という感じでした。そんな中「アメリカン」という名称をつけることで、むしろ格好いいイメージまで植えつけたサントリーの広告宣伝力には、今さらながら恐れ入ります。

③クロス・マーチャンダイジング

メニュー提案と同様に、価格に走らず利益改善にもつながる手法として、クロス・マーチャンダイジング（クロスMD）も有効です。

これは、関連する商品が隣接していることが必要条件になります。たとえば、豆腐売場にチューブの生姜、野菜売場にスライスチーズなどなど、アイデアはいくらでも出てきますが、同じ売場内で陳列されていることが不可欠です。

これに対して、コンビニでよく企画されるチキンの唐揚げ&ドリンクなどのセット販売は、同時購買が1~2割程度に留まります。なぜかというと、売場面積30坪程度といっても、クロスする商品同士の場所が離れてしまっているからです。

この点に留意して企画することが肝要です。

なお、このクロス・マーチャンダイジングも進化してきており、ワインとつまみの缶詰なんて当たり前で、缶詰&レシピが掲載された雑誌という、ハードとソフトをクロスさせる企画もみかけるようになってきています。

④試食販売

食べ物を販売する時、口で説明するより実際にお客様に食べていただいて、味や食感などを納得したうえで購入してもらうのが「試食販売」です。「百聞は一見にしかず」効果は抜群ですし、マネキンとのコミュニケーションを通じて、お客様は価値ある消費者情報を入手することもできます。

課題となるのは、販売量の割に、マネキンの人件費やサンプル代などの経費がかかるということです。

マネキン代を削減するためには、ケースに試食品を入れてお客様に自由に食べていただく方式も考えられますが、この場合、試食品が乾いたりしたら直ちに交換しなければなりません。味の落ちた商品をお客様に食べさせることは、逆プロモーションでマイナス効果になるので要注意です。

試食販売で私が個人的に思い出すのは、今から50年ほど前（古くてスイマセン）、伊勢丹新宿店で、焼いたトーストにバターを塗り、その上に海苔をのせた試食です。当時はこの和洋折衷が珍しく、こんな食べ方もあるんだと驚きました。しかもどえりゃあ（名古屋在住延べ10年です）美味しかったので感動しました。

同じ費用をかけて実施するのであれば、お客様の心に響くような試食販売を心がけましょう。

三．商品陳列での演出方法

①陳列の基本

陳列の基本は、売場でお客様に立ち止まってもらうための「視認性」が決め手となります。また、日々の商品マッサージによって、いい状態を維持していくことも重要です。

具体的な内容としては、
・ボリューム感を出すために、前進立体陳列（前出し）
・商品の正面をきちんと揃えるフェイス・アップ
・日付管理から先入れ先出し
ということになります。この基本ができて初めて、次のステップにおいて付加価値のついた提案が可能になります。

お客様が求める話題の「新商品」や「季節商品」など、エンドを使ったボリューム感のある大量陳列、鮮魚や果物は豊富な陳列によって鮮度感が演出されます。陳列の仕方によって、商品に対する魅力度が変わるということです。

そういう意味で、陳列はプロモーションとして機能しますし、お客様に語りかけるストーリー性やカラー・コーディネートも必要となります。

また、一見きれいにみえる陳列でも、留意しなければならないこともあります。その一例として、ラックを使ったワイン売場を思い浮かべてください。ワインをヨコにして置くと1～2本売れただけでラックだけの欠品状態になってしまいます。これでは、お客様が一番不満に思う状態を作り上げてしまうことになります。1本売れたら即補充する、高水

陳列したばかりだと美しい売場ですが、

4～5本売れただけで（補充がなければ）、歯抜けの状態に

図38　ワイン売場の留意点

準のオペレーションを実践してこその演出となります。

また「陳列」というと集合陳列のテーマが主流になりますが、いわゆる単品での陳列技術で感心させられた事例をご紹介します。

図39は、私がMD時代に、とある卸売業のルートセールスの方が並べた、ロッテのアイスクリーム「クーリッシュ」の陳列です。一見すると超地味なのですが、実際に自分でやってみるとわかります。素人にはできません。まさに、陳列〝技術〟ですね。

②値頃感のあるジャンブル陳列

ジャンブルというのは「ごちゃまぜ」という意味です。

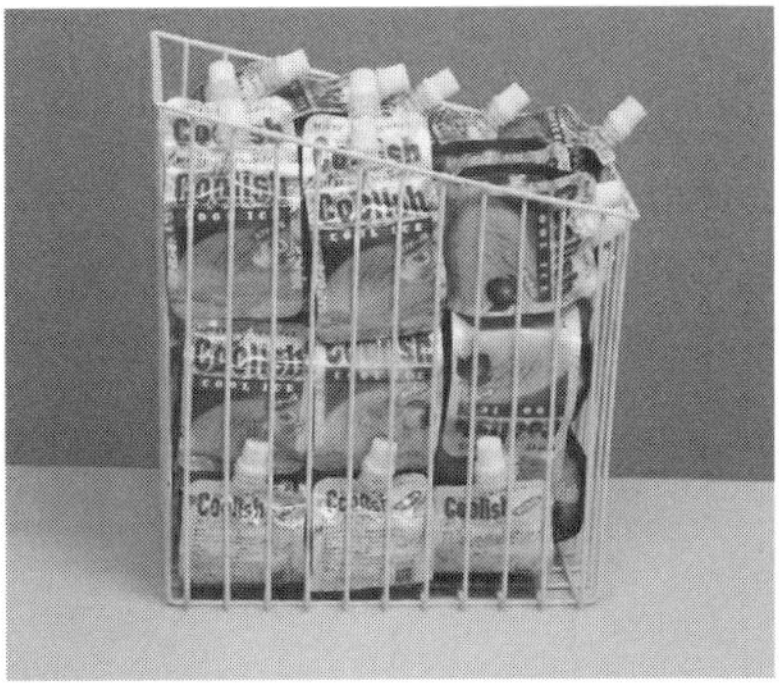
図39　クーリッシュ陳列方法

何種類かの缶詰などを集めて、カゴの中に無造作に投げ込んで陳列することで「値頃感」を演出します。商品はバラエティに富んでいる方が、お客様の買上げ点数を増やします。ただし、同じカゴの中では、お客様が買いやすいように、商品の価格はすべて同一である必要があります。

この手法は、量販店ではいわゆる「ついで買い」を誘発する一般的なものでしたが、私はこれをコンビニでも、と数年前に採り入れてみました。

当時は、「狭い通路の邪魔だ」とか「100円という安い缶詰が並ぶと惣菜が売れなくなる」などの批判が出ましたが、酒のつまみ需要など、お客様の支持を得ることができました。

特に、東日本大震災後は、

・近場の店や家に帰って食事をした方が安心できる

・主婦層が、コンビニにもおかずになる品揃えがあって、思っていたほどには価格が高くないことに気づき、消費者のライフスタイルや購買行動が大きく変化した

図40　缶詰をジャンブル販売したイメージ図

ということで、ジャンブル陳列もコンビニでの一般的な販売方法に認知されたのです。

缶詰という商品などはしばらく低迷しており、あまり脚光を浴びていませんでしたが、おかず需要やら家飲み需要やらで復活しています。今やK&Kの「缶つまシリーズ」なんて凄い人気です。やはり小売業は「環境対応業」なのですね。

マーチャンダイジング・ミックス⑤ーISMとの関係

すべての知識が出揃ったところで、マーチャンダイジング・ミックス（MDミックス）と、インストア・マーチャンダイジング（ISM）の相関関係を私流にまとめると、図41のようになります。

いかがですか？　様々なファクターは単独で完結して

いるのではなく、相互に絡み合いながら成立しているということがわかりますね。

たとえば「プライスゾーン・ライン」というファクターは、文字通り「価格（プライス）」のテーマであると同時に、客層に対する「品揃え」を考える時の検討課題でもあるのです。

また、ＭＤミックス側からとＩＳＭ側からとではアプローチの仕方が異なりますが、同じテーマとなることも確認できますよね。

こうして体系的な図にまとめることで自分の頭も整理されていきますので、〝あなた流〟に作成してみてください。全体像を捉えることが習慣化されると、理論的な考え方が鍛えられますし、第三者と話している時も、**「どこが論点になっているか」**が明確になるので（現実の社会では、論点が定まらないケースが嘆かわしいくらい多いです）、行き違いや誤解が減り、中味の濃い改善策が検討されます。ぜひ試してみてください。

小売業の〝魔法の杖〟売上高分析ツリー

小売業における売上高の分析方法をご紹介します。これを知っていると便利ですよ。

「君ぃ、なんでこんなに売上げが悪いんだ！」

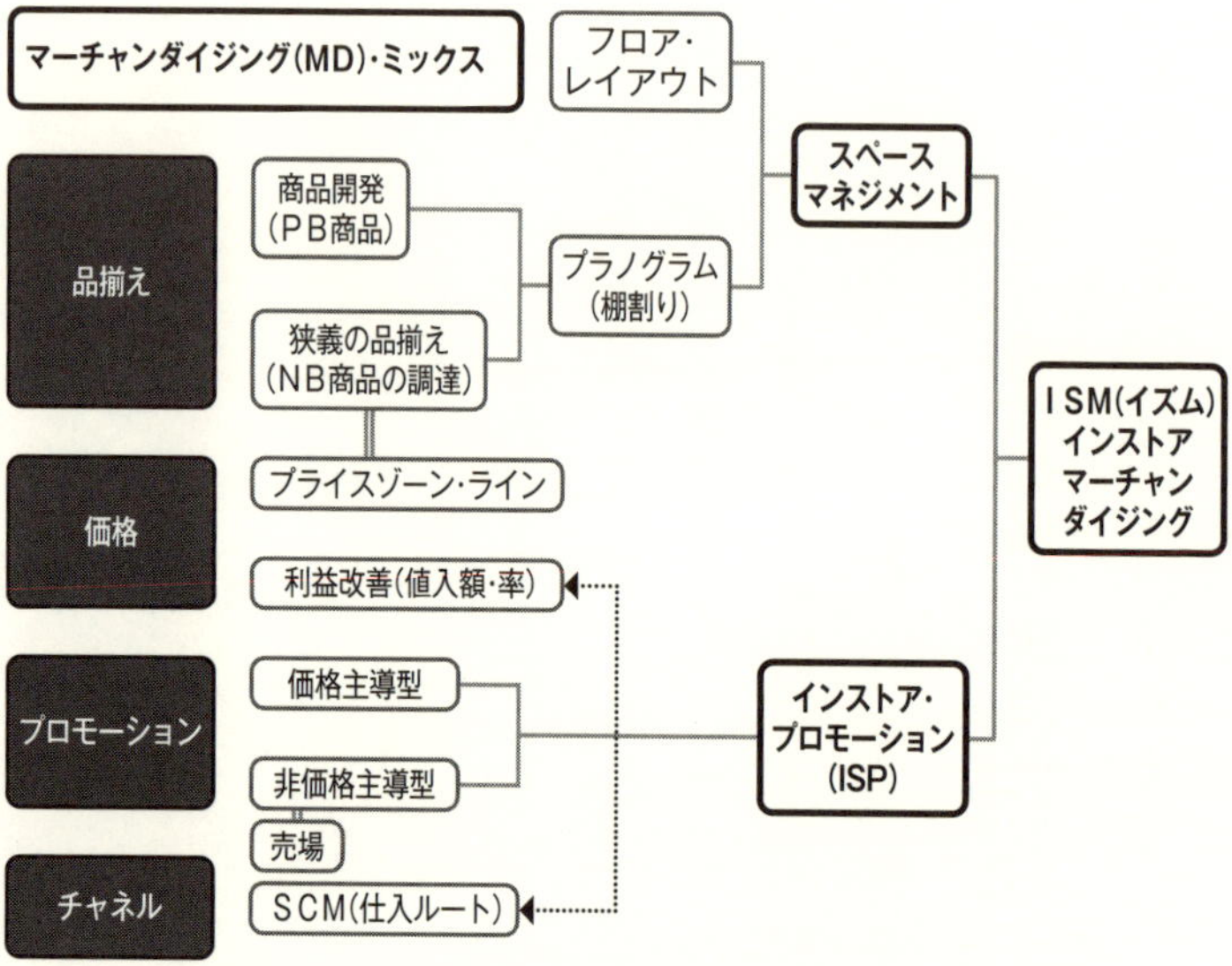

図41　MDミックスとISMの相関関係（私流の解釈に基づき作成）

なんて怒鳴られたり、

「君はこの事態をどう考えているんだね」

なんて嫌味をいわれると、

「とにかく厳しいです。一生懸命に頑張ってはいるのですが、なにぶん、お客様が安いものしか買わずに困っています」

なんて答えていませんか？　これでは〝できビジ〟からはほど遠いといわざるを得ません。しかしこんな時、これから説明する**「売上高分析ツリー」**を思い出せば、こんなふうに答えられるようになるのです。

「お答えします。要因としては、昨年度

と比較しまして、来店客数はなんとか維持しているものの、デフレ等の影響からお客様の購入単価が10％程下がり、売上高が前年対比90％に留まる結果となっております」

「で、今後はどうするんだね」

「それにつきましては、まず来店客数の維持をはかりながら、下落している購入単価を上げるための方策として、関連商品のセット販売を実施します。つまり、一人当たりの購入個数を増やすことで購入単価を10％上げるのです。また、企画の趣旨をお客様によりわかりやすくするために、関連商品ごとに統一のＰＯＰを作成し、店頭訴求をはかります。厳しい状況は続きますが、今回の販売結果次第では、別のカテゴリーへの拡大も検討していきますので、ぜひ、部長のご支援もよろしくお願いいたします」

どうです、完璧でしょ。最後の部分、上司への依頼も大事ですよ。上司を上手に使うのも〝できビジ〟にとって大切な要素です。私はできなかったので出世しませんでしたけど（笑）。

では、「売上高分析ツリー」の説明をしますが、その前に「分析」という手法について触れておきましょう。

本質論からいうと、本来の分析には**「工学的アプローチ」**が必要です。工学的アプローチとは、以下の3点を含む考え方です。

①因果関係（何を、どうしたら、どうなる）を、感覚でなく明確な言葉で表現する

②できる限り因果関係を定量的に把握する

③より積極的なノウハウの構築のために、「仮説」→「検証」型プロセスを活用する

つまり、結果が出る前に③の仮説がないと、分析できるわけがないのです。ところが、この**「仮説を立てる」**ことが超タイヘンです（このあとのコーヒータイムを読んでください）。そこで、テクニックを使って乗り切りましょう。

「分析」というのは**「分解」**することと思えば気が楽になります。中学校の数学で習った因数分解を思い出してください。因数分解とは、いくつかの因数の積に分けることです。数学嫌いの人を混乱させることになりますが、要するに、課題となっている大きな要因（因数）から段々と小さい要因へブレイクダウンすればいいだけです。分解した数字を、業界の平均やライバルである競合他社、あるいは自分の過去と比べることで、○△×の評価ができます。

では、どうやって分解していくのか。これは概ねパターンが決まっているので、テーマごとに体系的に理解できれば簡単です。

ただし、分析だけ立派でも企業に利益をもたらすことはできません。分析したあとには、その課題となる改善策を考える必要があります。

「また一つ、やることが増えたなぁ……」と思ったかもしれませんが、安心してください。この「売上高分析ツリー」は、問題・課題と要因を体系的に構造化してあるので、そのまま**「売上高向上策」**としても使える〝魔法の杖〟なのです。

この超便利なツールは、381ページの図42になります。

売上高を大きな要因で表すと、

「売上高＝来店客数×1人当たりの購入単価」

となります。

ここで、前提となる来店客の解釈について整理しておきましょう。来店しただけで何も購入しないお客様もいるので、厳密には来店客（数）という表現も的確ではないのですが、業界でも、「来店客数＝実際に商品を購入、POSレジを通過した客数」という捉え方をしています。店に入っただけのお客様は、文字通り「入店客数」で、両者の関係は、

「来店客数＝入店客数×購入（買上）率」

という数式で表せます。

よく考えると、入店する客も来店する客も同じ行動を意味しています。要するに、店に入った（来た）だけのお客様の数を掌握することは不可能なので、便宜上の区別と考えてください。正確に表現するなら、来店客数ではなく購入客数となるのでしょうが、慣習に従って、この定義で話を進めます。

ということで、売上高はＰＯＳレジを通過した来店客数に、購入していただいた金額（購入単価）を乗じた数値となります。

ここで、この分析（分解）に入る前に、お客様が入店するまでのプロセスについても整理しておきましょう。

入店客数は、「店頭の通行者数×入店率」となります。当然のことながら、店頭の通行者数は、店舗がある場所によって変わります。駅前や繁華街、あるいは人が集まるイベント会場の近くにあれば、自然と数値が上がります。逆に、人口の流出が激しい地方都市や、斜陽化した産業の工場跡地などは残念ながら数値が下がります。

こうした意味も含めて、「小売業は、立地産業である」といわれているのです。この数値の上下によって売上高が左右されることになりますし、一度出店してしまったら、その店舗の環境を変えることは容易にできません。したがって、出店前の店頭調査やＧＩＳ

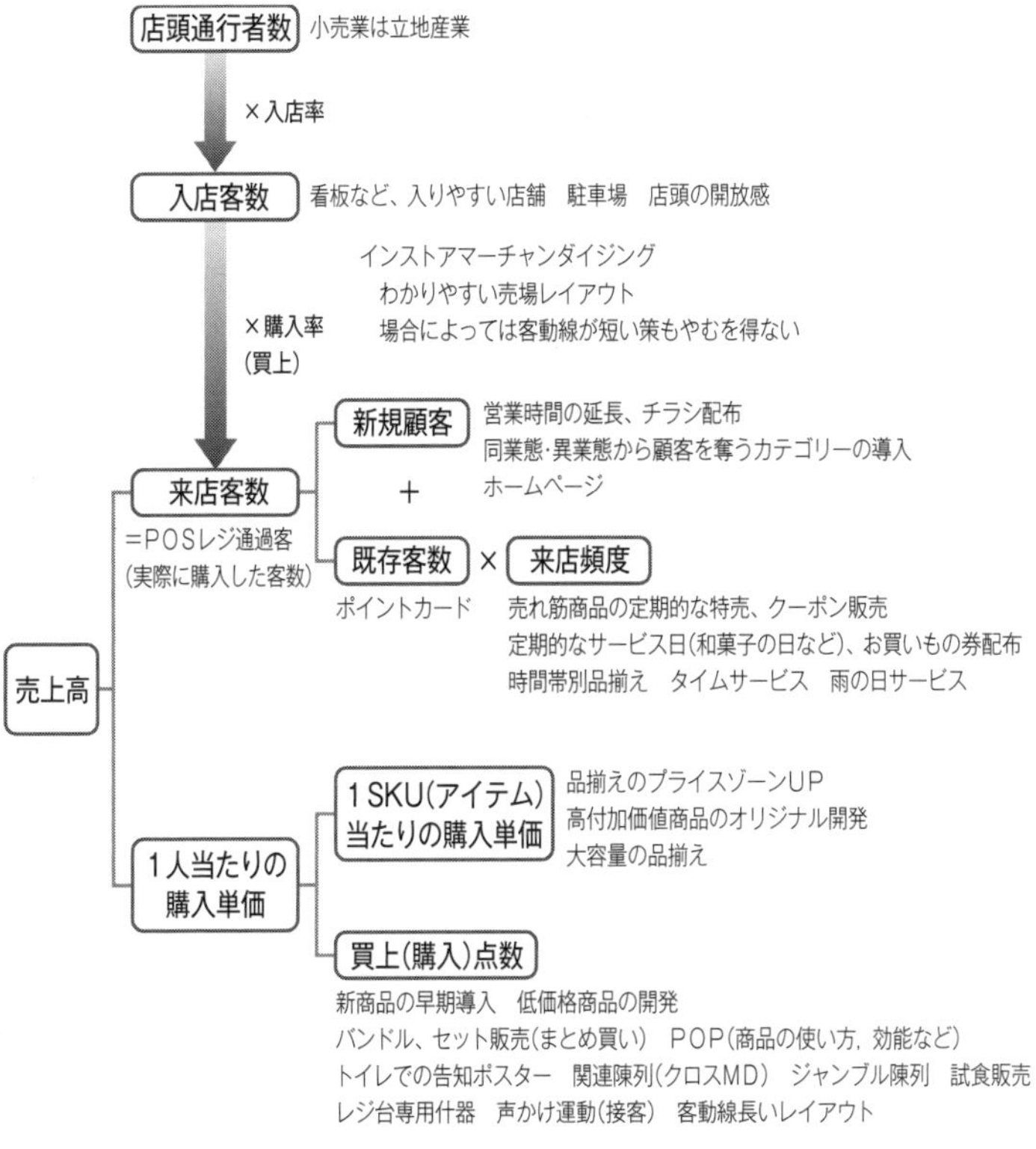

図42　売上高分析ツリー（小売業版）

データ分析などは極めて慎重に行う必要があります。

次のファクターとなる「入店率」は、店頭の看板やオープンウィンドウの開放性、駐車場へのアクセスのしやすさ、あるいは見方を変えれば、チラシの配布やポイントの付くカードの有無などによって数値が変化します。

とにもかくにも、小

売業はお客様に店に入っていただかなければ話になりません。そして、何か購入していただかなければ売上高はゼロです。したがって、入店する前に「これを買おう」と決めているお客様には、その商品がある場所をすぐにわかっていただく必要があります。

ということで、店内レイアウトにおいて「客動線は長く」が基本的な考え方ですが、時と場合によっては「客動線を短く」する必要もあるのです。この意味において、レジカウンターの後ろにある煙草、レジそばのガムや錠菓などは典型的な例といえるでしょう。

このようにして、来店して（厳密には購入して）いただいたお客様は、いつも来ていただいている「既存顧客」と、初めて来店していただく「新規顧客」とに分かれます。

来店客数が頭打ちになり、売上高が伸び悩むと、新規の顧客開拓ということに目がいきがちですが、この策を安易に選択するのは得策ではありません。

マーケティングにおける有名な法則に「1：5の法則」があります。

これは何を意味しているかというと、新規顧客を獲得するコストは、既存顧客に販売（維持）するコストの5倍かかるということです。

一見、「新規の顧客を獲得する」というとパフォーマンスを感じ、「既存の顧客に対する対策」というと地味な感じは受けます。しかし、時間帯別の品揃えやポイントカードの導入といった基本的なマーチャンダイジング戦略を行って既存の顧客を維持する方が得策であることが多いのです。

また、利益面からみても「5：25の法則」があって、これは、既存の顧客が離れるのを5％改善すれば、利益は25％も改善できるというものです。

CRM（カスタマー・リレーションシップ・マネジメント）なんてキーワードを新聞や雑誌などでみかけたら、「なーるほど、既存の顧客を自店に留めておくことや固定客作りに一生懸命なのは、利益を守るために、新規顧客の獲得より有効な手段を選択しているからだな」なんて考えながら関連記事を読んでいくと理解しやすいと思います。

もちろん、最近では異業態間競争が激化し、コンビニはデパ地下の顧客を奪うために生デザート、量販店の顧客を奪うために惣菜などおかず需要の商品開発から、大容量商品の値下げまで、幅広い対応をしていますし、さらに、カウンターの淹れたてコーヒーはファストフードとの戦いで、新規となる顧客層を奪う戦略が火を噴いています。

コンビニvs量販店において、価格面にフォーカスすると、両者の店頭価格が並んだら量販店に勝ち目はありません。コンビニは、店内で商品を探す時間が短い、レジで待たされる時間が短い、駐車場がある場合は入口までの時間が短く、買い物のあともすぐ帰れるといったように、**「買い物コスト」**が圧倒的に低いことが強みになっているからです。ワンストップ・ショッピング、品揃えの豊富さは量販店側に圧倒的な強みがありますが、限られた商品の購入場面では、やはりコンビニに勝機が生まれるということです。

話を「売場分析ツリー」に戻します。

既存のお客様を優先的に考え、新規となるお客様も効率よく迎え入れていくことが重要であるということは確認できたと思います。

売上高を向上させるためには、既存のお客様の来店頻度を上げていただくことが課題となるので、まずは、売れ筋商品の定期的な特売や、お買い物券を配布することなどで、1週間に2度、3度と店に足を運んでもらうようにすることです。

近年では、顧客を取り込む目的で、異業態とタイアップしてのポイントカードの導入などが盛んに行われています。

また少し視点を変えると、同じお客様に1日に2回以上来ていただけるように、朝の栄養ドリンク、昼の弁当、夜のデザートといった、時間帯による品揃えやタイムサービスなども有効な手段となります。

昨今のオーバーストア化で来店客数が伸び悩む中、売上高を向上させるためには、お客様1人当たりの購入単価を上げることも必要です。この場合、以下の二つの方法が考えられます。

①1SKU（アイテム）当たりの購入単価を上げる

②買上（購入）点数を増やす

①の具体策としては、品揃えのプライスライン、プライスゾーンを上げたり、付加価値を高めて高単価のオリジナル商品を開発することがあります。

②の典型的な手法としては、何度か登場しているクロス・マーチャンダイジングによって関連する商品も購入していただいたり、常飲性のある特定保健用食品のセット販売によってまとめ買いを誘発することなどが挙げられます。

以上、簡単（?）ですよね。販売分析にしても、改善策にしても、このロジックツリーを実際のビジネスシーンで使ってみてください。課題に打ち当たった時、この体系表で考えてみることです。必ず突破口はみつかります。知っていても使わなければ、宝の持ち腐れです。

〈コーヒータイム〉超タイヘンな「仮説」と「検証」

仮説→実践→検証をいつもやり続けることは「超タイヘン」です。

なぜ仮説を立てるのが難しいかというと、仮説というのは「あるべき姿」へのサクセス・ストーリー、つまり**「成功するであろう手法そのもの」**を考えなければならないということだからです。

仮説を立てて、実践して、そのギャップをしっかりと検証する。まあ、言葉でいうと簡単なのですが、仮説は成功するであろうプランでなければならないので、仮説を立てること自体が一番ハードルの高いステップなのです。

したがって、小さなテーマでも、個人的なスキルや少数精鋭の質の高い論議が必要となります。ましてや大きなテーマについては、プロジェクト・チームを編成して組織的に「仮説」を構築していくことが求められます。

ところが、このことに気づいている人はほとんどいません。したがって、日常に頻繁に登場する課題については「仮説」も立てずに（正確には立てられずにかもしれません）、そのまま実践してしまうことがほとんどです。ですから、検証の段階で分析しろといわれても、誰もできないわけです。

本来「分析」とは、仮説の段階で立てる、成功への「要因」と、実践後の「結果」との因果関係を解明することですので、しっかりとした「仮説」が立てられていることが前提となります。しかし、それがない状態で「分析しろ」ということで、この時に登場する手法が「分解」――というように理解しておいてください。

小売業の財務指標

企業の財務の見方については第六章でお話ししますが、ここでは小売業における財務に関する、最低限知っておきたい指標について触れておきましょう。

一．値入・差益・粗利益の違い

値入率（額）については、本章の「マーチャンダイジング・ミックス③価格戦略」の中で説明しましたが、これは小売業が商品を仕入れる段階で利益率（額）がどの程度あるかを表す数値です。

ところが、仕入れた商品が必ずしもすべて売れる（完売する）わけではありません。典型的な例が、消費（賞味）期限が切れて商品を廃棄しなければならない状態です。この廃棄ロス分を差し引いて残った利益を「差益額（率）」といい、

「差益額（率）＝値入額（率）－廃棄ロス額（率）」

という数式で表します。要するに、小売業が店頭で最終的に生み出される利益額（率）のことです。

廃棄ロスがほとんどないドライ商品は問題がないのですが、生鮮3品、弁当や総菜、生デザートなどは、仕入れて商品が完売することはほとんどありません。完売するということはむしろ、その時間以降に買いに来ていただいたお客様へ商品を供給することができないわけですから、販売のチャンス・ロスとなります。お客様からすれば「ふざけるなぁ！」状態で、お客様の足はその店から遠のいてしまいます。

ということで、店頭在庫がゼロになることは稀なので、売れ残った商品は廃棄ロスとなります。

たとえば、値入率が30％の商品で廃棄ロスが20％出ると、差益率＝30－20＝10％。もし廃棄率が30％出てしまうと、差益率＝30－30＝0％で、手元に残る利益はゼロとなってし

まいます。ここに、メーカーと比べて小売業の経営が難しい要因の一つがあります。

なお、ロスは万引きや破損などでも生じます。これらすべてを差し引いて残った利益が、差益率（額）ということです。

業界でも「値入」「差益」「粗利」を勘違いして解釈している人が多いのですが、本書の〝できビジ〟はこの辺りを図43でキッチリと押さえてくださいね。

二、小売業にとって重要な「商品回転率」

最初に断っておくと、商品の回転率という指標は小売業だけでなく、メーカーにとっても卸売業にとっても経営的に重要な指標です。

「回転率」というと営業系には馴染みが薄いのですが、この辺りを理解できると経営センスが抜群に磨かれますので、力を入れて理解に努めてください。

回転率は、ある収入を得るために投資した額を何回転使ったかを表す指標です。数式では、

「商品回転率＝収入（売上高）÷商品への投資額（店頭在庫額）」

となります。

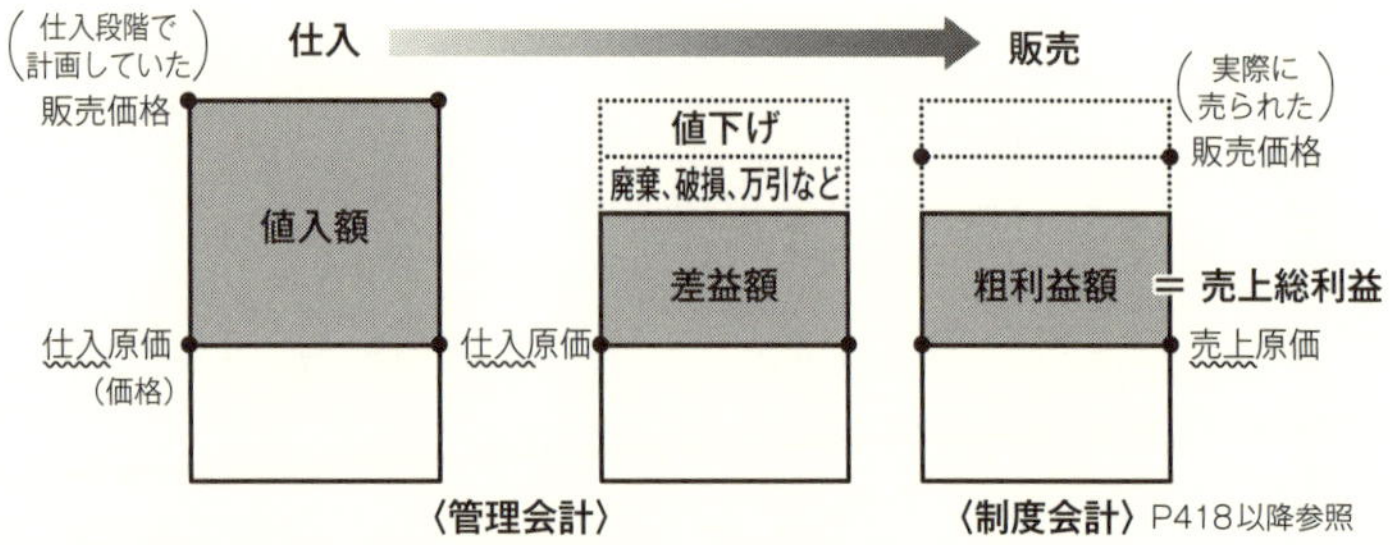

※仕入原価と売上原価は月初、月末の在庫高によって異なります。
ただし、話を簡単にするため、本書では同額として話を進めています。

図43　値入・差益・粗利額の違い

店頭在庫額は、正確にいうと「平均在庫額」なのですが、話が複雑になってしまうので、店頭にある在庫高ということで話を進めましょう。

たとえばここに、１週間で１００個売れるリンゴがあるとして、店頭をみたら10個のリンゴが在庫に残っていました。この場合の回転率は、１００個÷10個＝10回転です。もしも店頭に25個残っていたら、１００個÷25個＝４回転ということになります。

前者は10個という投資額で１００個の収入、後者は25という投資額で前者と同じ１００個の収入を得るのですから、前者の方が資本の投資効率には優れており、在庫が切れて販売のチャンス・ロスさえなければ、経営的には前者の方が断然優位性があるということになります。

回転率は、立ち食いそば屋や牛丼の安売り戦争を考えると、もう少し理解しやすくなると思います。彼らは、売上高を上げることはもちろんですが、それ以上に、入店したお客様をいかにして早く帰らせるか、つまり回転率を上げることを考えています。今や牛丼戦争も品揃えの豊富さを問われていますが、当初は「牛丼ひと筋ウン十年」でメニューを絞ることで、うまくて・やすくて・早い、でお客様の滞店時間を短くする戦略をとっていました。

ところが、競合環境が激化して、

①メニューの豊富さでお客様への魅力度を上げる

②主力の牛丼が安売り戦争に巻き込まれて利益が出ないので、他メニューで利益を確保せざるを得ない

という事情で、商品回転率には多少目をつぶるという販売戦略となっていると考えられます。

三．値入率と回転率を一つの概念にしたＧＭＲＯＩ

以上、値入率（額）は**「収益性」**、商品回転率は**「資本の効率性」**を課題とした企業の経営指標となり、この二大テーマを一つの概念で論じる指標として、**「ＧＭＲＯＩ（Gloss Margin Return On Inventory Investment：商品投下資本粗利益率）」**があ

ります。通称「ジーエムロイ」と呼ばれています。

この指標は、小売業にとって重要な経営指標の二つを包括しているので超重要です。ただし、これを使うどころか、知っている流通業界の人は数パーセントに過ぎません。残念な話です（苦笑）。〝できビジ〟はしっかりと考え方を身につけましょうね。

もっとも、ＧＭＲＯＩなんていうと難しいのですが、図44のようにすると理解しやすいと思います。加えて、ＧＭＲＯＩにおける値入率と商品回転率の違いによる経営の方策とそれぞれの代表的な業態がわかる図45を掲載しておきましたので参考にしてください。

なお「交差主義比率」という指標もあります。これは、商品の在庫を、ＧＭＲＯＩは「原価」で算出するのに対して、「売価」で行うという違いだけで、基本的な考え方はまったく同じだと理解してください。

四．在庫日数からみえる問題点

在庫日数は、小売業だけでなく、商品調達や物流機能を担う卸売業にとっても超重要な経営指標となります。

たとえば、月末の商品在庫（棚卸資産）が１００万円あったとして、翌月の販売計画数が３０

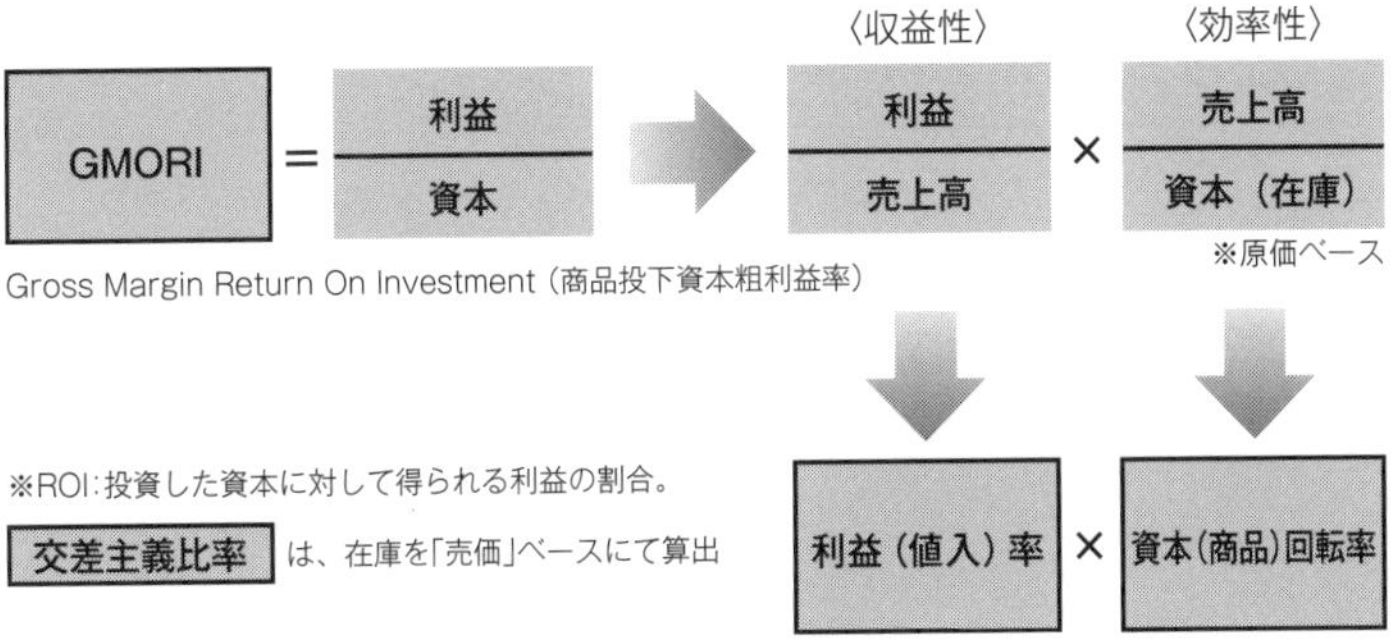

図44　GMROI算出法

0万円とした場合、

「在庫日数＝在庫金額÷売上高の計画金額×日数」

という数式から、

「100万円÷300万円×30日間＝10日間」

となり、この10日間は、現行の在庫となっている商品が何日でなくなるかを意味しています。

したがって、在庫日数が短過ぎると「欠品」の危険性が、長過ぎると「鮮度」が落ちたり、「流行」遅れになったり、「季節」外れとなる恐れが生じます。

また、キャッシュ・フローの観点から、商品を仕入れてから代金を支払うまでの日数を支払日数とすると、「在庫日数＞支払日数」の場合、売上げ（収入）がないのに支払が発生する期間が発生することになり、キャッシュ・フローが厳しく、借入金による新たな金利というコストが発生してしまいます。

GMROI数値		経営の方策	代表的な業態
値入率（収益性）	商品回転率（効率性）		
高	低	高付加価値の商品を品揃えして、単品当たりの粗利益率を高める。	高級ブランド店 宝石店
低	高	薄利多売。 とにかく商品回転率を上げる。	ディスカウントストア 100円ショップ
中	中	両方の指数を高いレベルで保つ。	コンビニエンス

図45　GMROIの違いによる経営方策

「部長、売れなくてもの凄く余ってまぁ〜す」

職場でよくある光景です。でもこれでは状況が具体的に把握できません。

「部長、在庫日数が1・5ヶ月と、1ヶ月を超えています。早急に在庫処分対策を販売チャネル別に打ち出しますので、ご判断をお願いいたします」

という具合に、「在庫日数」を使って「もの凄く余っている状態」を表現しましょう。

最後に、在庫日数の数式をもう一度よくみてください。「在庫金額／売上高」で、この分母と分子を逆にすると、「売上高／在庫金額」ということで、商品回転率になりますよね。つまり、在庫日数と商品回転率は表裏の関係にあるということです。

マーチャンダイザー（MD）とバイヤーの違い

マーチャンダイザー（ＭＤ）とバイヤーという名称があります。

小売業の商品本部に所属して、主に商品を仕入れる業務に携わっているということにおいては、同じ人を指しますが、両者の違いとなるのは「業務の質」です。

バイヤーが行う業務が「バイイング」で、マーチャンダイザーが行うのが「マーチャンダイジング」です。

３９６ページの図46で、テーマごとの相違点をよくみるとわかると思います。

バイイングは、メーカーや卸売業が売りに来た商品の、納入価格などの購買条件をいかに引き出すか、平たくいえば「買い叩くか」が問われます。

これに対してマーチャンダイジングは、全社的な経営戦略も基本としながら、本書で説明してきたマーチャンダイジング戦略の観点から業務を推し進めます。

テーマ	バイイング	マーチャンダイジング
売上・販売	伸ばす	創り出す
業務の視点	仕入交渉に特化	経営全般を視野に入れる
交　渉	既存の取引先 （メーカー・卸売業）	新規となる仕入先の開拓。 ＳＣＭの概念からトータルコスト削減によるＷＩＮ－ＷＩＮの関係。
商品開発	ＮＢの品揃えに留まる。	品揃え分析の際、ＮＢ商品では機能欠如となっている商品の開発。 消費者トレンドから新規となるカテゴリー開発を行う。 最終的には、ブランドの開発。
商品分析	単品のＡＢＣ分析	消費者視点からの分類によるカテゴリーマネジメント
マネジメントサイクル	ＰＯＳデータ等により結果検証を行う	事前に「仮説」を立て、実践の後、仮説を検証し、次のステップとなる「仮説」の構築につなげる。
物　流	単にモノを運ぶ	ロジスティクス

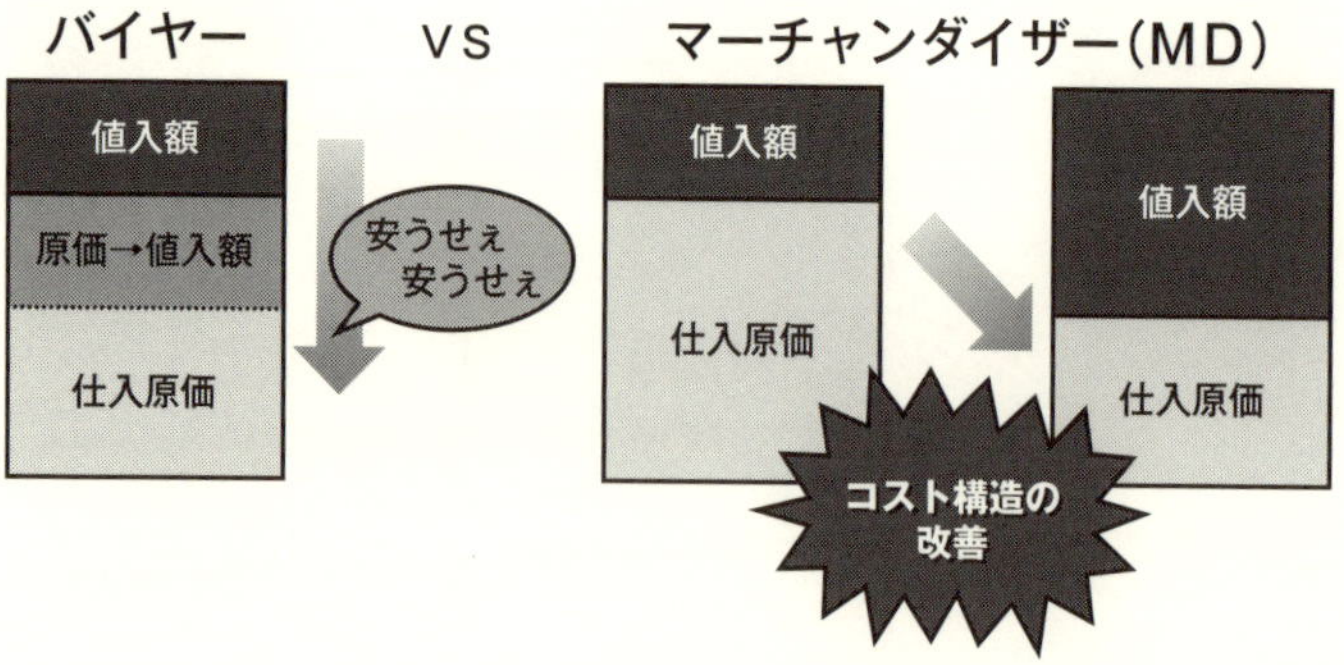

図46　バイヤー（バイイング）とマーチャンダイザー（マーチャンダイジング）の違い

〈コーヒータイム〉私の商売哲学――八百屋のじいちゃんの話

八百屋を営んでいた私のじいちゃんの話に少し耳を傾けてください。

じいちゃんは、武州松山で生まれ、昭和の初期に東京都杉並区の高円寺で八百屋を始めました。

じいちゃんは、暑い夏になり店頭を賑わすスイカが市場に出回ってくると、「暑い日に冷たくておいしいよ。10円」なんて「テイタ」と呼ばれる竹でできた薄い板に墨汁で書いて、商品のところに付けていました。これって、今でも重要視されているPOP、しかも〝コト情報〟を添えたものですよね。

それから、大樽の中でゴロゴロ、ゴロゴロと里芋の皮を洗って、そのあと炊いてから店に出していました。これも皆さんご存知のミール・ソリューションですよね。

じいちゃんは昔の人で、ろくすっぽ学校での教育も受けていないので、「みーるそりゅーしょん」なんて夢にも思わずに、ただお客様が喜ぶと思って里芋を炊いていたのだと思います。

じいちゃんは、私が小学生の低学年の時に他界しましたが、のちに母親から聞かされた話で、私の商売での哲学になっていることを紹介します。

じいちゃんは、八百屋といえども戦後は数店を構えていたそうで、従業員（当時は丁稚奉公の小僧さん）も何人かいたということです。

ある日、いつも大根しか買わない、身なりの貧しいおばさんに対して、小僧さんが「また大根かよ」みたいな態度をとった時、じいちゃんは烈火のごとく怒ったそうです。

「大根を毎日1本買いに来るお客様が、本当のお客様だ」

子供の頃、この話を母親から毎日のように聞かされました。

これも、マーチャンダイジング的に表現すれば「固定客が大事」ということになります。じいちゃんは経験則で、「商売の原点」に基づいて八百屋を営んでいたのだと思います。

マーケティングだのマーチャンダイジングだのといっても、所詮は「商売」をするための道具ですから、先人たちの貴重な言葉や行動には、謙虚に耳を傾けることが大切だと思います。

第六章　財務戦略――財務から企業活動をみつめる

財務諸表というツールの見方

一．財務諸表は企業の〝成績表〟

財務戦略、つまり経営資源の「カネ」のことを考えていく場合は、「財務諸表」というツールをみながら行うことになります。したがって財務諸表をみることができなければ話になりません。

「えっ？　な、なんだその〝ザイムショヒョウ〟って」という方にご説明していきましょう。

企業が経営を行っていくうえで、その企業が持っている資産や財産の状態や、ある時期においてどのくらいの利益を上げたのか、つまり儲かったかがわからないと、従業員の皆さんにどのくらい給料を渡していったらいいのか、今後どの程度の設備投資をしていったらいいのか、要するに企業活動そのものの判断がつきませんよね。

学生生活のことを思い出してみてください。勉強でも、自分が授業をどの程度理解できたのか、またクラスで何番目くらいの成績なのかがわからないと、次の目標や今後どれだけ勉強していったらいいのか計画も作戦も組めません。ですから学校では、テストを行って各自の理解度を確認し、成績表を配って生徒たちのモチベーションを上げるのです。

企業活動において、この成績表にあたるのが**「財務諸表」**です。

財務諸表は大きく分けると二つの（成績）表から構成されています。一つは**「貸借対照表《たいしゃくたいしょうひょう》」**。もう一つは**「損益計算書《そんえきけいさんしょ》」**という名称がつけられています。

貸借対照表は、企業の決算期末の時点における資産や財産、つまり現金や商品、あるいは工場の土地や設備などが、どれくらいあるのかを表しています。英語では「Balance Sheet（バランス・シート）」、略してB／S（ビー・エス）と呼びます。

損益計算書は、一年間かけて企業活動をした結果どれだけ儲かったかという利益の増減を表しており、「Profit（利益）and Loss（損失）Statement」、略してP／L（ピー・エル）と呼びます。

お金の流れというのは「ストック」と「フロー」という二つの概念に分かれます。まあ、こんな表現をするとなんだかチンプンカンプンかもしれませんが、とても大事なことですので少しの間我慢して読み進んでください。

まず、**「ストック」**は文字通り蓄えてあるもの、**「フロー」**はお金が流れていく様をイメージしてください。そして、会社にストックされた財政状態を知るのがB／S、フロー（お金の流れ）の面から経営状態を知るのがP／Lということです。

それでは、これらを使ってどのようにみていけば企業活動がみえてくるのか、今後の経営戦略を立案していけるのかを説明していきます。

二．貸借対照表の見方

まず、基本的なことを押さえておきましょう。先ほど、貸借対照表は英語で「バランス・シート」と呼ぶといいましたが、文字通り、この表の左右の合計は、いかなる場合も必ず同じ額になります。絶対に同じ額なのだから簡単でしょう？

そして、財務的には表の左側を「借方《かりかた》」、右側を「貸方《かしかた》」と呼びます。「り」という文字は左側が開いていて「かりかた」、「し」という文字は右側が開いているので「かしかた」、このひらがなをイメージして覚えると忘れませんよ。

借方側は「流動資産」「固定資産」、貸方側は「流動負債」「固定負債」「資本」という合計五つの要素に分かれます。ここでは「資本」を除いて、まずは四つの要素を理解することにしましょう。図47のようにマトリックス表にすると簡単です。

まず「資産」は、その企業が持っている、将来に利益をもたらすことが期待できるものをいい、現金、有価証券、建物や土地、前払費用といったものがあります。

「負債」は、借入金、買掛金など既に発生している支払い義務のものと、未払費用など将来の資産が減少するものをいいます。

次の**「流動」**と**「固定」**の違いは「1年間」がキーワードになります。**「ワンイヤー・ルール」**という考え方があって、1年以内に現金になるのが「流動」、そしてそれを越してからしか現金にならないのが「固定」です。

具体例をいくつか挙げると、現金預金は銀行に行けばいつでも現金を引き出せるので「流動」資産です。工場設備なんていうのは、すぐには現金化できないので「固定」資産。同じ借入金でも、1年以内の返済を条件に借りれば「流動」負債。1年超の返済を条件

資産（借方）	負債（貸方）	現金化
流動資産	流動負債	1年以内
固定資産	固定負債	1年超

図47　ワンイヤー・ルール

に借りれば「固定」負債ということになります。

ここで、重要な話をしておきます。

あなたの会社が、1年以内に返済しなくてはいけないお金を銀行から1億円借りて工場を建てたとします。工場を建設するのに10ヶ月かかったとして、11ヶ月目に商品を生産し、12ヶ月目に販売しました。

商品はきわめて好評で、どんどん注文が上がっています。「やったあ、売れまくってるぞ！」と喜んでいるところに、借入れを頼んだ銀行から、「1年前にお貸しした1億円を返してください」という連絡が入ったら、あなたの会社はどうなりますか？

商品はどんどん売れているので、後日になればお金がどっさりと入ってきます。しかし、今はまったくない状態です。ビタ一文、返すことができません。となると、いわゆる「不渡り」になってしまいます。半年以内に二度の不渡りを起こすと銀行から取引停止処分を受けます。工場、そしてヒット商品という資産はたくさんあるのに、今は現金がないため、事実上の倒産という憂き目にあってしまうのです。

「勘定合って銭足らず」という**「黒字倒産」**は、こうした状態のことをいいます。

この事例はかなり極端ですが、こういった事態を避けるために、昨今では「キャッシュ・フロー計算書」が重要視されてきています（キャッシュ・フロー計算書についてはのちほど詳しく説明します）。

では「貸借対照表」の見方ですが、最初に「勘定科目《かんじょうかもく》」について説明しましょう。

勘定科目というのは、簿記の計算単位となる科目の名称のことです。

借方（左側）に区分される勘定科目の代表的なものには、流動資産に区分される現金や売掛金《うりかけきん》、受取手形、有価証券そして棚卸資産があります。固定資産では、建物や設備などが挙げられます。

貸方（右側）には、流動負債として、買掛金《かいかけきん》、短期借入金や社債、固定負債として長期借入金があります。

そして最後に、資本の部として、資本金という具合になります。

流動資産の中でも特に流動性の高い、つまり現金化しやすい資産を「当座資産」と呼びます。現金・受取手形・売掛金・有価証券の四つの勘定科目ですが、この金額が多い企業は支払能力が高くて信用できることになります。「ゲンキン（現金）・ウケトリ（受取）・カケ（掛け）・アル（有）く」なんて覚えておくと、取引先企業の経営状態を知る時に役立ちます。決算書を手にしたら、貸借対照表の中の、この勘定科目をチェックすればいいのです。

また、これから経営分析を学んでいくと**「流動性」**という言葉が頻繁に登場してきます。このキーワードは財務では非常に大事な概念ですので、しっかりと理解しておきましょう。

資金の流れが止まる、つまり固定化するということは極めて危険な状態ですので、常に流動的にしておくことが求められます。株や債券の投資をやってみると実感すると思いますが、目の前に儲かる話があっても、即座に現金化できる資産がないとチャンスを逃したり、逆に売りたくても売れない株なんていうものも存在します。人間の体で表現すると、流動性が高いというのは血液サラサラ、低いのはドロドロ状態という感じですかね。

流動資産	**流動負債**
現金 受取手形 売掛金 有価証券 （以上、当座資産） 棚卸資産	買掛金 短期借入金
	固定負債
	長期借入金
固定資産	**資本の部**
土地 建物 設備	資本金

図48　貸借対照表

まあ、勘定科目については、なんとなーくイメージできれば十分です。一番重要なことは、貸借対照表の貸方

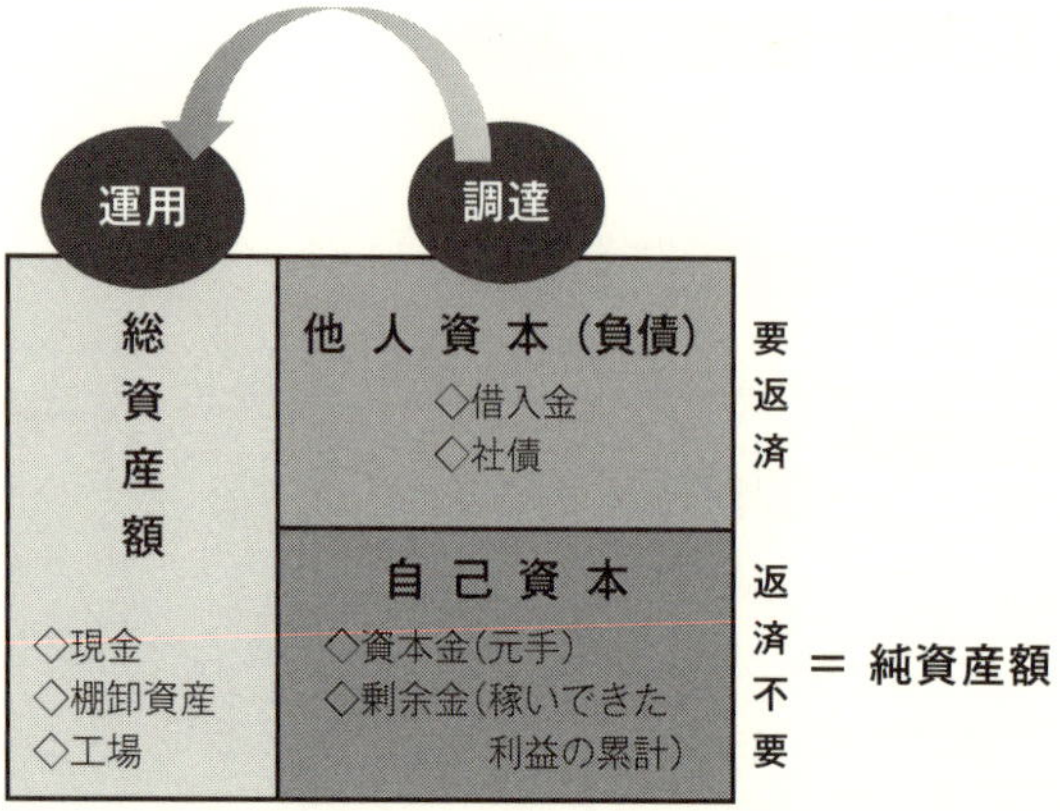

図49　貸借対照表の財務構造

側で資金を「調達」して、借方側で「運用」している、という財務構造です。

営業系の人間からすると、財務とか決算書なんていうと、なんだか別の世界で動いているもののような感じがしますが、財務活動も経営の一環として行っているわけですから、企業活動そのものを考えればイメージしやすいと思います。

銀行などに借りる「短期借入金」（1年以内に返済）や「長期借入金」（1年を超えて返済）、あるいは返済しなくてもいい「資本金」などで資金を集める（これらの勘定科目はすべて貸方側です）、つまり資金を**「調達」**して、それを元手に「工場」を建てて「設備」投資をして「商品（棚卸資産）」を製造し販売する、といったように**「運用」**することで利益を得ます（これらの勘定科目はすべて借方側です)。

この様な感じで、一連の企業活動そのものが貸借対照表に表れてくるのです。全体的なイメージを描けると、一見、無味乾燥な財務諸表がなんとなく身近に感じてきて、抵抗感なく眺めることができるようになります。406ページの図49をみながら読み進めてください。

では、資金の「運用」つまり借方側について触れていきましょう。

貸借対照表は、決算日の時点における当該企業の資産状況を表しています。決算日については、メーカーは3月末日、小売業は2月末日が多いようですが、決まりがあるわけではなく、1年中いつでも企業が好きな時期に決めることができます。

ここで留意しなくてはならないのは、いくら多額の資産を持っていても、それが企業活動につながっていなければ宝の持ち腐れだということです。

たとえば棚卸資産ですが、これはまだ売れていない商品の在庫を意味しています。つまり、同じ棚卸資産ウン百万円と計上されていても、大ヒット中で注文が殺到している商品なのか、流行遅れでどんなにダンピングしても売れない不良品なのか、ウン百万円という帳簿上の資産額は同じでも意味合いはまったくというほど異なっているということです。

企業にとって資産の優劣基準は、**「利益」**をきちんと生み出してくれるか否かが基準となります。

そういった意味では、固定資産も要注意です。稼働率の悪い工場設備や、企業活動として活用されていない土地やビルなどの遊休資産《ゆうきゅうしさん》を保有していても、B／Sを大きくしているだけで全身に血が通っていない状態に陥っていることを意味しています。

次は、資金の「調達」に目を移してみましょう。

これには、自力でやる**「自己資本」**と他人の力を借りる**「他人資本」**の二つの方法があり、後者は、金融機関などからの借入金、社債の発行などの「負債」、平たくいえば借金です。これは「金利」が生じる分だけ調達コストが高くなるので最終的な利益に悪影響を与えます。

一方、前者はB／Sでは「資本の部」ということになり、金利は生じません。ただし内容は超ムズカシイです。だいたいこれだけ「部」なんて言葉が付いているし、営業系の人間にとってはとっつきにくいというのが正直なところだと思います。しかし、将来は経営者になる〝できビジ〟の皆さんは「資本の部」についても知っておかなければなりません。

そこで、このように理解しておいてください。「自力で調達する方（自己資本）は、過去に自分が稼いだ利益なので、返済の必要はない」と。

ところで、自力で調達する方で皆さんが忘れているものがあるようです。なんだかわかりますか？

それは、会社を創業した時に株主が出資した資金です。これを「資本金」と呼びます。企業は株主のものですから（第一章の「企業は誰のもの？」参照）、会社を解散でもしない限り、株主にその資金を返済する義務はありません。

実際の決算では、この「資本の部」に対する会計処理がきめ細かく規定されているため、ちょっとした会計書を読むと、勘定科目の名称だけで参ってしまうと思います。営業系の皆さんは、「資本の部≒資本≒**資本金**（株主が出資した資金）＋**過去に稼いだ利益**」と理解しておけば十分です。

つまり「資本の部」とは、
①資本金：会社の元手となる株主が出資した資金。つまり、お金はあるけれど危険は冒したくない人たちが出資したお金（第一章20ページの東インド会社を思い出してくださいね）
②各種の剰余金：会社がこれまでの経営で稼いできた利益の累計です。

①は、お金のある株主が航海のような危険なことは人に任せてお金を出す。儲かったら、株主はもちろんお金はもらうけれど、失敗をしてもお金を返せとはいえないので、企業側からすれば返済する義務は発生しません。

②は、株主にお金を出資してもらったあとに企業側が頑張って儲けたのだから、当然のことながら返す必要はありません。

ということで、①も②も返済する必要のない資金で「自己資本」といいます。以上を数式にすると、このようになります。

「総資産額－総負債額＝資本の部＝純資産額」

つまり、純粋な自己の資産金額ということです。

以上、いろいろと述べてきましたが、文章だと理解しにくい方は、もう一度406ページの図49を眺めて概要をつかんでください。これで貸借対照表（B／S）の構造がわかると思います。

三. 損益計算書の見方

今度は「損益計算書」について説明します。

企業活動とは「コストをかけて収入を得て利益を稼ぐ」ことで、「収入－コスト＝利益」でしたよね。この単純な〝できビジ公式〟を基本に、各段階における「利益」の概念を整理すれば、簡単に理解することができます。

最初のステップは「売上総利益」です。利益公式に当てはめると、

「売上高－売上原価＝（売上総）利益」

となります。

売上原価は、製造業であれば原材料など製品を製造するためにかかるコストである製造原価、流通業であれば商品を仕入れることに必要なコスト、つまり仕入れた原価になります。仕入原価と売上原価の違いを説明していると超面倒なことになりますので、営業系の人は無視して結構です。「売上原価≒仕入原価」と捉えておいてください。

では、次のステップ「営業利益」と「経常利益」へと進めましょう。

売上総利益から「販売費及び一般管理費」分をコストとして差し引くと**「営業利益」**になります。通称「販管費《はんかんひ》」と呼ばれています。よく経理担当が口にしているでしょ。このことです。

「販管費」の代表的な勘定科目としては、テレビＣＭを投入するために使う「広告宣伝

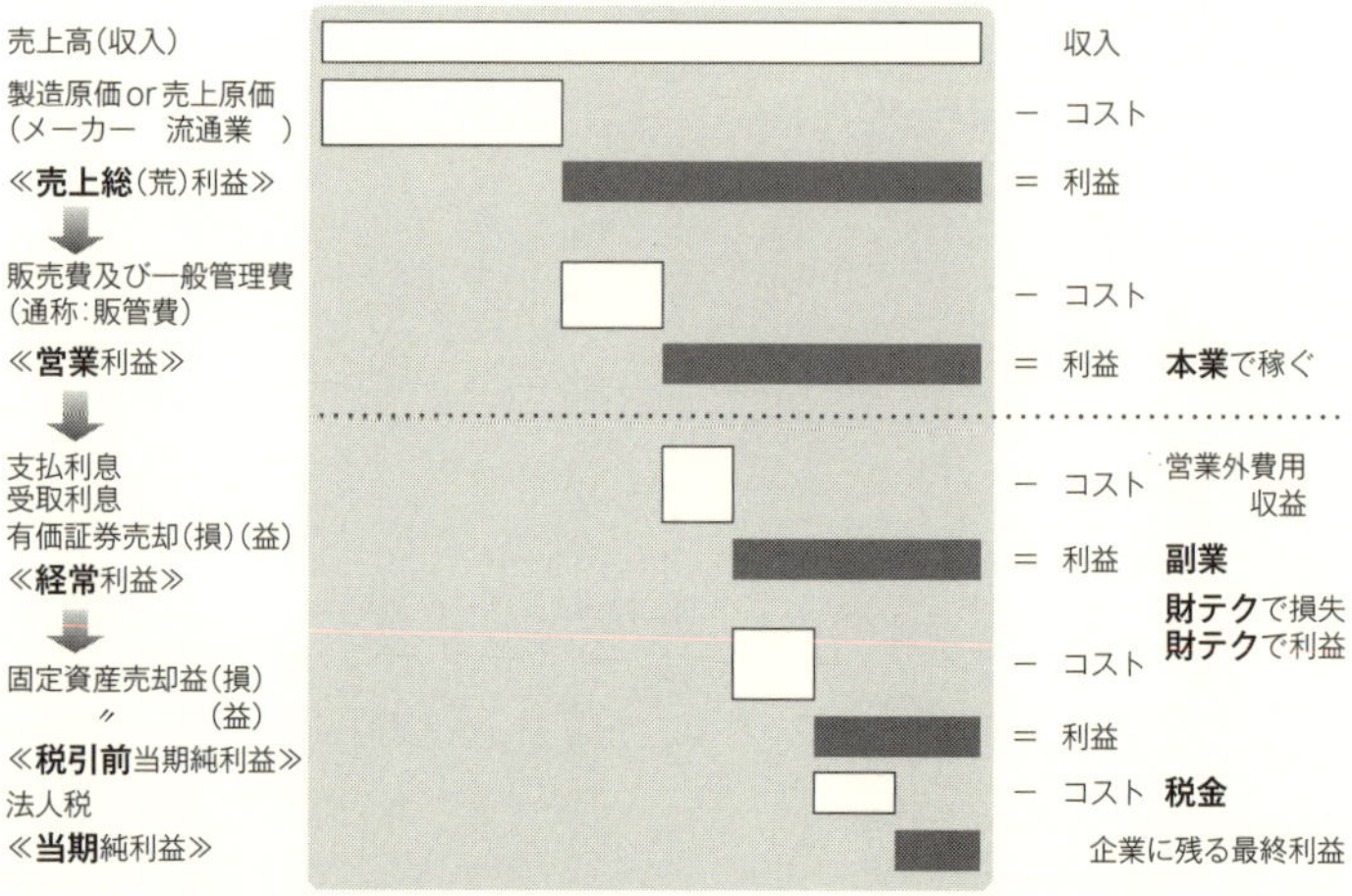

図50　損益計算書（P/L）の早分かり表

費」、従業員が出張した時に使う「旅費・交通費」、得意先を接待して飲み食いする「交際費」などです。

「一般管理費」としては、固定資産など超高額な資産を購入した時に費用を分散して計上する「減価償却費」（これはのちほど別項で解説します）や、将来のドル箱となる商品を創り出すための「研究開発費」、従業員の生活が少しでも満足なものになるように保養施設などを設ける「福利厚生費」などです。これらの費用は、本業の利益を獲得するためには、なくてはならないということがわかりますよね。ここまでの段階が本業である営業活動で稼いだ利益になります。

次の「経常利益」は、略して「ケイツネ」なんて呼ばれています。この段階で営業外収益、営業外費用が出てきます。独特な経理用語で営業系には意味がわかりにくいと思いますので、「営業活動以外」と解釈してください。主に財務活動に関わる受取利息、支払利息をイメージするとわかりやすいのではないでしょうか。

ところで、企業が利益を得るためには、以下の二つの方法があります。

①**「本業」**で儲ける

②本業以外、つまり**「副業」**で儲ける

①の本業は、その企業が「生業《なりわい》」としている事業のことで、食品業界であれば、食品を製造したり仕入れたりして販売することです。これに対して②の副業の代表的なものは「財テク」と呼ばれるファイナンスということになります。株式や不動産へ投資することで値上がり益を狙うわけです。

バブル期にはすべてが右肩上がりでしたので、財テクをやらない経営者や財務担当者は、当時は無能だといわれました。今では信じられないでしょうが、本業で汗水たらして儲けるより、投資したお金が仕事してくれるわけですから、指をくわえてみている手はないと、ほとんどの人が考えていました。ところが、いわゆるバブルが弾けて、夢から覚めた時に

はあとの祭り。残ったものは多額の損失だけでした。

ということで、本業で儲けた営業利益のあとに、有価証券売却益（損）、固定資産売却益（損）、ゴルフ会員権売却益（損）などを加減すると、「経常利益」そして「税引前当期利益」ということになります。

バブル崩壊後は、これらのほとんどが「損」となり、本業の足を引っ張ることになりました。まあ、あの異常な世界を除けば、一連の企業活動を経て利益が残り、最後に企業の社会的義務を果たす、つまり税金を納めて残ったものが**「当期利益」**ということです。

四．キャッシュ・フロー計算書は〝現金主義〟

「勘定合って銭足らず」状態は、絶対に避けなければならないことは前述した通りです。そこで、この「キャッシュ・フロー計算書」の重要性が特に強調されますが、営業系の方は次の点だけ押さえておけば十分です。

まず、財務諸表は**「発生主義」**に基づいているのに対して、キャッシュ・フロー計算書は**「現金主義」**だということです。なんや、その発生なんちゃらっちゅうのは？　という感じだと思います。

我々がビジネスで商品を販売して、その場で現金をもらうことは、まずありませんよね。小売業では消費者の方から店頭で現金をもらいますが、法人同士だと後日に現金が振込まれてくるわけで、帳簿に記載されるのは「売掛金」という、あとで現金になる勘定科目になります。その際に「発生主義」では、現金は動いていないけれど資産は増える、という会計処理になります。

しかし、この時点では現金は手に入っていないわけで、「現金主義」のキャッシュ・フロー計算書には一銭も計上されないことになります。キャッシュ・フロー計算書は、実際に「お金が動いた」状態に基づいて作成されるのです。

まあ、こうして整理すれば簡単なことですので、頭の中にイメージを残しておいてください。のちほど具体的な事例を用いて、〝できビジ〟には知っておいていただきたい知識を説明します。

管理会計——企業の経営課題を探り、政策の意思決定を行う

会計を学ぶうえで頭に入れておいていただきたい概念として、

・制度会計（財務会計）
・管理会計（経営会計）
があります。

制度会計は、商法や税法の会計法規にのっとって決算書を作成し、これに基づいて納税を行ったり、上場企業ならＩＲ活動などで企業の活動内容を発表するための会計です。前項で学んだ、財務諸表（貸借対照表、損益計算書、キャッシュ・フロー計算書）のことで、あなたの会社では「経理部」や「財務部」（もちろん企業によって名称は様々です）が担当しています。

これに対して**管理会計**は、各企業で様々な処理を行って、自社の現状・経営課題点などを探り、政策の意思決定を行うための会計です。

営業系の人間には小難しく感じるかもしれませんが、ものすごく重要なことです。制度会計と管理会計の両者の違いを理解していないビジネスマンがムチャクチャ多いので、〝できビジ〟はぜひ頭に叩き込んでおいてください。

では、実例を挙げて「管理会計」の説明をします。

現在、あなたの企業で検討しているプロジェクトがあるとして、もしあなたがその企業の社長だったら、真っ先に何を考えますか？

「テレビCMには、やっぱりAKB48の○○を使おうかな。うまくいけば一緒に食事にも行けるし、あわよくば……」

なんて社長だったら、その会社はすぐに潰れますよね（笑）。

社長としては、そのプロジェクトを実行することで、経済的にどれだけメリットが期待できるかを考えるべきです。「経済性計算」なんて小難しい専門用語もありますが、超簡単にいえば、

「−《マイナス》投資コスト＋収入＝利益」

という数式になります。

これって、どこかでみたことありませんか？　そう、〝できビジ〟公式である「利益＝収入−投資コスト」を入れ替えただけです。このことは専門書にも**「投資の経済性計算」**なんて、かなり高度な理論として登場してきますが、〝できビジ公式〟が頭に入っていれば、ホントわけなく理解できてしまいます。

「−《マイナス》投資にかかわるコスト＋期待できる売上高（収入）＞0」

なら投資する。逆に、

「－《マイナス》投資にかかわるコスト＋期待できる売上高（収入）＜０」

なら投資を控える。ということです。

原則としては、利益が出ればやるし、出なければやらない。「えっ！　それだけ？」って思うでしょ。そうなんです、それだけです。

もっとも、売上高やコストの計算にはしっかりとした裏づけが必要なので、収入の内訳や細かい金利など、実際の計算は超大変な作業になります。とはいっても、くどいようですが、大きな枠組みは極めてシンプルですので、意思決定が遅疑《ちぎ》にならないように、迅速に取り進めることが求められます。このように、経営活動における様々な政策の意思決定を行うために「管理会計」が必要となります。そして、これを行っているかスルーしてしまっているかが、企業経営の質に与える好・悪影響の分かれ目となります。

財務会計のように「専門的知識」はいりませんが「知恵」が求められ、〝できビジ〟の皆さんは、企画立案を求められた時、「どうしたら売上高を上げられるか、コストを効果的に投入できるか」という命題を最優先に考えることになります。

そして、最後に「利益」計算をやってみてください。難しく考えることはありません。いつもやっている「売上高の予測」に加えて「経費の積み上げ（投資にかかわるコスト)」をするだけです。

あなたが営業系であれば社内で賞賛（?・）されます。「えっ、そんなの当たり前だよ」という読者は、素晴らしいです。いいことは続けてください。

しかし、かなりの企業が売上高の予測は立てますが、利益は軽視しているのが現実なのです。

これで、営業系にはチンプンカンプンだった「制度会計」と「管理会計」の違いは理解できたと思います。

いくら人（ヒト）を育てても、ヒット商品（モノ）を開発しても、財務（カネ）でつまずいてしまっては、元も子もなくなります。将来を担う〝できビジ〟は、しっかりとカネについて学びましょう。

経営（財務）分析

一．経営分析は数字が決め手

「経営分析」なんていうと、いきなり高尚というか、住む世界が違うよなぁ、なんて感じていませんか？　営業系の方が経営分析を難しく感じるのは、普段見慣れていないからというだけです。コツさえつかめば簡単な数式だけでわかります。大丈夫です。アカデミックな感じでステータスを感じさせることもできますので、しっかり勉強しましょう。

第五章内の「売上高分析ツリー」の部分で、「分析≠分解」でいいですと述べましたが、売上げの要因となると様々な要素が絡み合うので、「そうはいってもなぁ……」と感じた方もいると思います。ところが財務（経営）の分析では、数字が決め手と割り切れるので、掛けたり、割ったりして、大きい数値から小さい数値へ分解していけばＯＫです。

もちろん、私も理解するまでには苦労はしましたが、その経験を活かし、説明に工夫を凝らしていますので、安心して一緒に学んでいきましょう。

ということで「世界一わかりやすい！　経営分析の授業」を始めます。
経営分析を、市販されている本の「もくじ」によくある順番に並べると、

①収益性・効率性
②安全性
短期の支払能力＝流動性
長期の財務体質＝健全性、安定性
③生産性
④成長性

というテーマ順になるのですが、本書では、誰でも知っている④の「成長性」からみていくことにしましょう。

◆**成長性分析**

成長性とは、売上高の前年伸長率、いわゆる前年比のことです。「なんだ！　君の実績は前年比80％と大幅に割り込んでいるじゃないか」とか「今期は君の頑張りで、前年比110％と目標を達成することができたよ」なんていう前年比です。

売上高や営業利益額が、前年度に対して、あるいは基準となる年度（基準年度＝１００として）に対して、どれだけ伸長しているか、あるいは下降気味なのか指標をみるのが「成長性」の経営分析です。日常的に使っているので、これは超簡単でしょ。

◆生産性分析

次に③の「生産性」をみていきましょう。

生産性は**「アウトプット÷インプット」**という数式で表すことができます。**コスト・パフォーマンス**という言葉を耳にしたことがあると思いますが、同じ意味です。最近は洒落て「コスパ」なんていう人もいます。

簡単にいうと、入れたもの（インプット）に対して、どれだけのものが出せるか（アウトプット）という割合の数値です。

第四章の「マーケティング戦略」で触れた、プロモーション戦略でのテレビＣＭ投入は、いくら成果（アウトプット）が高くても、タレントとの契約料や撮影費用、広告代理店への企画・プレゼン費用、もちろん放映料等々のコスト（インプット）が莫大にかかるので、これに見合うものでなければ、コスパは最悪の結果となります。

⇧ 生産性 ＝ アウトプット／インプット

上げるには

生産性とは
アウトプット÷インプットという
数値で表すことができる

〈理想的〉でも超ムズカシイ

生産性 ＝ アウトプット↑／インプット↓

インプットを下げて
アウトプットを上げる

〈現実的〉基本的な考え方

生産性 ＝ アウトプット↑／インプット↑

効率的なインプットで
より成果のあるアウトプットを狙う

〈最悪の場合〉市場が縮小している時はやむを得ない

生産性 ＝ アウトプット↓／インプット↓

アウトプットが期待できないので、
コスト削減によりインプットを大幅
に下げる

図51　生産性向上策

「生産性＝アウトプット÷インプット」

なので、分母（インプット）を下げて、分子（アウトプット）を上げれば数値は上昇します。これは当然のことですが、実践することは難しいです。

基本となる考え方としては、アウトプットが期待できる施策については、積極的なインプットを心がけることが大切です。積極的な投資（インプット上げ）を行い、より大きな成果（アウトプット上げ）を上げるという感じになります。

経営分析において、生産性で論点になる代表的な指数が、従業員1人当たりの売上高（利益）です。従業員1人につき平均いくらの売上高を稼いでいるのかということです。

たとえば、A社は従業員100人で100億円稼ぐとすると、

「アウトプット100億円÷インプット100人＝1億円／1人」

これに対してB社は、200人で100億円稼ぐなら、

「アウトプット100億円÷インプット200人＝5000万円／1人」

で、労働生産性はA社の方が高いということになります。

設備投資額など三大経営資源の様々なファクターを分母（インプット）に当てはめれば、生産性の分析となります。

さて、経営サイドからみれば、労働生産性と裏腹になる経営指標として「労働分配率」があります。

これは数式にすると、「人件費÷付加価値」で表されます。

付加価値は、メーカーなら「売上高（製造額）－外部購入費用（製品仕入高、原材料費、外注費等）」となり小難しいですが、流通業ならとりあえず「粗利益額」と考えればいいのでわかりやすいと思います。

「労働分配率」というのは、この付加価値という当該企業が新しく生み出した価値、簡単にいえば企業が儲けた利益のうち、どれだけを従業員に還元したかを知る指標です。春闘で毎年繰り広げられる、経営者側と組合側との激しい攻防シーンに登場する、「こんなに従業員が頑張っているのに、会社はその程度の誠意ですか！」「我々としても精一杯の努力はしているが、無い袖は振れない。そこのところを十分に理解してほしい（冷汗）」

なんて感じですかね。

労働分配率は通常40％が平均値といわれており、この数値の高い企業は従業員想いで、従業員たちのモチベーションが高まります。もっとも、この数値が高いと、企業にとっての利益は圧迫されることになります。

また、当該企業にとってのコストは、従業員の給料（人件費）だけではありません。将来へ向けての設備投資（減価償却費）や研究開発費などがありますので、そういったコストは、中長期的視野に立てば従業員にとってもメリットがあります。全体像を見渡して客観的に数値をみることが肝要です。

少し話が脱線しましたが、以上で「成長性」と「生産性」の経営分析指標はクリアできたと思います。次は一気に②の「安全性」を理解することにしましょう。

◆安全性分析

安全性分析は、企業の短期的な支払能力が問われる「流動性」と、財務体質という観点からの「健全性、安定性」という二つの分析に分かれます。

まずは、基礎的な知識を確認しておきましょう。

「安全性」という概念ですが、企業にとっての安全ってなんでしょうか?

第一章で出てきたキーワードを思い出してください。企業は株主（出資者）のためにも従業員のためにも潰れて（倒産）しまっては困りますよね。そうです、ゴーイング・コンサーンでなければなりません。

では、企業が潰れるとはどういう状態になった時でしょうか?

一つには、儲けが全然出なくて従業員に給料も払えない状態が思い浮かびます。

そしてもう一つが、本章の最初の項「財務諸表というツールの見方」の中でも触れた「勘定合って銭足らず」の状態。つまり、儲け（利益）は出ているけれど手元に「現金」がない状態です。大量に商品を仕入れて、その分「現金」を支払ってしまい、何日か後には商品を販売して「現金」を受け取ることができるのだけれど、今月末に借入金（銀行への借金）を返済することができずに「不渡り」を起こしてしまうようなケースです。

あなたが彼女とイタリアンレストランで食事をして、3万円の勘定を払おうとした時、財布をみたら2万円しか入っていなかった状態を想像してください。明日は給料日であなたの銀行口座に30万円入ってくるとしても、今この時は手元に現金がありません。もし彼女（銀行）が1万円貸してくれればその場はしのげますが、「いやです」といわれてしまったら、あなたはそのレストランで皿洗いか便所掃除でもやらされて、その日のあとの楽しみはすべてオジャン……こんな情けない状態が「勘定合って銭足らず」ということです。

この「支払能力」という安全性について分析する指標が**「流動性比率」**で、

「流動性比率＝流動性資産÷流動性負債」

という数式によって求めます。これは、402ページで説明した「ワンイヤー・ルール」から、

「1年以内に現金になる資産額÷1年以内に返済義務のある負債額」

ということを意味しています。

この数値が高ければ安全性が高まり、逆に低いと安全性が低いということです。

彼女とのデートでの例え話を数式に表すと、

「流動性比率＝流動資産（あなたの所持金）２万円÷流動負債（レストランでの支払金額３万円）＝66・6％」

となり、１００％を下回る危険水域になっていたのです。

最低でも１００％以上、理想的には１２０％は欲しいところです。

ただし、同じ数値でも意味合いが異なることがあるので要注意です。どういうことかを説明しましょう。

流動性資産には、現金及び現金同等物、受取手形、売掛金、有価証券、棚卸資産などがあります。

現金及び現金同等物は、外貨や小切手も含み、まさに現金と同じ意味合いで安心できます。ところが、受取手形は不渡り、売掛金は取引先が倒産した場合は不良債権となってしまいます。もちろん、健全な取引相手であれば将来は現金になるので問題はありません。

より問題となるのは「棚卸資産」です。これは、平たくいえば商品のことで、売れる商品ならまさに資産ですが、売れ残ってしまうと不良在庫ということになり、もし、不良在庫によって膨らんでいると、みせかけの流動資産の指数が経営の実態よりも高い数字となってしまいます。

これを流動化させるために、背に腹は代えられないとばかりにＤＳ（ディスカウント・ストア）系に破格の条件で商品が流れたりします。この際、企業は販売価格を大幅に下げて投げ売りするのですから、現行のＢ／Ｓ（貸借対照表）にある流動比率より低くなってしまうということです。

「流動性」について頭の中で整理できましたか？　ホッと息をついたところで恐縮ですが、さらに話を進めます。固定長期適合率なんていう経営指標についてです。

４３０ページの図52のように、Ｂ／Ｓをヨコにすると、流動比率の裏返しの関係になっていることがわかります。固定長期適合率が低ければ（高ければ）、流動比率が高く（低く）なるという関係にあることがよくわかるでしょう。固定資産への投資を増やす（抑えている）と、手元の資金が減る（増える）ので、流動性比率は低くなる（高まる）ということを意味しています。

固定資産を購入するには多額の資金が必要となります。そして購入後は、現金化しにくい固定化した流動性の低い状態になります。したがって固定資産は、返済義務のない自己

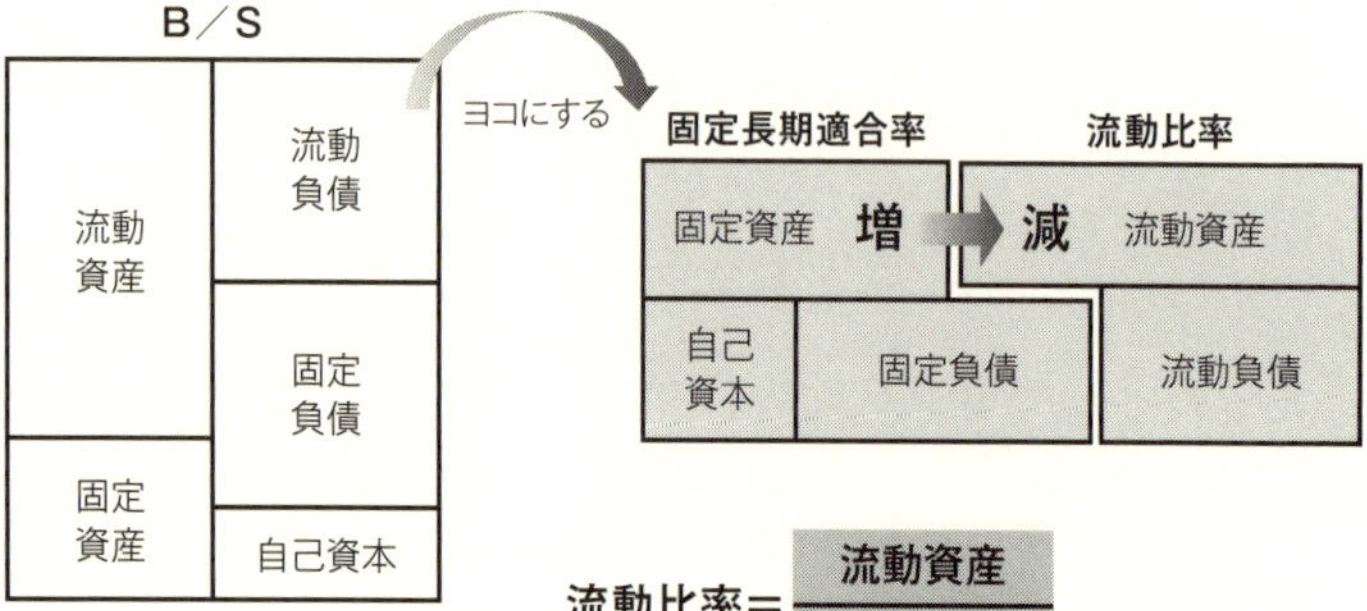

$$流動比率＝\frac{流動資産}{流動負債}$$

$$固定長期適合率＝\frac{固定資産}{自己資本＋固定負債}$$

図のままですよね！

図52　流動比率（固定長期適合率）早わかり表

資本か固定資産で購入するべきというのが、賢明な経営判断ということになるのです。

さて、流動性の次は「健全性・安定性」です。

指標は**「自己資本比率」**という数値を使います。先ほど登場した「流動性比率」と、この「自己資本比率」は**経営分析の二大指標**となるので、しっかりと理解しましょう。

408ページでも触れましたが、もう一度「資本」について触れておきます。

一口に資本といっても、返済しなくていい「自己資本」と、返済する必要のある「他人資本」に分かれていましたよね。

といっても、「えっ！　資本って全部自分のものじゃないの？　他人資本って何？」状

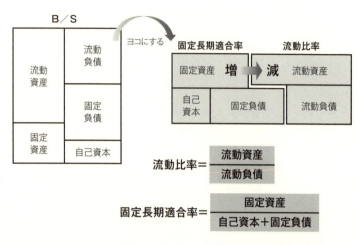

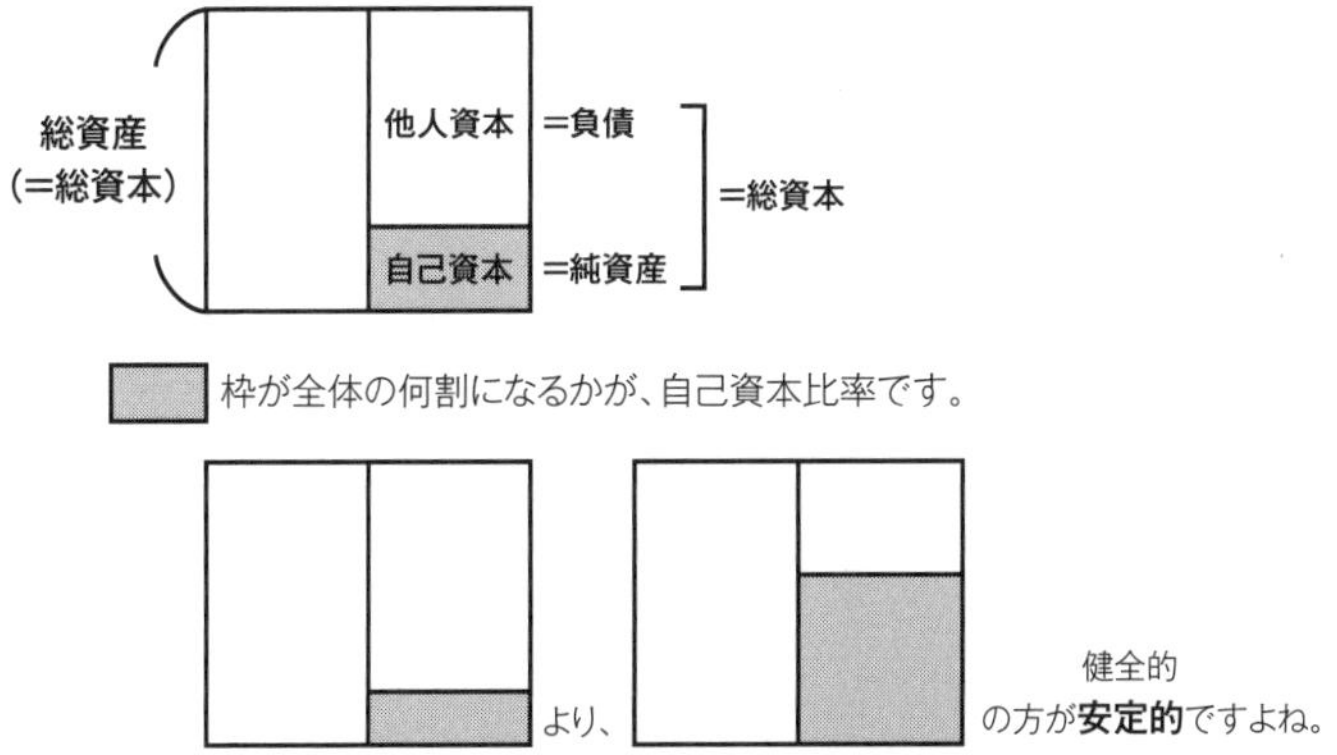

図53　自己資本比率早わかり比較図

態ですかね。４０６ページ図49をもう一度みてください。

他人資本というのは「負債」のことですよ。

そして、自己と他人（負債）の二つの資本を合計したものが「総資本」です。

Ｂ／Ｓは左右（借方と貸方）が必ず同じ金額になるので、「総資本＝総資産」ということになります。

少しこんがらがってきましたか？

「自己資本比率」とは、総資本（＝総資産）の中に占める「自己資本」の比率を表しています。数式で表すと、

「自己資本÷総資本」

となります。

まあ、こうして文章になると難しく感じますので、例によって図53で確認してください。

と、図で説明されれば簡単でしょ。

自己資本比率の数値は30％が基準となりますが、高ければ高いほど「◎」の評価、つまり安定しているということになります。

人間の体でいうと、皮下脂肪の少ない筋肉体質といった感じですかね。無駄なぜい肉は落として、スリムな筋肉体質へ改善しましょう。皮下脂肪にあたるのは負債で、自己資本が筋肉です。

ただし、あまりマッチョ過ぎるのも問題です。どういうことかというと、自己資本比率が高いということは、自己資本がふんだんにあるのに経営活動に使っていないということもいえるので、「投資機会のロスが生じている」なんて評価にもなります。まあ、自己資本比率が総じて低い中小企業からすると贅沢な悩みですが、将来の作物のために種蒔き（投資）はしておく必要があります。

なお、自己資本がマイナスになる状態が「債務超過」です。起業した時の元手、過去から積み上げてきた利益もすべて吐き出して、すべての資産を現金化しても負債を返済できない状態ということになります。

ところで、決算書をみていると、資本の部に「資本準備金」やら「利益準備金」という勘定科目がありますが、これらについては営業系の〝できビジ〟は無視していいですよ。

私も失業期間中に会計士講座で勉強して理解に努めましたが、瞬時に計算したりすることは、はっきりいって営業系では超難関で、将来、社長を目指す人は、信頼のおけるブレーンをみつけ出す方が賢明だと思います。

以上をまとめると、②安全性の分析は、企業の支払能力である「流動性」と、財務体質がどのような状態にあるかという「健全性・安定性」の二つの側面から構成されていることが理解できたと思います。

それでは、最後の難関である①収益性・効率性の分析に突入しましょう。

◆収益性・効率性分析

なぜ収益性・効率性が難関かというと、今までの分析と違って、貸借対照表（B／S）と損益計算書（P／L）の両方が交錯するからです。しかし、整理できれば簡単（？）になるので、最初に結論ありきで話を進めましょう。資本を絡めた内容まで理解できれば、〝超できビジ〟の勲章を進呈できます。ホントに経営センスが磨かれたことになりますので、気合いを入れて理解に努めてください。

数式としては、

$$\text{総資本利益率} = \frac{\text{利益}}{\text{総資本}}$$

ここで、「売上高」をキーワードに浮かび上がらせて

$$= \frac{\text{利益}}{\text{売上高}} \times \frac{\text{売上高}}{\text{総資本}}$$

ということで、＝　**売上高利益率**　×　**総資本回転率**

図54　総資本利益率の算出式

「**総資本利益率**＝売上高利益率×総資本回転率」

となります。

「…………」状態ですか？

この数式は、極論すれば企業活動のすべてを表しているといえます。ですから、先にアドバイスしておきますが、もしも理解しにくかったら、この数式を何回か口で唱えながらノートにでも書いてみてください。そのあとで、これから述べる説明を読むと、あ～ら不思議、「そういうことか！」と理解できます。騙されたと思ってトライしてみてください。

では、話を進めます。わかりやすい指標から触れていきましょう。

「売上高利益率」は、利益（営業・経常・当期）に対する売上高（収入）の割合、つまり「利益÷売上高」です。

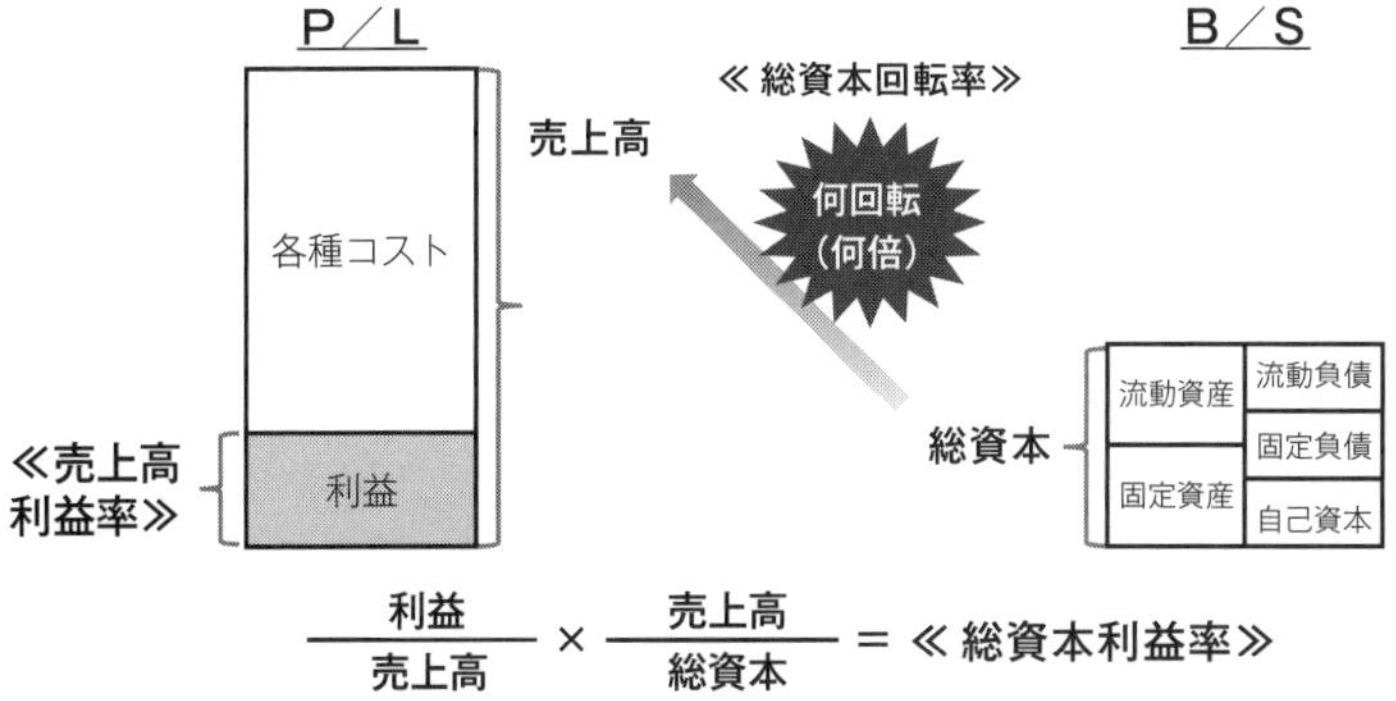

図55　総資本利益率を構成する二つの指標構造

「利益率はいくらだ？」という時は概ねこの指標が使われているので、馴染みはありますよね。これは、利益の種類（営業・経常・当期）だけを気をつければ簡単だと思います。

次は**「総資本回転率」**です。

一見難しそうですが、実は第五章の「小売業の財務指標」の項で学習しています。そう、「商品回転率」と同様の概念です。総資本を使って、どれだけの仕事をしたかです。

ということで随分と脅かしましたが、今まで本書で学んできた〝できビジ〟なら、売上高利益率も総資本回転率も理解できる概念なのです。

と安心したところで、以上の内容を簡単な数学の授業で確認しておきましょう。

「総資本利益率はどうなっているか分析せよ」という

問いかけには、「売上高」をキーワードとして浮かび上がらせて（ここがコツです。こうしたスキルも身につけましょう）、「売上高利益率」と「総資本回転率」に分解します（434ページの図54参照）。

まさに分析（分解）の神髄です。もっとも、この感覚は数学が得意な人には馴染みやすいですが、文系の人には抵抗感があるかもしれません。まあ、慣れてくればわけなくできるようになりますので、積極的にトライしてください。

次に、この指標が持つ意味合いを財務諸表でみていきましょう。

総資本利益率という経営指標は、売上高利益率と総資本回転率という経営活動の中核的な要素を包括しているのです。いわば、当該企業全体の経営状況を知る入口の指標といえます。

売上高利益率は損益計算書（P／L）で、総資本回転率は貸借対照表（B／S）とP／Lとの関係において、図55のようになります。

こうしてビジュアルで眺めると、売上高利益率は「売上高のうち儲け（利益）がどれくらいの割合か」、総資本回転率は「総資本を使って、どれくらいの売上高を上げているか」ということで、どちらも数値が上がれば上がるほど、総資本利益率の指標も上がるということがわかりますね。

少し頭が疲れてきたところで、「総資本利益率」という経営指標を、超実感のある例え話で説明しましょう。

今日のようなデフレで超低金利の時代だと説明しにくいのですが、緩やかなインフレの時代なら、銀行にお金を預けると「金利」がつきます。今ここに元手が1億円あるとして、この資本金を使って事業を起こし、1年の間、ビジネスを行って利益を上げ、税金を払ったあとの純利益が500万円残ったとします。この一連を数式に表すと、

「500万円（純利益）÷1億円（総資本）＝5％（総資本利益率）」

となります。

一方、1億円を金融機関に預ければ、年利5％分（今時マイナス金利の時代には考えられませんが、かつての平常な時代の数値と思ってください）にあたる500万円を、1年後に受け取ることができます。

あなたが資本家だったら、どちらの道を選びますか？

生産性だけなら、断然後者ですよね。1年間あくせくと汗をかいて得たお金と、銀行に預けて毎日寝て（？）暮らしたあとに得るお金が同額なのですから当然です。

これが、資本効率の概念です。このような合理的な考え方は〝できビジ〟には欠かせませんので、しっかりと身につけましょう。

しかし、ここで別の見方で問題提起をしますので考えてみてください。

前者も後者も、アウトプットされる利益は同じですが、そのプロセスがまったく異なります。

前者は、事業を起こして何らかの商品・サービスが世の中に出ますので、その効能によって生活者が利益を享受することや、企業活動に伴って雇用が創出されるといった「社会に対する貢献度」において雲泥の差が生じているのです。

将来の日本を背負っていく〝できビジ〟の皆さんは、近視眼的にならず、この様な幅広いものの見方をぜひ身につけてくださいね。

二．キャッシュフロー分析は現金ベースの分析

「キャッシュ」つまり現金をベースに経営状態を分析するのが「キャッシュ・フロー分析」です。

キャッシュ・フロー（以下ＣＦ）には、

・営業ＣＦ
・投資ＣＦ
・財務ＣＦ
の３種類があります。

これらを、勘定科目に基づいて算出するのは、営業系ビジネスマンにとってはかなり骨です。でも安心してください。そんな面倒な作業は財務の担当者に任せておいて、自分たちはその結果から企業の状態を読み取れるようにだけしておけばＯＫです。

まず、３種類のＣＦですが、**「営業ＣＦ」**は、企業が行っている「本業」から生み出される現金です。

したがって、この数値が「＋（プラス）」なら本業がうまくいっているということで「○」評価、「－（マイナス）」なら「×」という評価になります。ものすごくわかりやすいですよね。

「投資ＣＦ」は、企業が行っている文字通り「投資」を意味します。

４０６ページで説明したように、すべての企業の経営・財務活動は、資金を集めて（資金調達：Ｂ／Ｓの貸方）、それを原資に投資（資金運用：Ｂ／Ｓの借方）を行います。この一連の企業活動である、新規事業への投資を行うということは、現金が外部へ出ていくわけです。

ということで、この数値は「－（マイナス）」なら将来性があるという意味で「○」評価に、逆に「＋（プラス）」になるということは、将来に利益をもたらすであろう先行投資を行っていないということになるので「×」という評価になります。プラスがダメでマイナスの方が評価できるということで、少しわかりにくい感じですが、理屈で考えれば理解できると思います。

「財務ＣＦ」は、借金があるかないかです。

あれば「＋（プラス）」なので、借金体質にあるということで「×」評価。なければ逆で「○」評価になるのですが、ただしそれだけの単純な話ではありません。

まあ、借金はないに越したことはありませんが、「＋」、つまり借金できるということは、その企業の信用力が高く資金調達ができる状態にあるということで「○」評価にもなります。逆に「－」は資金調達できない状態も考えられるので、この場合は最悪ということになるのです。

３種類のＣＦに対して、「＋」と「－」の組み合わせから、図56のように全部で六つの

CF種類	＋	−
営業CF	本業で もうかっている	本業が うまくいっていない
投資CF	投資はしていない	新規事業に 投資している
財務CF	借金がある **資金調達できている**	**借金がない** 資金調達もできない

図56　キャッシュフローの種類・パターン別分析表

パターンが生じますが、このうちの典型的なパターンを押さえておけば十分です。

パターン①優良企業におけるパターン（＋　−　−）

本業で儲けて、投資も行い、借金もない。いうことなしです。

パターン②新規事業にチャレンジする企業におけるパターン（＋　−　＋）

本業で儲けて、（自己資金でやるのが理想的ですが、現時点では資金力が豊富ではないので）借金による資金調達を行い、新規事業への投資を行っている。

パターン③倒産の危険性がある企業のパターン（−　＋　−）

本業が儲からないうえに、資金調達もできないので、新規事業への投資も行えない最悪の事態。「あか〜ん」です。

以上、様々な経営分析を紹介してきました。あなたが所属している企業や、取引している企業の決算書から、実際の数値で分析してみてください。日頃、偉そうにしているお得意先の企業が、「なんや、たいしたことないなぁ」と面と向かっては言えませんが、密かに上から目線になれるかもしれませんよ。

損益分岐点分析――黙っていても儲かる状態を目指して

「損益分岐点」という言葉を一度くらいは耳にしたことがあると思います。

これは簡単にいうと、その点を境にして、「利益」がプラスになるか、マイナスになるかの「売上高（収入）」の位置（点）を意味します。

つまり、損益分岐点の売上高は「利益がゼロ」の位置にあります。

これを例によって数式に表すと、ものすごくわかりやすいですよ。

「利益＝収入（売上高）－コスト」

利益がゼロですから、

「ゼロ＝収入（売上高）－コスト」

なので、

「収入（売上高）＝コスト」

売上高を上げるのに、それと同じ金額のコストをかけて（しまって）いるという状態です。

コストには、売上高に比例して増えていく**「変動費」**と、売上高に関係なく（上がろうが下がろうが）一定に発生する**「固定費」**の2種類があります。

変動費の代表的なものには、運送費や販売手数料、メーカーにおける材料費、小売業での商品の売上原価などがあり、売上高を直接的に左右させます。

固定費の代表的なものは、工場の土地・建物や機械設備、従業員が働いている事務所の家賃、そして毎月の給料、会社側からみれば人件費などで、これらは売上高が上がらなくても、一定にコストが発生します。

従業員からすれば「こんな安い給料で毎日毎日こき使いやがって、ふざけるな！」と思っているかもしれませんが、経営者からすれば「売上高も上がらないのに、毎月決まった給料を持っていって、ふざけるな！」と思っているのです。

時々「企業は売上高と利益のどちらを重視すべきか」という議論が起きますが、ゴーイング・コンサーンのためには利益です。ただし、利益を上げるためには、損益分岐点を超える売上高が必要なので、「もっと売上げを上げろ！」となるのです。特に、工場など固定費がかかる、つまり損益分岐点が高いメーカーでは顕著です。

もっとも、管理（嫌な言葉です）する側からは、最終利益より売上高の数値の方が簡単に把握できるという裏事情もあります。

売上高が伸び悩みだすと、経営者側は損益分岐点売上高を下げる、要するに固定費を下げることを考えます。工場閉鎖あるいは売却、従業員の削減などリストラ策です。

現在では「リストラ」という言葉は「クビ切り」と同義語に使われていますが、本来の意味はまったく違います。リストラは**リストラクチュアリング**の略で、業務改革をするためには業務のプロセスを改善することが不可欠で、「ムダ」を排除して総コストを合理化しようという主旨でした。ところが、いつの間にかムダなものはヒトだということになってしまったのです。「企業は人なり」からすれば、とんでもない勘違いです。ただし、売上高が伸び悩み経営不振に陥った経営者からすれば「背に腹は代えられない」ということです。

本業がまったく復活していないのに、大規模なリストラ策を打ち出した企業の株が急上昇することがあります。いや〜な感じがしますが、〝できビジ〟は客観的な視野に立って「資本の論理」を学んでいきましょう。

さて、今まで述べてきた表現の切り口を変えると、「損益分岐点売上高を超えれば、企業は雪だるま式に儲かります」ということにもなります。一つの製品の累積生産量が2倍になると、生産コストは2〜3割下がるという**「経験曲線効果」**といわれるアメリカの研究結果もあります。やはり利益の源泉は、まずは売上高の確保ということになるのです。

では、損益分岐点売上高について詳しくみていきましょう。

まず、損益分岐点売上高を数式に表すと、

「損益分岐点売上高＝固定費÷（1－変動費率）」

となります。

でも、これを丸暗記しても意味ないですよ。冒頭で説明したように、損益分岐点というのは「売上高＝コスト」の状態ですので、ここから公式を導き出してみましょう。

コストには、固定費と変動費があるので、

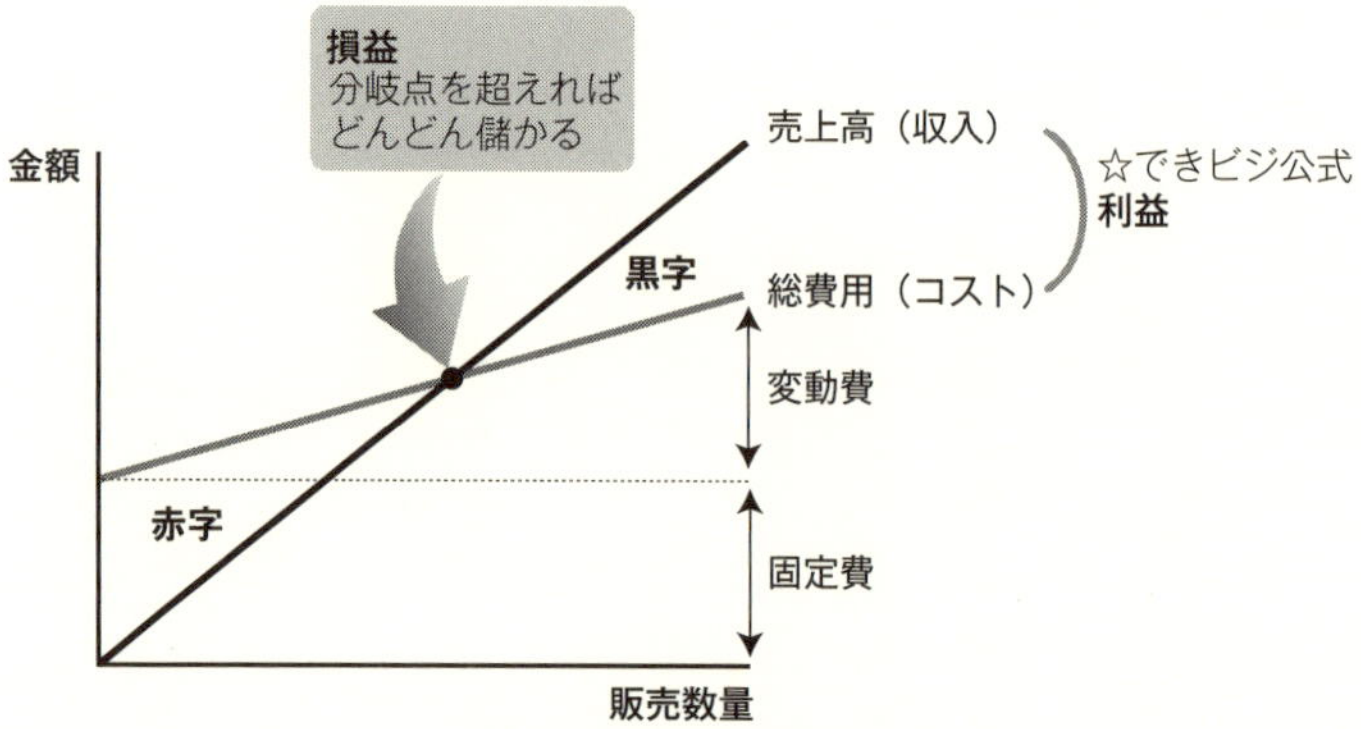

図57　損益分岐点売上高

「売上高＝固定費＋変動費
＝固定費＋売上高×変動費（率）」

傍線を左辺に移行（中学校で習った懐かしい数学です）すると、

「売上高−売上高×変動費率＝固定費
売上高（一−変動費率）＝固定費
売上高＝固定費÷（一−変動費率）」

見事、公式に到達しました。数学系に強い人にとってはなんということはありませんが、文系の営業系の方（とは限らないかもしれませんが）は拒否反応を示す人もいると思います。そこで、図57にしてみました。

これなら、わかりますよね？

ということで、損益分岐点売上高が登場してきた場合は、

①売上高を上げる

②①が無理なら「固定費」を下げる

この二つが論点になります。

①の売上高が上がるなら苦労しねぇよ、と営業系なら誰でもそう思いますよね。ですから、経営的には②による損益分岐点売上高を下げることを改善策として考えていくことになるのです。

いずれにしても、損益分岐点を超えるまでは茨の道が続きますが、これを通過してしまえば天国です。売上高（収入）が、第一ステップの固定費、第二ステップの変動費を吸収してしまえば、黙っていても儲かる状態になります。

「下積み生活20年、ついに花開き（損益分岐点に到達し）ました、演歌の星。それでは歌っていただきましょう。涙のボロ儲け♪」（拍手！）

こんな感じですかね（笑）。

営業系でも知っておきたい財務知識

ここから話すことは、営業系の人間にとっては正直なところ難しい内容になります。もし理解していただけたとしたら、あなたが相当に優秀か、私の説明が抜群にうまいということです（笑）。

一・減価償却費――莫大なコストを何年かに分ける

「減価償却費による自己金融効果」なんていう経済新聞の見出しをみると、完全に引きますよね。営業系の人なら当然です。それだけに、これがわかったら完全に〝できビジ〟です。

それでは、恒例の「世界一わかりやすい授業」を始めましょう。

まず「減価償却費」は「げんかしょうきゃくひ」と読みます。知っている人はバカにするなって感じでしょうけれど、すべてを知っている人なんていないのですから、そんなの初めて聞いたわぁという人も安心して読み進めてください。

超カンタンにわかるには、減価償却費は「借金」の真逆と考えればＯＫです。先にお金を払ってしまい、あとから（あくまでも会計上ですが）返してもらう勘定科目ということです。

この解釈をすれば、冒頭の「減価償却費による自己金融効果」という表現は、先に払っているお金（減価償却費）があるのだから、これを（会計上）返してもらえば自分「自己」のお金「金融」となる「効果」、という意味です。どうです、簡単でしょ？

この減価償却費は、莫大にかかるコストは会計年度の一度だけでなくて、何回か（何年か）に分けて計算しましょう、という主旨で設けられているので、多額となる固定資産の経費は一定期間に分けて（税法で期間は決められていますが、そこまで知る必要はないでしょう）計上していくことになります。

長年にわたって使用する建物だとか機械、車輌を購入した費用を、その年にすべて経費にした場合、その年の決算書に出てくる利益は極端に悪くなってしまいますよね。ですから、歪んだ形にならないように、経費を何年かに分けて均等に計上しようということです。

決算書とかで説明するとチンプンカンプンになるので、例の利益公式で説明することにします。利益公式は、「利益＝収入－コスト」でしたよね。

たとえば１００億円の収入（売上げ）がある会社があったとして、30億円投資（コスト投入）をしたとしましょう。これは画期的な新商品を製造するためには、どうしても必要な設備なので、投資自体の意思決定に間違いはないとします。

しかし、短期的にみた場合、

「100億円－80億円（例年かかる通常コスト）－30億円（今回の投資コスト）＝▲10億円」

となり、赤字の決算になってしまいます。

では、この設備投資はやめた方がいいのでしょうか？　そんなことはないですよね。この設備は、今年だけでなく数年にわたって（仮に5年間）この企業の利益に貢献します。そこで、コストに関しても貢献するであろう期間で平均して計算しようということです。

「30億円÷5年間＝6億円（年間）」

となるので、最終的な利益は、

「100億円－80億円－6億円＝14億円」

で、めでたく黒字になります。

と、こんな説明をしても、「なんとなく変だなぁ。うまい話には何か落とし穴がある」と思う人がいると思います。もちろん現実的には、今回の設備投資で生産する新商品の売上げ（つまり収入）が発売直後に減少するとヤバイです。コストを回収する前に利益が落ちてしまうからです。

そこで実際の経費処理では、最初はたくさんの額をコストに入れ、年々額を減らしていって後々は楽な気分で行こうという方法が「定率法」。これに対して、毎年同額のコストを計上する方法が「定額法」です。まあ、小難しい話は経理専門家に任せて、営業系は、「定率法は定額法に比べて、初年度のコスト（経費）算入額が多い」ということを押さえておけば十分です。

あなたが、責任ある立場になって、

「役員、今回の案件は定額法で処理しますか、定率法にしますか。ご決断を」

と意思決定を迫られた時、現状の経営がある程度順調なら最初に苦労する「定率法」、現状の経営が厳しいなら、問題をある程度先送りする「定額法」で、と答えればいいのです。

以上、減価償却費の概念がなんとなくわかっていただけた方は、次の表現も理解できるようにしましょう。

「減価償却費は資金の流出が伴わない、つまり企業から現金が出ていかない費用です（きっぱり）」

今までの説明で、「わかる、わかる」の人と、「な、な、何いってんだ?」の人と、あなたはどちらですか?　後者の人はもう一度「減価償却費」とは何かを考えてみてください。

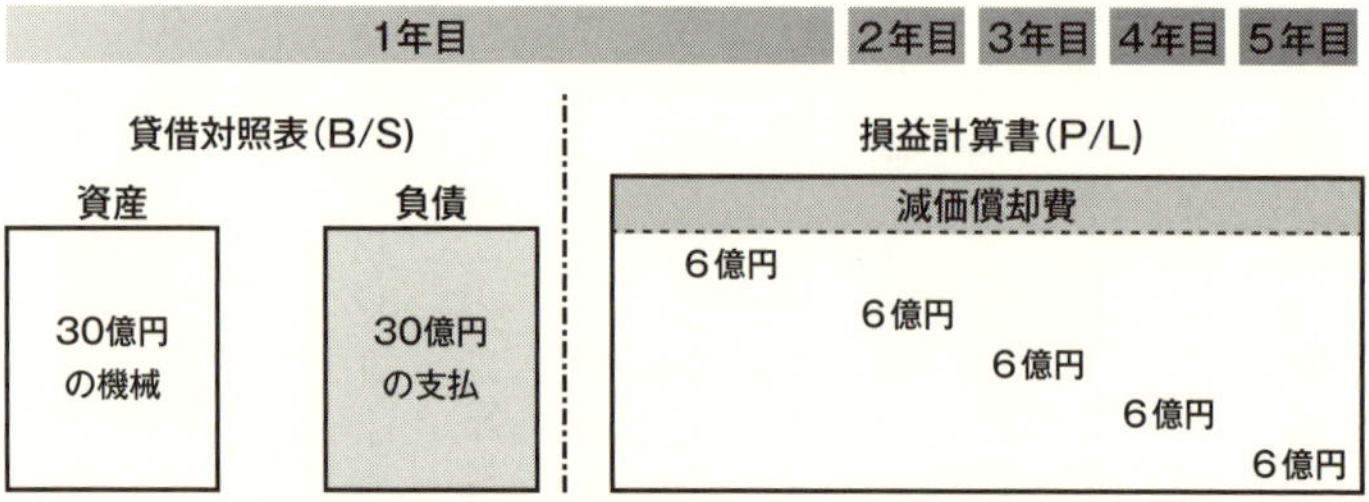

図58　B/Sと減価償却費（P/L）との関係図

減価償却費は先ほど説明したように、何か高額な固定資産（製造機械など）を購入した金額を、経理上、何年かに分けて計上する費用ですから、機械を購入した時に「既に代金は支払い済み」なのです。実は、こんな簡単な記述をしている会計書はないので、ほとんどの人がこのことを理解できないままでいます。

図にすると、もっとわかりやすくなるでしょう。

図58のようにイメージできれば、キャッシュフロー会計で超重要な公式、

「現金のキャッシュフロー（CF）＝減価償却費＋利益」

も、理解することができます。いかがですか？

でもやっぱり、これは超ムズカシイです。ですから、覚えてください。理解しにくいことは、一度覚えて口に出してみる。何度か口に出しているうちに、理解がついてきます。超効果的なので信じてやってみてください。

では、行きますよ。

「減価償却費は、資金流出のない、自己金融効果のある費用」です。財務では頻繁に登場する表現なので、頭で理解しにくいのであれば、グッと腹の中に入れておきましょう。

二．正味現在価値――現在と未来のお金の価値の差は「金利」

これから話すテーマについても、わからなければわからないで結構です。しかし、もしあなたが今は営業系でも、社長を目指しているのであれば、経理・管理系の人に軽くみられないためには知っておく必要があると思います。

というわけで「正味現在価値」ですが、お金には一般的には「金利」がつくので、今日持っている1万円と、10年後の1万円は価値が違う、ということが前提事項となります。「正味」となる「現在」における「価値」は、10年後を100万円とするなら、100万円－10年間の金利（10万円）で90万円ということになります。簡単にいえば、今持っている90万円は、10年後の100万円と同じ価値があるということです。

では、なぜこの100万円と90万円が大事な意味を持つのか。

あなたが社長で、A案、B案、C案と「戦略代替案」（かっこいい言い回しなので覚え

時間の経過	所有する資産	金利分
初年度	90万円	毎年1万円
1年後	91万円	
2年後	92万円	
3年後	93万円	
4年後	94万円	
5年後	95万円	
6年後	96万円	
7年後	97万円	
8年後	98万円	
9年後	99万円	
10年後	100万円	

現在所持している90万円の**価値**は

正味10年後の100万円に値する。

※話を単純にするために、

金利は複利でなく、年間1万円の金額とします。

数式で表すと、

初年度の **90万円** ＝ 10年後の **100万円**

図59　時間の経過による正味現在価値

ましょう‥笑）が並んだ時、どれが我が社にとって一番いいのか選ぶ、つまり意思決定しなければならない場面を迎えた時、算出する金額の価値は、現在と10年後では異なるということを考える必要があるからです。

　何か事業を起こして結果が出るまでには、一定の時間的経過が必要となります。そこで、10年後の金額の価値を、現在価値に換算（正味現在価値）して比べましょう、ということです。

　まあ、金利分だけ違うと理解しておけば十分です。わかりにくいといわれている「正味現在価値」の考え方も、簡単に整理すればこれだけのことです。

三．財務レバレッジ効果――「借金してでも馬券を買え」ってどういうこと？

最後は正直マニアックなテーマです。現在のようなデフレ社会ではあまり意味を持たないかもしれませんので、ほとんどの方は、付録の話だと思って読み流してください。しかし、投資に興味のある方や、またいつか好景気な社会が来ると信じている方は力を入れて読んでください。

投資の専門家（風の人もいますけど）が、

「現在の市況であれば、レバレッジを利かせて投資効果を上げるべきです」

なんてカッコつけてますが、これって俗っぽく表現してしまうと、

「的中しそうなレースなら、借金してでも馬券を買うべきです」

といっているようなものです。


本日のメインレースはＧＩ日本ダービー。

「しもうたぁ、前のレースまでに突っ込み過ぎて、手持ち資金が数千円しかあらへん！」

今年のダービーは武豊騎手のキズナで間違いなし。しかし、現在の手持ち資金の５００

0円では、単勝を買っても、「5000円×2・9倍（配当）－5000円＝9500円」の儲けしかありません。そこで、レバレッジを10倍利かせて、つまり借金して5万円の馬券を購入。

「東北の復活、日本人の絆（キズナ）、武豊、久しぶりのダービー制覇です！」

ということで、「5万円×2・9倍－5万円＝9万5000円」。レバレッジを利かせたことで、利益も見事10倍になりました！

この手法が「財務レバレッジ効果」です。

景気のいい時なら、借金をしても負担する金利以上の儲けが期待できるので、積極的に投資しましょう、という考え方です。

しかし、レバレッジの意味は「てこの原理を使う」ということで、少ないコストで大きなリターンを得ようとするのですから、別のリスク（借金）を抱えることにもなります。

「正味現在価値」やら「財務レバレッジ効果」やら、小難しい言葉で煙にまかれないように、「要するに○○だ」という程度で結構ですので理解しておきましょう。

株式投資からみる企業価値

一．株式投資の基礎知識

本書は「企業経営のことならなんでも」という趣旨なので、最後に「株式投資」についても触れておきます。

株式投資を始めると、自然と世の中の経済的な動きに興味が湧いてきます。やはり人間は損得勘定に弱く、実際にお金が動くと必死になるのですね。

では最初に、株式投資の基礎的な知識について説明しておきましょう。

第一章でも述べたように、株式会社は、お金のある人たちが「株主」となってお金（＝資金）を出資し、経営に才能のある人を選定して企業経営を委ねるという仕組みで動いています。この「お金を出資する」ことが「株式投資」という行為です。

お金を出資する方法は、企業が発行する株券を買い取るということで、この売買は証券取引所（日本全国に六箇所あり、東京証券取引所が代表的）で行われています。ただし、

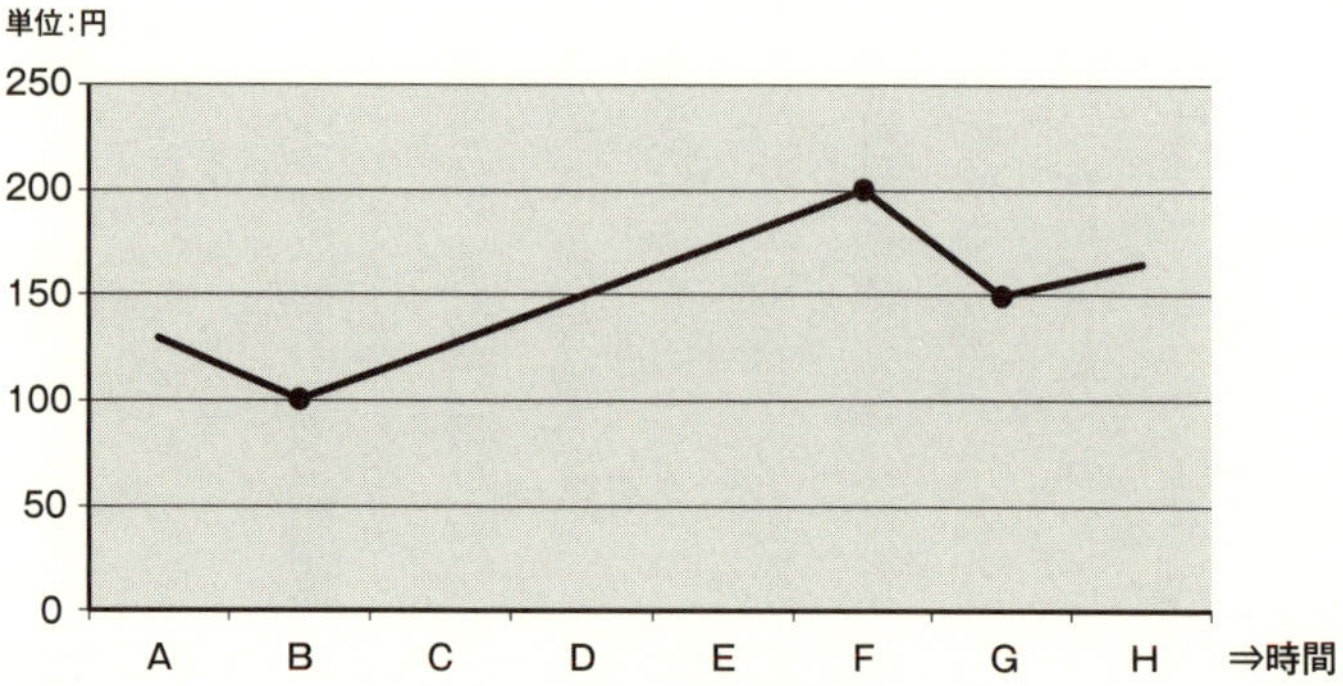

図60　ある企業の株価推移（例）

我々が実際に売買する場合は、証券会社（野村證券や日興証券、また楽天などのインターネット証券など）に口座を開いて行うことになります。

株券の価格、つまり株価は、その時々の状況によって変動していきます。

たとえば図60のように、B時点で買ってF時点で売れば、1株当たり100円儲かります。

B時点で買ってG時点で売れば、50円の儲けです。

逆に、F時点で買ってG時点で売ると、50円の損失となります。

ということで、株価の動きによって勝敗が決まってきます。

では、株価はどのようにして決まっていくのでしょうか。

基本的には、当該企業が有する価値によって決まります。ただし、株券も商品ですので、需要と供給のバランスによっても変動します。ここに、株式投資の難しさと面白さが潜んでいます。

よくいわれるのが、短期的にはその時々の社会的なムードや企業の噂話も含めた話題性で上下動し、中長期的には企業が持っている実力・価値に見合った価格へと近づいていくということです。

短期的な勝負は、市場での駆け引きなどの情報合戦も伴い、テクニカル的な要素が強いので、興味のある方は専門書で研究してください。

本書はあくまでも経営に関する理解を深めることが主旨ですので、**「企業価値」**の視点から株式投資を考えてみましょう。

企業価値をひと言でいうと、当該企業の**「解散価値」**ということになります。そういわれても、営業系には難しいですよね。例によって、わかりやすく説明します。

解散価値というのは、ある企業がなんらかの理由で経営活動を停止した場合、その企業が持っていた財産を処分して得られる金額から、返済しなければならない負債を差し引いた金額のことです。

具体的な数値を使って説明しましょう。

「株式会社ＮＡＴＳＵ」という企業があるとして、この企業が持っている資産の総額が10万円、負債が８万円とします。

「10万円－８万円＝２万円」

これは、純資産額と一致します。「貸借対照表」の見方で学習したことを思い出してくださいね。

一方、この企業が発行している株式総数が１００株、市場での株価が１５０円とすると、すべての株式を購入した場合、

「１５０円×１００株＝１万５０００円」

の投資となります。

仮に、この企業のすべての株を購入した人が、経営をするのでなく、お金になる資産をすべて売却して負債を返済した場合、

「２万円－１万５０００円円＝５０００円」

の利益が手元に残ることになるわけです。実はこれが「逆のれん代」という、利益が発生する企業買収のメカニズムです。

この考え方から、実際の株式投資レベルで話を進めると、この解散価値（＝純資産額）

を、現在その企業が発行している株式の総数で除した数値が、理論上の株価ということになります。

この、理論上の株価と実際の株価（東証など）を比較して、前者が高ければ「買い」、後者が高ければ「（カラ）売り」ということになります。

まずは、この基本的なことを頭にイメージしておいてください。

それでは、次から実践的な内容について触れていきましょう。

二、株式投資の二大判断指標——〝売り〟か〝買い〟か

まず、株式投資における二大投資判断指数について説明します。

①ＰＢＲ：Price book value（簿価）ratio（比率）

株価純資産倍率＝株価÷１株当たり純資産額＝時価総額÷純資産額

②ＰＥＲ：Price earnings（稼ぎ高）ratio（比率）

株価収益率＝株価÷１株当たり当期純利益＝時価総額÷当期純「利益」

では、ＰＢＲから説明しましょう。

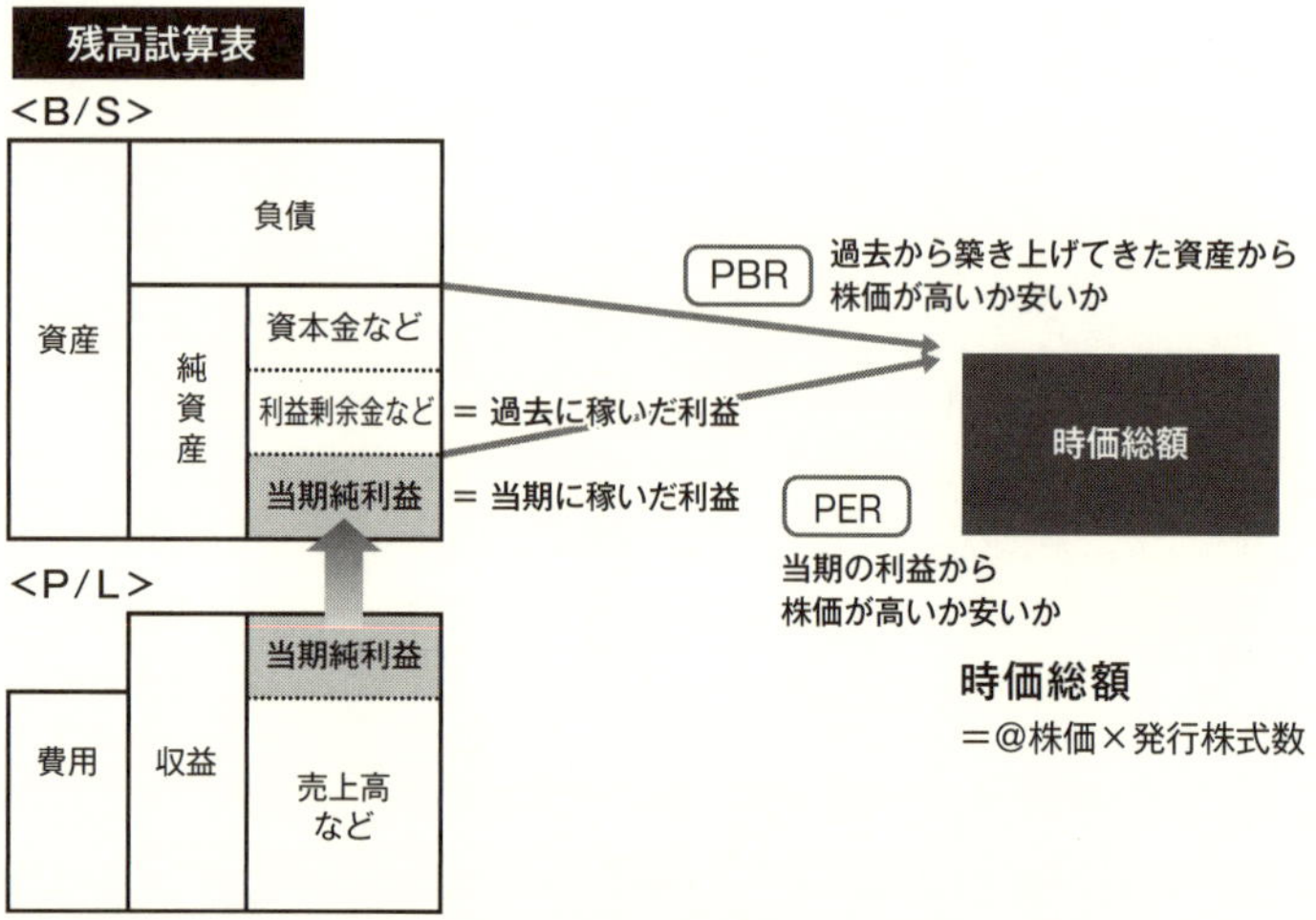

図61　残高試算表と時価総額におけるPBRとPER

①ＰＢＲ（株価純資産倍率）

決算書の貸借対照表（Ｂ／Ｓ）をみると、返済しなくていい資本金と、当該企業が過去に稼いできた利益で構成されている純資産がわかります。実はこの指標は、先ほど話した企業の総資産から総負債を引いた「解散価値」と同じ意味を持っています。

「資産の総額10万円－負債額8万円＝2万円（純資産額＝解散価値）」

これを発行株式数１００株で割ると２００円となります。

この数値と、現在の株価１５０円とを比べると、

「１５０円÷２００円＝０・75」

となり、これがＰＢＲ（株価純資産倍率）

指標		PBR	
		低	高
PER	低	バリュー投資	要検討（老舗企業）
	高	要検討（成長企業）	売り

図62　PBRとPER数値による株式投資の判断基準表

という指標です。

この指標が一倍を切っていれば、先ほど説明したように解散価値があるということなので、0・75の場合は株価は割安（買い）ということになります。

②PER（株価収益率）

これは、現時点における株価が、一株当たりの当期純利益と比べて何倍になるかという指標です。

株式会社NATSUの昨年度末の当期純利益額が1500円とすると、発行株式数は100株ですから、一株当たりの当期純利益は、

「1500円÷100株＝15円」

となります。

これを、株価150円と比べると、

「150円÷15円＝10」

で、PERは10倍ということになります。

業界平均や、ライバル会社のPERが仮に20倍なら、株式会社NATSUの株価は割安（買い）、逆に5倍なら割高（売り）であると判断できます。

以上の説明を、私流に図にすると図61のようになります。

B／SとP／Lの関係は、会計的には残高決算書にて表現されます。これと、株式市場での時価総額における関係の全体像をしっかりと捉えてください。


この指標に基づいて株式購入の判断をすると、図62が基本的な考え方になります。

もちろん、株式投資は「美人投票」といわれるように、中味の業績だけで割り切れるものではありません。それだけに定石をしっかり学び、その上で勝負勘を働かせる投資ができれば、株式投資で儲けることができる（はず）です（悪魔のささやき♪）。

〈コーヒータイム〉株式投資――企業経営マインドに役立つ相場格言

以上、株式投資の入門となる初歩的な知識をご紹介しましたが、もっと深く入っていきたい方は、専門書を読んでチャレンジしてみてください。

ただし、儲かるか儲からないかは、すべて自己責任です。

私自身、ギャンブル歴（競馬）が40年と長いので（長ければいいとは思っていませんが）、賭け事を結果論で四の五のいう人を軽蔑します。

株式投資は間違いなくギャンブル（正確には、その要素がある）ですので〝絶対〟はありません。株式投資と競馬などとの相違点は、不確定要素が占める割合と質の違いだけです。

「世界一安全」と評価されていた「東京電力」の株価は、東日本大震災後に大暴落しましたが、かつて、株式投資の専門書にこんな感じの記述があったことを覚えています。

「株式投資に絶対はありませんが、東京電力は大丈夫です。ライバルのいないブルーオーシャン企業ですし、同じような東京ガスはガス爆発というリスクがありますが、東京電力にはありません。やはり安心できるのは東京電力です」

これは、東日本大震災前では常識でした。

つまり、世の中に〝絶対〟はないのです。

もし〝絶対〟があったら、全員が投資するためリターンは限りなくゼロに近づくので、ギャンブルが成立しないのです。

その辺りのことも、〝できビジ〟はしっかりと理解できるようになりましょう。

併せて、株式投資には、昔から含蓄ある格言が多数あり、〝できビジ〟が経営者になった時に役立つ考え方や人生勉強になることが豊富に詰まっています。可能な限り紹介しておきますので、心に留めておいてください。いつか役立つ時が訪れるはずです。

《相場格言》

①人の行く裏に道あり花の山

人間は誰でも、自分一人だけが周りの人たちと違うということに不安感を覚えます。投資家も人の子、他の人と同じだと安心するという群集心理で動きがちです。「赤信号みんなで渡れば怖くない」状態です。

ところが、株式投資で利益を上げるためには、人が見向きもしない安値の時に買い、皆が買い出したら逆に売らなければ、大きな成果は期待できません。つまり、人と同じではなく、違う行動をとらないと、株式投資で儲けることはできないのです。

ウォーレン・バフェットなど世界で著名な投資家は、群衆がまだ気づかずにいたり、売って安値になったりした時に購入する「バリュー投資」が基本戦略です。

人の行く裏道を行くのは勇気がいるし、孤独な闘いとなります。しかし、だからこそ花、つまり利益を手に入れることができるという教訓です。

②頭と尻尾はくれてやれ

株式投資は、一番安い価格の時に買って、一番高い時に売れば利益は最高になります。しかし、これができるのは神様だけです。

現実的には、上昇した株は「さらに上がるのでは……！」という思惑で持ち続けた結果、ある時を境に反落し、予想以上に値下がりしてしまい、売るに売れない状態（塩漬け）に陥ることもあります。

ですから、自分が売ったあとに値上がりすれば、それを買った誰かが儲かって幸せな気分（尻尾の美味しいところ）になるんだ、というくらいの大きな気持ちが大切だということです。

欲望は腹八分目でいいよ、という戒めですね。

③麦わら帽子は冬に買え

株式投資は〝先手必勝〟です。皆が騒ぎ出すブームになったらもう遅いのです。「知ったらおしまい」という格言もあります。

情報は鮮度が命なので、加工される（噂が広がる）前の生の状態が美味しいのです。私は毎年、この歳でも千倉海岸でボディボードを楽しんでいますが（サーフィンは無理です）、ビッグ・ウエーブが来てからでは遅いのです。まだ波が起き始め状態の時に先を読み、読みが当たってビッグ・ウェーブに乗れたら「サイコー！」の気分を味わえるのです。

リスク・マネジメント

初期段階のボタンの掛け違いや不用意なひと言もあって、長年続いた乳業会の雄が失墜してしまった「雪印食中毒事件」。

これって「事件」ですよね。

ところが、当時の社内では「事故」といっていました。

あくまでも、自責でなくて「エンテロトキシン」というなんやら難しい名前の毒素が巻き起こした事故という解釈なんでしょうね。

池上彰さんの『伝える力』（ＰＨＰビジネス新書）に「『謝る』とは危機管理になる」という記述があります。

「渡部（絵美）さんは、冬季オリンピックでメダルを期待されていながら、転倒してしまい、メダルを取れなかったことがありました。

そのとき彼女は、終わった後にひと言『ごめんなさい』と言ったのです。

見ている人は『期待していたのに、メダル、取れなかったじゃないか』と思っている。

多くの人が残念に思うと同時に、なんとなくカリカリしていました。

もちろんそんなことは、渡部さんの知ったことではありません。理屈で考えたら、彼女が謝る必要など何一つない。

（中略）

でも、そこでひと言謝ったことで、日本中の雰囲気が変わったことも事実です。

『がんばったのだから、そんな謝るようなことじゃないよ』

（中略）

ひと言『ごめんなさい』と言ったことで、いらぬ批判を受けることを回避できたことになります」

まさにこれと真逆のことをしてしまったわけです。

当時、乳業界に留まらず食品業界の雄であった雪印乳業のプライドや社会的影響度を鑑みると、素直に謝ることができなかったのです。

このときのことが教訓になって、その後の様々な不祥事でもその危機を乗り越えた企業が多くなったようです。

謝りましょう。

特に食品業界の経営者は謝りましょう。

食品を購入するのは主婦を中心とした女性です。

女性には母性があります。

私など夫婦喧嘩をしたとき、どうしても素直に謝ることができません。

素直に「ごめんな」っていってしまえば、夫婦円満なのに意地を張ってしまうのですね。

会社がエンジン全開で調子よく動いているときは、何ら欠点のない好ましい上司に見える。

「だが、難しい問題に直面して重大な判断を下さらなければならなくなったときには、その上司の別の面が見える」

（『なぜ、エグゼクティブはゴルフをするのか？』パコ・ムーロ著・ゴマブックス）

ということで、あらゆる**意思決定**が後手になり、対応の不手際により大事件へと発展してしまいました。

世間の様々な誤解もあり、冒頭の発言もマスコミによって誘導された感じはあるのですが、当時は何をいっても、

「自分達のやったことは棚に上げて、何をいっているのだ」

というムードでした。

そんな中、この事件によって、私個人としても大変勉強になる経験をしましたので、その最たるものをご紹介します。

当時、私の取引先の方で、大手自動車会社に勤務時代、リコール問題を専門とされており、業界切ってのリスク・マネジネントに関するスペシャリストの方から指導を受けた内

容となります。

何しろ15年前のことですので、多少なりともニュアンスの違いなどはお許し頂くとして、私なりに解釈した記憶にあることを列挙してみます。

1．コメンテーターは1人で行え

人間が話す内容というものは、1人でも三つの矛盾点が生じる。

したがって、2人になると9、3人だと27の矛盾が生じてしまう。

マスコミはそこをついてくる。

⇒　当時の雪印は、何人もの人間がコメントを出し、マスコミに矛盾を突かれる愚をおかしてしまいました。

2．損害賠償額を決めて、トラブルの根源を絶て！

アメリカでは、航空機が落ちたとき、被害者の家族にいち早く損害賠償額を提示する。

愛する家族を失った悲しみはカネで変えられるものではないが、少なくともマスコミに対して不満をいうことはなくなる。

⇒　生々しい発言は避けますが、被害者への損害賠償は小出しで行ない、徐々にエキサイトしていく結果となってしまいました。当時の管理職夏のボーナス全額を基金として用意し、用意したことをマスコミにリリースすれば、沈静化したと推定されます。

3. シック・チキンになるな

シックつまり病気になったチキンは他の動物に食い殺される。

まさに、騒動が大きくなった雪印はその状態にある。殺されないように自信を持って、安全宣言をしていくことが大事。

⇒　あやまることと逆の行動となるが、初動が強気過ぎて、ここにきて弱気になり過ぎている。本来は、逆のパターンで臨むべきだが、ここまで来たら、シック・チキンになることは避けなければならない。

4. 消費者という実態はない

「消費者」というのは概念であって実態はない。

大手スーパーの動向が、消費者の代弁者となる。したがって、大手スーパーが販売を再開すれば消費者の信頼が回復したことになる。

5. PLは証拠の世界

工場の主要箇所には、チェックマークを残すことを徹底する。

極端な話、洗浄したか否かではなく、記録に残っているかどうかが大事。

以上のような内容でした。

どれも、実際に「できる」ことです。

当時の雪印乳業にも危機に対するマニュアルはあったようですが、細部にわたって記述されているものの、膨大な量になり、実際にそれを行動に移すことが極めて困難だったのです。

時が経ち、某メーカーが品質上の問題で商品回収を行うことがあったのですが、翌朝の朝刊に記載された社告をみて唖然《あぜん》としました。

「この度は……申し訳ございません。（中略）尚、この件に関するお問い合わせは……にお願い申し上げます。朝9時から18時まで受け付けております」

秋田に出張中の私は、幹部の方に直ぐ連絡を入れました。

「そうですか、ありがとうございました。気がつきませんでした。早速対応時間を変更させます」

クレームの99％は、お客様との対応に問題がある、いわゆる「2次クレーム」です。

「大変申し訳ございません。品質の検査を行い後日ご説明申し上げます。尚、検査には10日程かかりますが、宜しいでしょうか」

了承を得られれば、ここまでの対応はいいですが、間違っても10日後に連絡してはいけませんよ。

「え、だって10日後の約束ですよね？」

そのスタンスが2次クレームを産みます。

約束した期間の半分程度が過ぎたとき、お客様の様子を窺《うかが》うために連絡を入れ、途中経過を報告するのです。

もちろん、何も結論は出ていませんが、それが人に対する「誠意」なのです。

待っている方は、時間が長く感じるものです。
この話をすると「……」という方が結構いますよ。
私も、あの事件を経験しなければ一生気づかなかったと思います。
本書をお読みのできビジの方々は、肝に銘じておいてください。

「リスクとは、もともとアラビア語で「明日の糧」という意味。明日の糧はリスクをとらなければ得られない」

（『会社を使えば、何でもできる』中島孝志著・東洋経済新報社）

当時の嫌なことは早く忘れたい気持ちがある一方、変えることができる未来に同じ過ちが起きないことを願って書き記しました。

おわりに

以上、人事・労務戦略についてはほとんど触れませんでしたが、営業系のビジネスマンが学ぶべき、企業活動の全般に関することを余すところなく記述しました。

最後に、本書の全体像がわかる巻頭にある折り込みの「本書オリジナル体系表」をご覧下さい。

一瞬怯《ひる》むかもしれませんが、ブロックごとのつながりをゆっくりと確認していくと、多岐にわたる企業活動が有機的に結びついてくるのがわかると思います。

現代は、インターネットの普及で、誰でもあらゆる情報を瞬時に手に入れることができます。したがって、あらゆる方面にわたって、マメ知識が豊富なビジネスマンが増えています。

その反面、それぞれの知識が断片的で、体系的な考え方に欠けているという印象が否めません。

ですから、話をしていても「論点」が定まらず、内容が発展していかないのです。

しかし、本書を最後まで読み通した〝できビジ〟（できるビジネスパーソン）の皆さんなら、今までとは違う異次元の世界を体得できたと思います。

モノ事は、結果だけ知っていても、プロセスを理解していないと次へとはつながらず、モチベーションも高まりません。

「ビジネスというゲーム」をより面白くするためには、**「定石《セオリー》」**を学んで**「実践」**を積むことです。

まさに、

「実践なき理論は空虚である。理論なき実践は無謀である」

のです。

本書をきっかけとして、多くの方々が、これから楽しく会社へ足を運ぶことができるようになれば嬉しい限りです。

最後に、私にとって念願だった「ビジネス書」を執筆できるまでの「実践の場」を与えてくださった、山田憲典様と西紘平様に心よりの感謝の言葉をお伝えします。

山田様には、夢とロマンに溢れる事業構想を、西様には、私が若く未熟だったこともあり、ビジネスのイロハからご教授して戴きました。

お二人共に共通するのは、「人を心より愛している」という仁徳があるということです。

今後〝できビジ〟の皆さんがビジネスを進めていくとき、ひとりでは何もできない、人に感謝する心の大切さを知ることになると思います。

経営者で成功した方々には、高い心の知能指数（ＥＱ）が備わっているのです。

※ＥＱ：Emotional Intelligence Quotient

亡き父親が最後に言い残した、

「おまえの出版を楽しみにしている」

という約束事を実現できたことに感謝しております。

それでは〝できビジ〟のみなさん、
輝かしい未来へ向かって
夢の扉を一緒に開けましょう。

【引用・参考文献】

『社長のためのお金のはなし』（吉田雅紀著・すばる舎）
『ナニワ金融道』（青木雄二著・講談社）
『取締役になれる人　部課長で終わる人2』（国友隆一著・経済界）
『大辞林』（三省堂）
『坂の上の雲』（司馬遼太郎著・文藝春秋）
『ファーストクラスに乗る人のシンプルな習慣』（美月あきこ著・祥伝社）
『今日から即使えるマーケティング戦略50』中野明著・朝日新聞社）
『小宮式知的アウトプット術』（小宮一慶著・すばる舎）
『こころを動かすマーケティング』（魚谷雅彦著・ダイヤモンド社）
『ビジネスで大切なことは、すべてドラッカーが教えてくれた』（藤屋伸二著・中経出版）
『お金儲けセラピー』（斎藤一人著・ＫＫロングセラーズ）
『カップヌードルをぶっつぶせ！』（安藤宏基著・中央公論新社）
『考え・書き・話す「３つ」の魔法』（野口吉昭著・幻冬舎）

『マーチャンダイジングの知識〈第2版〉』（田島義博著・日本経済新聞社）
『伝える力』（池上彰著・PHPビジネス新書）
『なぜ、エグゼクティブはゴルフをするのか？』（パコ・ムーロ著・ゴマブックス）
『会社を使えば、何でもできる！』（中島孝志著・東洋経済新報社）
『最新マーケティング理論と戦略がよ～くわかる本』（宮崎哲也著・秀和システム）
『なるほど！　これでわかった　図解よくわかるこれからのマーケティング』（金森努著・同文舘出版）
『Q＆Aでわかる　はじめてのマーケティング』（田中洋、岩村水樹著・日本経済新聞社）
『Q＆A　マーケティングの基本50』（水越康介著・日本経済新聞出版社）
『これだけは知っておきたい「マーケティング」の基本と常識』（大山秀一著・フォレスト出版）
『これだけは知っておきたい「ビジネス数学」の常識』（椿勲公認会計士事務所著・フォレスト出版）
『手にとるように小売・流通がわかる本』（上原征彦、坂上眞介、中麻弥美著・かんき出版）
『手にとるようにマーチャンダイジングがわかる本』（木下安司著・かんき出版）
『斜めに読むだけで「経営分析」がしっかりわかる本』（内川清雄編・かんき出版）
『実践！　行動経済学』（鈴木敏文著・朝日新聞出版）
『実況ＬＩＶＥ　マーケティング実践講座』（須藤美和著・ダイヤモンド社）

『日本経済の真実　ある日、この国は破産します』（辛坊治郎、辛坊正記著・幻冬舎）
『知識ゼロからのマーケティング入門』（弘兼憲史、前田伸弘著・幻冬舎）
「小山　昇　儲かる会社のつくり方」（商業会別冊）
「朝日新聞」
「日本経済新聞」
「日経ＭＪ」

著者プロフィール

夏八木 康之（なつやぎ やすゆき）

1957年、阿波踊りが全国的に有名になった東京の高円寺で生まれ、現在は、ふなっしぃ～が有名になった船橋市に家族4人暮らし。

1981年に中央大学経済学部を卒業後、同年に雪印乳業（現在の雪印メグミルク）に入社。

2002年に「雪印食中毒事件」にて同社を退社。デイリーヤマザキ（現山崎製パン）商品本部へ転職し、毎年、多岐にわたる分野のメーカーとの交渉やオリジナル商品開発に携わる。ちなみに、1年間に交換する名刺の数はトップブランドの経営者の方々との交流も含み約1000枚。

1996年に中小企業診断士の資格を取得し、そのとき学んだ「経営の体系的な理論」をベースに、30数年にわたる実践の経験を活かして本書をまとめあげる。

今後は“できるビジネスマン（できビジ）”の育成を目的とした諸活動に従事していくことが、第四の人生と考えている。

趣味は、ゴルフと競馬。ゴルフの腕は一向に上がらないが、競馬は趣味が高じて「競馬は“投資” 週末のおいしいサイドビジネス」（文芸社刊）を執筆するほどのプロ級の腕前（!?）と自負している。
■公式サイト　http://www.dekibiji.jimdo.com/

できるビジネスマンのための経営知識

2016年 6 月15日　初版第 1 刷発行
2023年 3 月30日　初版第 2 刷発行

著　者　夏八木 康之
発行者　瓜谷 綱延
発行所　株式会社文芸社
〒160-0022　東京都新宿区新宿1－10－1
電話　03-5369-3060（代表）
03-5369-2299（販売）

印刷所　株式会社フクイン

ISBN978-4-286-16581-3